COURS PRATIQUE

DE

LANGUE JAPONAISE

par LÉON DE ROSNY

PREMIÈRE ANNÉE

I

NOTIONS ÉLÉMENTAIRES

DE LANGUE PARLÉE ET ÉCRITE

PARIS

ERNEST LEROUX, LIBRAIRE-ÉDITEUR

28, RUE BONAPARTE, 28

1902

Prix : 2 fr. 50.

Angers, Imprimerie Orientale A. Burdin et Cie, 4, rue Garnier.

COURS PRATIQUE

DE

LANGUE JAPONAISE

PAR

LÉON DE ROSNY

Professeur à l'École spéciale des Langues Orientales

PARIS

ERNEST LEROUX, ÉDITEUR

28, RUE BONAPARTE, 28

—

1903

COURS PRATIQUE

DE

LANGUE JAPONAISE

PREMIÈRE ANNÉE

ENSEIGNEMENT ÉLÉMENTAIRE

INTRODUCTION

DE LA MÉTHODE A SUIVRE POUR APPRENDRE
LA LANGUE JAPONAISE

Les personnes qui se proposent d'apprendre la langue japonaise feront bien de décider tout d'abord si leur intention est de connaître à la fois la langue parlée et la langue écrite, ou seulement l'un de ces deux idiomes qui présentent de notables dissemblances.

L'étude de la langue parlée, c'est-à-dire de l'idiome communément en usage dans les diverses classes de la population, repose en effet sur une grammaire et sur un vocabulaire à bien des égards différents de ceux de la langue écrite.

Une personne intelligente et laborieuse, peut aisément parler la langue vulgaire en un ou deux ans. L'étude de la langue écrite, au contraire, présente des difficultés sérieuses dont il n'est guère possible de se rendre complètement maître sans s'y consacrer avec zèle pendant un certain nombre d'années. Cette étude comprend, dans une assez large mesure, celle de la langue écrite des Chinois, laquelle entre à peu près toute entière dans la littérature des Japonais. Au bout de trois années d'un travail assidu la plupart des élèves arrive néanmoins à déchiffrer les principaux genres de textes indigènes.

Quelle que soit la résolution à laquelle on s'arrête, il est nécessaire de bien se convaincre que les élèves qui n'étudieront que la langue vulgaire ne pourront jamais lire le moindre livre ou document écrit en langue japonaise et que le style de la correspondance journalière notamment sera, de la manière la plus absolue, lettre morte pour eux. Tandis que, dans les langues qui s'écrivent, comme les nôtres, avec des lettres alphabétiques, la connaissance de la langue parlée et de l'alphabet suffit le plus souvent pour permettre d'avoir une certaine compréhension d'un texte quelconque ; dans les langues qui sont écrites à l'aide de caractères figuratifs ou idéographiques, la connaissance de l'idiome vulgaire n'apporte qu'un très faible secours pour l'interprétation des signes qui forment la base de l'écriture.

Je crois donc nécessaire, quelle que soit la résolution à laquelle on s'arrête, et surtout dans le cas où l'on serait décidé à n'apprendre que le style de la conversation, d'engager les commençants à s'initier au moins aux notions élémentaires de langue écrite qu'ils trouveront dans le IVe chapitre du présent volume ; et, s'ils veulent acquérir une connaissance sérieuse de ces premiers rudiments, à ne pas hésiter à faire avec soin les exercices compris dans le Ve et dernier chapitre.

J'ai cru cependant opportun de dire quelques mots dans le Ier chapitre de l'écriture idéographique de la Chine, parce que c'est avec les éléments de cette écriture que les Japonais ont inventé un syllabaire au sujet duquel je donnerai dès le début, quelques indications indispensables aux commençants.

I

PREMIÈRES NOTIONS DE LANGUE PARLÉE

§ 1. — *Des syllabaires japonais et de la prononciation.*

Lorsqu'on entreprend l'étude d'une langue étrangère, pour la notation graphique des mots de laquelle on fait usage d'une écriture différente de la nôtre, la première connaissance à acquérir est celle de l'alphabet et du mode de prononciation des lettres qui le composent.

Les Japonais ne possèdent pas précisément ce que nous appelons « un alphabet », c'est-à-dire une liste de caractères servant à l'indication distincte et séparée des consonnes et des voyelles. En français, en grec et en russe, par exemple, où l'on emploie une écriture alphabétique, on retrouve les mêmes signes dans chacune des séries phonétiques comme dans les suivantes :

m*a*	m*e*	m*i*	m*o*	m*u*[1]
μα	με	μι	μο	μυ
Ма	Ме	Ми	Мо	Му

---

1. Je dois prévenir les étudiants que je fais usage, pour écrire les mots japonais, du système de transcription qui a été adopté par le Congrès international des Orientalistes dans sa session inaugurale de

ra	re	ri	ro	ru
ρα	ρε	ρι	ρο	ρυ
pa	pe	pu	po	py

En japonais, au contraire, les signes sont
absolument dissemblables. On écrira de la sorte :

マ 人 三 モ ム
ma mé mi mo mu

ラ レ リ ロ ル
ra ré ri ro ru

Dans la première série, rien ne rappelle à
l'œil la présence de la consonne **m** au début de
chacune des 5 syllabes, pas plus que celle de
la consonne **r** au début de la seconde. En outre,
rien n'indique, dans les signes japonais, la présence des voyelles *a*, *e*, *i*, *o*, *u*. C'est que les
Japonais, au lieu d'employer un véritable alphabet, se servent d'un « syllabaire ».

Ceci compris, j'ajouterai qu'on emploie au
Japon, plusieurs genres de syllabaires, suivant
le goût des écrivains et suivant leurs caprices,
parfois aussi suivant les circonstances, à peu
près comme dans nos pays où il existe l'écriture

1873, système exposé avec tous les détails voulus dans le premier
volume des *Mémoires* de ce Congrès. — Pour l'instant, je me bornerai à
dire à ce sujet, que l'**u** est employé avec la valeur de la diphtongue
française **ou**.

dite *italique*, l'écriture dite **normande**, l'écriture
dite **gothique**, l'écriture dite ronde, etc.

Toutefois, parmi ces syllabaires multiples, il
en est deux qu'il est surtout nécessaire de bien
connaître, parce qu'ils sont d'un usage des
plus fréquents au Nippon. On désigne l'un sous
le nom de syllabaire *kata-kana*, l'autre sous
celui de *hira-kana*.

Voici le tableau des signes qui composent le
premier de ces syllabaires.

SYLLABAIRE KATA-KANA

イ *i*	ト *to*	ワ *wa*	シ *tu*	井 *ï*	ケ *ke*	サ *sa*	ヱ *e*
ロ *ro*	チ *ti*	カ *ka*	子 *ne*	ノ *no*	フ *fu*	キ *ki*	ヒ *hi*
ハ *ha*	リ *ri*	ヨ *yo*	ナ *na*	オ *o*	コ *ko*	ユ *yu*	モ *mo*
ニ *ni*	ヌ *nu*	タ *ta*	ラ *ra*	ク *ku*	エ *ye*	メ *me*	セ *se*
ホ *ho*	ル *ru*	レ *re*	ム *mu*	ヤ *ya*	テ *te*	三 *mi*	ス *su*
ヘ *he*	ヲ *wo*	ソ *so*	ウ *u*	マ *ma*	ア *a*	ツ *si*	ン *n* final

Quant au syllabaire *hira-kana*, bien qu'il soit le plus usité au Japon, les commençants feront bien de n'en entreprendre l'étude que lorsqu'ils se seront complètement familiarisés avec la lecture du syllabaire *kata-kana*.

SYLLABAIRE HIRA-KANA

い *i*	と *to*	わ *wa*	... *tŭ*	ゐ *i*	け *ke*	さ *sa*	ゑ *e*
ろ *ro*	ち *ti*	か *ka*	ね *ne*	の *no*	ふ *fu*	き *ki*	ひ *hi*
は *ha*	り *ri*	よ *yo*	ふ *na*	を *o*	こ *ko*	ゆ *yu*	も *mo*
に *ni*	ぬ *nu*	た *ta*	ら *ra*	く *ku*	え *ye*	め *me*	せ *se*
ほ *ha*	る *ru*	れ *re*	む *mu*	や *ya*	て *te*	み *mi*	す *sŭ*
へ *he*	を *wo*	そ *so*	う *u*	ま *ma*	あ *a*	ゑ *si*	ん *n* final.

Les 47 signes du syllabaire japonais, auxquels on ajoute un signe orthographique qui indique l'*n* final des syllabes où la voyelle est nasalisée, sont l'objet de nombreuses variantes dont il y aura lieu de s'occuper plus tard.

Ainsi qu'il est facile de le comprendre, il faut non seulement bien connaître les signes qui figurent dans chacun des syllabaires japonais, mais les étudiants ont grand intérêt à se rappeler l'ordre conventionnel choisi pour l'énumération successive de ces signes. En effet, si l'on n'a pas à la mémoire cet ordre de classement, on s'expose à perdre sans cesse du temps lorsqu'on cherche un mot dans un dictionnaire, dans un index, ou dans une liste alphabétique quelconque.

Afin de rendre commode le souvenir de l'ordre conventionnel adopté pour leurs signes syllabiques, les Japonais les ont rangés de façon à produire le texte d'une chanson dont il est facile de conserver la mémoire.

Bien que je n'aie pas encore donné un aperçu de la Grammaire et de la Syntaxe japonaises, je mettrai ici sous les yeux des commençants, à titre exceptionnel, le texte et la traduction interlinéaire de cette chanson composée ainsi qu'il suit :

I-ro-va   *ni-ho-hé to*   *ti-ri-nu-ru wo!*
Beauté-la   charmes et   se dissipent !

Wa-ga   *yo*   *ta-re-zo* *tŭ-ne* *na-ra-mŭ?*
(Dans) notre   monde   quoi   toujours   dure?

U-yi   no   oku   yama   ke-fu
Existence (de l') (dans) la profonde montagne le jour présent
                                        ko-ye-te,
                                              en passant !

A-sa-ki   yu-mé   mi-si   e-hi   mo   se-zŭ !
(Dans un) léger songe (qui est) vue l'ivresse même n'est pas !

Ce que l'on peut rendre, dans une traduction libre, de la manière suivante :

« Les plaisirs de la vie sont éphémères !
« Mais, en somme, qu'y a-t-il de durable en ce monde ?
« Dans la profonde montagne de l'existence, le jour présent passe
« Et n'est pas même pour nous équivalant à l'ivresse d'un songe
                                              [fugitif ! »

Aussitôt après avoir pris connaissance des lettres usitées dans une langue, il faut se préoccuper de leur prononciation.

On remarque, dans les diverses provinces du Japon, quelques différences de langage et surtout de prononciation qui forment des sortes de dialectes ; mais, en dehors de ces dialectes ou patois qu'on trouve en usage dans les basses classes de la population, il existe une langue policée qui est généralement comprise dans tout l'archipel du Nippon par quiconque possède un peu d'instruction. Et comme l'instruction est très répandue dans ce pays, il résulte que, lorsqu'on parle l'idiome de Miyako ou de Tôkyau, on est sûr d'être compris à peu près par tous les Japonais, depuis les îles Lou-tchou, sous la 25ᵉ latitude jusqu'aux îles Kouriles, sous le 47ᵉ parallèle nord, c'est-à-dire sur un espace de plus de huit cent lieues d'étendue.

Nous nous occuperons donc uniquement ici de l'idiome de Tôkyau, qui est d'ailleurs aujourd'hui le plus important pour les Européens.

Les Japonais possèdent cinq voyelles : **a, e, i, o, u** et seize consonnes, **b, d, f, g, h, k, m, n, p, r, s, t, w, y, z.**

Voici en résumé, les observations nécessaires pour les prononcer correctement :

VOYELLES

a	se prononce comme dans		*ch*ʌ*t.*
e	—	—	*pâté.*
i	—	—	*fourm*ɪ.
o	—	—	*numéro.*
u	—	—	*ou* dans *ch*ou.

DIPHTONGUES

aï, eï, oï,	comme dans	*h*ʌ*ïr, ob*ᴇ*ïr, ovoïde.*
aë, oé,	—	ʌᴇ*rien, poëte.*
au	—	l'anglais *how.*

Ces différentes voyelles sont parfois brèves, et alors on les écrit surmontées du signe ͝ [1]. Lorsqu'au contraire

---

1. **u** est le plus souvent bref à la suite des lettres **t, d, s** et **z**, et représente alors une voyelle sourde comparable à l'*e* muet français,

elles sont longues, on les écrit â, ê, î, ô, û. Les deux
dernières de ces voyelles longues seulement sont usitées
dans la pratique quotidienne.

CONSONNES

f se prononce, dans un petit nombre de localités seulement, comme en français. Ailleurs, notamment à
Tôkyau, cette consonne n'est usitée que devant la
voyelle **u**.

h tient le milieu entre les sons de l'*h* et de l'*f*, à peu
près comme *h* dans le mot espagnol *hermoso* (latin :
formosus). Il est quelquefois dur et se rapproche alors
du *j* espagnol adouci ou du *z* arabe. Devant la voyelle
i, est un peu grasseyé et diffère de tous les sons qui
nous sont connus dans les autres langues du globe.

b se prononce comme dans   *bateau.*

p   —   —   *pot.*

k   —   —   *kilogramme.*

g est parfois nasal comme dans   *tangage.*

t se prononce comme dans   *tour.*

d   —   —   *don.*

s se prononce comme dans *salon*, quelle que soit sa
place dans un mot : il faudra en conséquence lire le
mot **asa**, non point *aza*, mais *aça*, en conservant à la
consonne *s* sa valeur inaltérable. Devant l'*y*, l'*s* japonais prend d'ordinaire la prononciation de *ch* ; mais devant *i* ou *e*, il a un son à peu près semblable à celui du
ch allemand dans *ich*, *dich*, *mich*, ou du **g** allemand
dans *gütig*, *artig*.

z a la son de cette même lettre dans le mot *zodiaque* :
mais devant l'**y**, il se confond un peu avec notre lettre
j. Devant **i** ou **e**, il a un son qui manque dans les

autres langues que nous connaissons, mais dont on peut se former une idée en se rappelant que les syllabes japonaises **zi, ze** sont aux syllabes japonaises **si, se** (expliquées plus haut) ce que sont les sons français *gi* (dans *girafe*), *jé* (dans *jet*) aux sons français *chi* (dans *gâchis*), *ché* (dans *gâché*). Devant **i** et **u**, il se confond assez fréquemment avec **d**.

zi se prononce comme **sy** adouci, un peu, mais pas précisément, comme la consonne *j* dans le français *jeu*.

La diphtongue **zyu** a parfois, dans la langue commune, le son de *zi*, ex. : **zyŭtŭ** « la science » se prononce **zĭtŭ**; **san-go-zyŭ** « le corail » se prononce **san-go-zi**. Ces prononciations doivent toutefois être considérées comme irrégulières et vulgaires.

t devant **u** se prononce comme **ts** dans *tsar*; allemand **ß**. (Pour la prononciation de **t** devant **i**, voir la remarque relative à la consonne **s**.)

d comme le précédent, mais adouci.

ty comme *t'ch* dans ces mots prononcés rapidement : *on t'cherche*.

j comme le groupe précédent, mais adouci, tel que **dj** dans le mot *radja*; arabe ‌ج. (Voy. la remarque pour la consonne **zy**).

m se prononce comme dans *mer*.

n — — *natte*; employée comme lettre finale, elle a tantôt le même son que dans le mot français *âne* (ex. : **takŭ-san** « beaucoup »), tantôt un son nasal, à peu près comme dans le mot français « bon » (ex. **ni-hon**).

r tient à la fois du son de notre *r* et de notre *l*. Suivant les provinces, sa prononciation penche plus ou moins vers l'une ou l'autre de ces semi-voyelles : les habitants de Tôkyau, par exemple, prononcent assez bien le mot *nôti*, mais ils parviennent rarement à bien dire le mot ᴇʟʟᴇ.

w a le son du double *w* anglais dans w*e*, w*oman*, ou de l'*ou* dans le français ou*ì*. Souvent les Japonais le confondent avec le son *v*. La syllabe transcrite **wo** se prononce simplement **o** au commencement des mots. Après le *k*, le *w* est ordinairement muet ; ainsi on dira, à Tôkyau, **si-kan** au lieu de *sikwan* « un officier, un fonctionnaire public ». Cette dernière prononciation, d'ailleurs plus correcte, est usitée dans certaines provinces, notamment dans celle de Satsouma.

y se prononce comme dans *yatagan* et doit être toujours considéré comme une semi-voyelle, dans les mots japonais. C'est à ce titre qu'il entre en combinaison avec **s**, **z**, **t**, **d**, pour former les sons particuliers dont il a été traité plus haut.

En résumé, la prononciation de la langue japonaise ne présente pas de bien grandes difficultés pour les Européens. Néanmoins, il est certains mots qui demandent une attention exceptionnelle, en particulier ceux où se rencontrent les syllabes *hi*, *si*, *zi*, *ti* et *di*.

Pour bien rendre le son noté *hi*, il n'y a guère d'autre moyen d'y réussir que de l'entendre prononcer un certain nombre de fois par un professeur ou par un indigène, par exemple dans les mots suivants :

hito « l'homme »	*hira* « uni »
hitotŭ « un, une »	*hitŭzi* « chèvre »
hima « loisir »	*hige* « barbe ».

Les quatre autres syllabes mentionnées ci-dessus se

rattachent à un seul et même élément phonétique dont il est facile, comme nous l'avons dit, de donner une aperception exacte aux personnes qui ont appris l'allemand et qui savent bien prononcer le son du *ch* et du *g* dans des mots tels que : *Ich, mich, sich, artig, gütig,* etc., avec cette différence que dans ces mots allemands, la consonne est finale, tandis qu'en japonais elle est initiale. On s'efforcera donc de prononcer de la sorte des expressions, telles que :

> *siti* « sept »,   *isi* « pierre »,   *watakousi* « moi ».

§ 2. — *Le Vocabulaire japonais.*

Pour faciliter aux commençants la connaissance des premiers principes de la langue japonaise, je crois utile de donner dès à présent un Vocabulaire réduit à quelques mots usuels dont il leur sera facile de conserver la mémoire et qui leur facilitera l'intelligence des explications philologiques les plus indispensables au début de leurs études.

VOCABULAIRE FRANÇAIS-JAPONAIS

SUBSTANTIFS

Bœuf — *usi.*	Eau — *midŭ.*
Bouche — *kuti.*	Femme — *onna.*
Cheval — *mŭma.*	Fille — *musŭ-me.*
Chien — *inu.*	Garçon — *musŭ-ko.*
Couteau — *ko-gatana.*	Habit — *ki-mono.*

Homme — *hito*.	Poisson — *sakana*.
Lettre — *te-gami*.	Rivière — *kawa*.
Maison — *iye*.	Température — *ten-ki*.
Montagne — *yama*.	Viande — *niku*.
Oiseau — *tori*.	Vin — *sake*.

ADJECTIFS

Beau — *utŭkusii*.	Grand — *ohoi*.
Blanc — *siroi*.	Haut — *takai*.
Bon — *yoi*.	Long — *nagai*.
Chaud — *atŭi*.	Méchant — *warui*.
Fort — *tŭyoi*.	Noir — *kuroi*.
Froid — *samui*.	Petit — *tiisai*.

VERBES (Radicaux de)

Acheter — *ka'i*.	Faire (fabriquer) — *tŭkuri*.
Aimer — *sŭki*.	Lire — *yomi*.
Arriver (atteindre) — *itari*.	Manger — *tabe*.
Avoir (posséder) — *moti*.	Montrer — *mi-se*.
Boire — *nomi*.	Prendre — *tori*.
Couper — *kiri*.	Suivre — *sitaga'i*.
Écrire — *kaki*.	Vendre — *uri*.
Employer — *motiye*.	Voir — *mi*.

Les mots compris dans le vocabulaire ci-dessus appartiennent tous à l'idiome national du Japon, mais les indigènes de cet archipel font un usage très fréquent d'autres mots et de locutions empruntés à la langue de la Chine. Ces mots d'origine chinoise, que l'on appelle communément « mots sinico-japonais », présentent pour les Européens d'assez grandes difficultés, en ce sens qu'ils sont l'objet d'un nombre considérable d'homophones qui rendraient le style de la conversation sans cesse obscur, si on ne les accompagnait par d'autres mots de nature à en faciliter l'intelligence et à éviter les quiproquos. Employés isolément, ils seraient absolument inintelligibles, à peu près comme en français, si on prononçait seul la syllabe *sin* (sein, sain, seing, saint, ceint), ou la syllabe *san* (sang, sans, cent).

Un exemple suffira pour faire comprendre les incertitudes qui résulteraient de l'emploi des nombreux mots homophones, s'il y avait lieu de les prononcer isolément, alors que cet inconvénient n'existe en aucune façon lorsqu'on s'en sert dans la langue écrite [1].

Le monosyllabe *i*, parmi une foule d'autres significations, alors surtout qu'il est tiré du vocabulaire des mots chinois, a les différents sens suivants :

> *i* « médecin »[2]; — intelligible sous la forme *i-sya* « celui qui pratique la médecine »;
>
> *i* « puits »[3]; — intelligible sous la forme *i-do* « une ouverture de puits »;
>
> *i* « étranger, différent, extraordinaire »[4]; — intelligible sous la forme *i-kokŭ* un pays étranger; — « *i-zin* « un sorcier »; — *i-setŭ* « des versions différentes »;

---

1. Bien que les étudiants n'aient pas encore à s'occuper de l'étude des signes idéographiques, nous donnerons ci-après ceux qu'on emploie pour la notation écrite des divers mots homophones cités ici comme exemples, et il leur sera facile de voir que ces signes sont assez différents pour que toute confusion ne soit pas à craindre.

2. En écriture idéographique : 醫.

3. —　　　　—　　: 井.

4. —　　　　—　　: 異.

> *i* « par, à partir de (latin : ex.)[1] »; intelligible dans les com
> posés *i-rai* « dans l'avenir »; — *i-go* « par la suite, en
> suite, après ».
>
> *i* « tirer de l'arc »[2], — compréhensible à l'audition dans le
> composé *i-ba* « un lieu de tir »;
>
> *i* « pouvoir, dignité »[3]; — employé dans des phrases telles
> que *i-wo otosŭ* « perdre sa situation, son pouvoir »;
>
> etc., etc.

Le caractère monosyllabique de la langue chinoise et ses innombrables homophones ont provoqué la création d'un nombre immense de locutions dites « mots doubles » qui ont pénétré en quantité considérable dans la langue japonaise et qui méritent de fixer tout particulièrement l'attention des étudiants. Ces mots doubles sont analogues aux expressions françaises « arc-en-ciel, ciel-de-lit, hôtel-dieu ».

De ce nombre sont les suivants qui sont connus de tous les Européens : « le Fils du Ciel », c'est-à-dire « l'Empereur »; — « le Royaume du Milieu », c'est-à-dire « la Chine »; « le Soleil Levant », c'est-à-dire « le Japon »; etc.

§ 3. — *La Grammaire japonaise.*

Après avoir pris connaissance des principales règles qui viennent d'être mentionnées sur la prononciation des mots japonais, on devra abor-

---

1. En écriture idéographique : 

2.   —   —   :

3.   —   —   :

der immédiatement l'étude de la Grammaire de la langue parlée et en appliquer ensuite les règles, en faisant autant que possible par écrit les exercices de Versions et de Thèmes gradués qu'on trouvera plus loin dans le présent volume.

Pour accomplir ces exercices avec fruit et avec le moins de peine possible, je crois opportun de donner ici quelques notions grammaticales et syntactiques qui seront suffisantes au début et prépareront avantageusement à l'étude complète de la Grammaire et de la Syntaxe qui devra être entreprise un peu plus tard.

Un caractère particulier de la langue japonaise, sur lequel il convient d'appeler tout d'abord l'attention des commençants, résulte de l'emploi d'un ordre phraséologique que l'on peut considérer dans une assez large mesure comme inverse du nôtre. Non seulement le qualificatif quel qu'il soit, adjectif ou adverbe, précède toujours l'objet qualifié, mais à la place des prépositions dont nous faisons usage, par exemple pour la déclinaison des substantifs, on emploie des postpositions, comme si, en français, au lieu de dire « la terre, de la terre, à la terre, avec la terre », on disait « terre la, terre de la, terre à la, terre avec la ».

Substantif. — La déclinaison japonaise ne résulte pas, comme en latin par exemple, de la modification phonétique de la syllabe finale des noms (*rosa, rosæ, rosam, rosarum, rosis*), mais de l'addition, à la suite du substantif, de particules répondant à celles du français « du, de la, à, au, le, par le, au moyen de, etc. » Pour donner l'occasion d'appliquer immédiatement ces principes, je me bornerai à l'emploi d'un nom japonais, le mot *ko-gatana* qui signifie « couteau », (littér. « petit sabre ») et des postpositions suivantes : *va* « le, quant au », — *no* « du », — *ni* « au », — *ye* « vers le », — *wo* « le » (lorsqu'il s'agit du régime direct ou accusatif), — *kara* « du, provenant du » (dans le sens du latin *ex* ou de l'anglais *from*), — *de* « par le, à l'aide du ».

Au moyen de ces particules, on déclinera ainsi qu'il suit le mot japonais *ko-gatana* « couteau [1] » :

Nominatif — *ko-gatana-va* « le couteau » ou « quant au couteau ».
Génitif   — *ko-gatana-no* « du couteau ».
Datif   — *ko-gatana-ni* « au couteau ».
—   *ko-gatana-ye* « vers le couteau ».
Accusatif — *ko-gatana-wo* « le couteau ».
Ablatif   — *ko-gatana-kara* « du couteau » ou « provenant du couteau »
—   *ko-gatana-de* « du couteau » ou « à l'aide du couteau ».

Adjectif. — Le plus grand nombre des adjectifs japonais se termine par la désinence *i* en langue parlée. Nous ne ferons usage dans les premiers exercices que des adjectifs appartenant à cette catégorie.

Cette désinence *i* se transforme en *ki* dans la langue

---

1. Mot composé de *ko* « petit », et *gatana* « sabre ».

écrite, comme dans les exemples suivants empruntés au petit vocabulaire donné plus haut :

Bon,	— Langue parlée *yoi*.	— Langue écrite *yoki*
Fort,	— — *tūyoi*. —	— *tūyoki*
Grand,	— — *ohoi*. —	— *ohoki*
Haut,	— — *takai*. —	— *takaki*
Long,	— — *nagai*. —	— *nagaki*
Méchant, —	— *warui*. —	— *waruki*

Pronom. — Parmi les pronoms japonais, ceux qui suivent sont les plus communément employés dans le style de la conversation :

PRONOMS PERSONNELS

Watakŭsi « je » ou « moi ».
Anata « vous ».
Ano-hito « lui » (littéralement « cet homme »).
Ano-onna « elle » (littéralement « cette femme »).

En dehors des pronoms personnels proprement dits, les Japonais font usage, pour les remplacer dans le style de la conversation, d'une foule de formules de politesse qui varient suivant l'âge, le rang et la qualité des interlocuteurs. Bien que ce genre d'expressions de courtoisie ne soit pas d'un usage journalier dans les pays européens, on peut en fournir une idée approximative par les citations suivantes : « votre très humble serviteur vous prie de... », « votre disciple vous demande de... », « le maître veut-il me permettre de... »; — ou bien quand on parle le langage des cours et de la diplomatie, lorsqu'on dit : « Votre Altesse daignerait-elle... », « Votre Excellence voudrait-elle m'autoriser à... »; etc.

Enfin, il est bon de signaler dès à présent une particule honorifique dont les Japonais font un emploi continuel non seulement dans le style épistolaire et dans la littérature, mais même en causant et dans toutes les circonstances de la vie intime. Cette particule honorifique, qui tient souvent la place du pronom possessif de la seconde personne, est usitée sous plusieurs formes différentes, dont les principales sont *o* et *go* ; elle signifie littéralement « impérial »[1].

On dira de la sorte :

o ide « votre venue, votre entrée », litt. « la venue impériale » ;
o sûsûme « vos conseils », litt. « les conseils impériaux » ;
a manabi « vos études », litt. « les études impériales » ;
o moti « votre usage, votre possession », litt. « la possession impériale » ;
o osiye « votre enseignement », litt. « l'enseignement impérial » ;
o me-ni « à vos yeux », litt. « aux yeux impériaux » ;
go-ran « votre coup d'œil », litt. « le coup d'œil impérial » ;
o-hanasi ou *go sau-dan* « votre conversation », litt. « la conversation impériale ».

En dehors des pronoms personnels, nous citerons, pour les premiers exercices des commençants, les pronoms démonstratifs, réfléchis, réciproques et réfléchis suivants :

kono, sono, ano « ce, cette »[2] ;
onore ou *wa-ga mi* « soi-même, moi-même » ;
a'i « mutuel, réciproque » ;
soregasi « un tel » ;
arou « un certain » ;
ono-ono « chacun » ;

---

1. En écriture idéographique : 御.
2. Voy. dans ma *Grammaire japonaise*, la valeur particulière de ces trois pronoms démonstratifs.

hoka-no (sinico-japon. *betü*) « autre » ;
onadi (sinico-jap. *dô*) « même » ;
mina, mina-no « tous ».

Verbe. — La plupart des verbes, dont on fait usage dans l'idiome vulgaire des Japonais, sont formés à l'aide d'un radical terminé par l'intonation voyellaire *i* ou *e*, auquel on ajoute l'auxiliaire *masŭ* qui varie seul pour indiquer les temps et les modes. Nous nous bornerons à mentionner ici cet auxiliaire sous les trois formes suivantes :

Présent — *masŭ*.
Passé — *masita*.
Futur — *masyau* (mot qui se prononce à peu près *machyau*).

On dira de la sorte :

Watakŭsi-va nomi-masŭ « je bois »,
Anata-va tabe-masŭ « vous mangez ».
Ano-hito-va kaki-masŭ « il écrit ».
Ano-onna-va yomi-masŭ « elle lit ».
Watakŭsi-va moti-masŭ « j'ai », ou « je possède ».
Anata-va mi-masŭ « vous voyez ».
Ano-hito-va tori-masŭ « il prend ».

Conjugaison négative. — Une particularité caractéristique de la langue japonaise consiste dans l'existence d'une conjugaison négative, c'est-à-dire d'une conjugaison dans laquelle l'idée de négation résulte d'une désinence spéciale des verbes. Nous donnons, comme exemple de cette conjugaison, la forme des divers temps de l'auxiliaire *masŭ* mentionnés plus haut :

Présent — *masenŭ*.
Passé — *masenanda*.
Futur — *masŭmai*.

On dira de la sorte :

Watakûsi-va nomi-masenû « je ne bois pas ».
Anata-va tabe-masenanda « vous n'avez pas mangé ».
Ano-hito-va kaki-masûmai « il n'écrira pas ».

Forme passive des verbes. — Le verbe passif japonais se forme en changeant la voyelle finale *e* ou *i* du radical actif en *are*, et se conjugue avec l'auxiliaire *masû*, comme dans la voie active.

On dira de la sorte, dans la conjugaison affirmative et dans la conjugaison négative :

Watakûsi-va mirare-masû « je suis vu »,
Kono tega-mi-wo yomare-masita « cette lettre a été lue ».
Ano-onna-va mirare-masenanda « elle n'a pas été vue »; etc.

Verbes adjectifs. — On désigne, sous la dénomination de verbes adjectifs, une série particulière de verbes qui sont formés d'un mot sinico-japonais suivi de l'auxiliaire *sûru* « être, faire »; comme, par exemple : *ai-sûru* « aimer », *ben-kyo sûru* « travailler ».

Enfin on attache aux adjectifs terminés en *i* l'idée verbale en changeant la désinence *i* en *si*; comme, par exemple :

yoi « bon »;	verbe adjectif :	*yosi* « être bon » (est bon);
tûyoi « fort »	—	*tûyosi* « être fort » (est fort);
ohoi « grand »	—	*ohosi* « être grand » (est grand);
takai « haut »	—	*takasi* « être haut » (est haut);
nagai « long »	—	*nagasi* « être long » (est long);
warui « méchant »	—	*warusi* « être méchant » (est méchant).

Verbes de courtoisie. — Les exigences de la politesse ont introduit dans l'usage certaines formes verbales qui diffèrent suivant que le verbe s'applique à la personne qui parle ou à la personne à qui l'on parle. Il en résulte, par exemple, que le verbe « donner », au lieu de conserver un même radical avec les divers pronoms personnels comme en français : « je *donne*, tu *donnes*, il *donne* », etc., présente dans la conjugaison les variantes suivantes de radicaux :

Watakusi-va age-masŭ « je vous donne »; litt. « j'*élève* jusqu'à [vous »;

Anata-va kudasai-masŭ « tu me donnes »; litt. « tu *abaisses* [jusqu'à moi »;

Ano-hito-va yari-masŭ « il lui donne »; litt. « il lui jette », etc.

Adverbe. — L'adverbe japonais précède le verbe qu'il qualifie et près duquel il joue le même rôle que l'adjectif devant le substantif.

Nous ne nous occuperons pour le moment que d'une seule classe d'adverbes, celle qui ne diffère de l'adjectif correspondant que par le changement de la désinence *ki* (ou *i* dans la langue parlée) en *ku*, comme par exemple :

Bien	— *yokŭ*	(adjectif de la langue écrite :	*yoki*).
Fortement	— *tŭyokŭ*	(— —	: *tŭyoki*).
Grandement (Beaucoup)	— *ohokŭ*	(— —	: *ohoki*).
Hautement	— *takakŭ*	(— —	: *takaki*).
Longuement (Longtemps)	— *nagakŭ*	(— —	: *nagaki*).
Méchamment	— *warukŭ*	(— —	: *waruki*).

Postpositions. — La phraséologie japonaise étant inverse de la nôtre, on fait usage au Nippon de postpositions qui tiennent ordinairement lieu de nos prépositions. Les suffixes employées pour la déclinaison des substantifs sont dans ce cas.

Un certain nombre de locutions japonaises répondant
à nos prépositions sont formées d'un substantif suivi
de la marque du datif *ni* « à, au, dans ».

Ainsi l'on tirera :

de *uye* « la partie supérieure, dessus », la postposition *uye-ni* « sur »,
de *sita* « le bas »   —   *sita-ni* « sous,
                   [en bas »,
de *maye* « le devant »   —   *maye-ni* « avant »,
de *noti* « le derrière »   —   *noti-ni* « ensuite »,
de *usiro* « l'arrière »   —   *usiro-ni* « après »,
de *aida* « l'intervalle »   —   *aida-ni* « pendant »,
          [c'est-à-dire dans l'intervalle de ».

Conjonctions. — La connaissance des conjonctions suivantes suffira pour les premiers exercices.

Savoir :

to « et, avec », conjonction qui se place après le substantif, comme
 en latin « paterque, materque »,
to-iye-domo « quoique », littéralement « quoiqu'on dise que... »,
mosi « si, pourvu que »,
bakari « seulement »,
yuye-ni « parce que », littéralement « par le motif que ».

Particules interrogatives. — Parmi les particules interrogatives d'un usage continuel dans le style vulgaire,
nous citerons :

do « quelle », employé en composition, comme par exemple,
 dans *do-ko* « où » (littéralement « quel lieu »); — *do-no yau*
 « comment » (litt. « de quelle façon »); — *ka* « est-ce que ».

Numération. — Les Japonais font usage de deux séries
différentes de noms de nombre; l'une appartient à
leur langue nationale proprement dite; l'autre est

empruntée à la langue chinoise. — Voici l'énumération des dix premiers :

Un	japonais : *hitotü*	sinico-japonais : *iti.*
Deux	— *futatü*	— *ni.*
Trois	— *mitü*	— *san.*
Quatre	— *yotü*	— *si.*
Cinq	— *itütü*	— *go.*
Six	— *mutü*	— *rokü.*
Sept	— *nanatü*	— *siti.*
Huit	— *yatü*	— *hati.*
Neuf	— *kokonotü*	— *kiu.*
Dix	— *too*	— *zyû.*

Une particularité, dont les étudiants auront à se préoccuper lorsqu'ils auront accompli les premiers exercices rudimentaires, consistera dans l'emploi de « déterminatifs spécifiques » d'un continuel usage chez les Japonais, lorsqu'ils ont à indiquer le nombre de certains objets. Ces déterminatifs demandent une attention toute particulière.

Pour l'instant, nous nous bornerons à dire qu'ils se présentent dans des conditions analogues à celles du français ou de l'anglais, lorsqu'on dit, par exemple, « trois têtes de moutons » pour « trois moutons »; — *five sails of ships* « cinq voiles de navire » pour *five ships* « cinq navires ».

On se sert, de même, du mot *nin* « homme » pour les êtres qui appartiennent à l'espèce humaine : *san-nin-no onna*, litt. « trois femmes hommes », pour « trois femmes »; — *hon* « tige », pour les choses de forme cylindrique : *fude go-hon*, litt. « pinceaux cinq cylindres, pour « cinq pinceaux »; *tokuri ni-hon* « bouteilles deux cylindres », pour « deux bouteilles ».

§ 4. — *La Syntaxe japonaise.*

Comme notions préliminaires de syntaxe japonaise, nous appellerons tout particulièrement l'attention des commençants sur les remarques suivantes :

Ainsi que nous l'avons vu plus haut, la construction de la phrase japonaise se fait presque toujours *en sens inverse* de la nôtre. C'est ainsi qu'au lieu de dire comme en français « quand je viendrai à Paris », on groupera les mots de la manière suivante : « moi, Paris-à viendrai l'époque-à » (*Parisŭ-ye maeri-masyau toki-ni*).

Il est également très nécessaire de ne pas oublier que le qualificatif quel qu'il soit (adjectif ou adverbe) précède toujours l'objet qualifié. On dira par exemple :

tiisai hito « le petit homme », et jamais *hito tiisai* « l'homme petit » ;

atŭkusii musŭme « la belle fille »,　　— *musŭme atukusii* « la fille [belle » ;

warui inu « le méchant chien »,　　— *inu warui* « le chien mé-[chant » ;

siroi tori « le blanc oiseau »,　　— *tori siroi* « l'oiseau blanc » ;

atŭi sake « le chaud vin »,　　— *sake atŭi* « le vin chaud » ;

takai yama « la haute montagne »,　　— *yama takai* « la montagne [haute » ;

nagai kimono « le long habit »,　　— *kimono nagai* « l'habit long »[1].

---

1. Dans la langue parlée, comme on l'a dit plus haut, on forme une classe particulière de verbes en changeant la désinence *i* des adjectifs en *si* (radical du verbe *si, sŭru* « être, faire »). Par suite d'un avachissement de l'idiome vulgaire, cette désinence *si* reprend la forme *i* de la désinence adjective ; mais alors il faut ajouter au substantif la postposition qui sert à indiquer les cas dans la déclinaison. — On dira en conséquence : *hito-va tiisai* « l'homme est petit » ; *yama-va takai* « la montagne est haute » ; etc.

et quand on emploiera des adverbes :

yokŭ deki-masŭ « bien fait », et jamais *deki-masŭ yokŭ* « fait bien » ; *nagakŭ mi-masita* « longtemps vu », — *mi-masita nagakŭ* « vu long-
[temps ;
warukŭ kaki-masyau « mal sera écrit », — *kaki-masyau warukŭ* « sera
[écrit mal ».

Il faut enfin signaler, parmi les difficultés que présente l'intelligence de la langue japonaise, la longueur des phrases et l'intercalation dans leur sein de nombreuses propositions inciden-
tes.

§ 5. — *Le style de la Conversation.*

Afin de préparer les commençants à l'étude des dialogues, nous donnons maintenant un petit Vocabulaire d'expressions usuelles classées par ordre des matières et dans lequel nous avons conservé avec intention les mots déjà mentionnés dans les paragraphes précédents.

I.

Ciel — *Sora.*
Étoile — *Hosi.*
Soleil — *Hi.*
Lune — *Tŭki.*
Nuage — *Kumo.*
Vent — *Kaze.*
Pluie — *Ame.*

Temps — *Toki.*
Terre — *Tŭti.*
Mer — *Umi.*

II

Rocher — *Iwa.*
Montagne — *Yama.*
Rivière — *Kawa.*
Pays — *Kuni.*

Capitale — *Miyako.*
Vallée — *Tani.*
Route — *Miti.*
Ile — *Sima.*
Cap — *Saki.*
Port — *Minato.*

III

Homme (mâle) — *Otoko.*
Femme — *Onna.*
Vieillard — *Tosiyori.*
Enfant — *Kodomo.*
Père — *Titi.*
Mère — *Haha.*
Frères — *Kyau-dai.*
Sœurs — *Ane-imoto.*
Fils — *Musŭko.*
Fille — *Musŭme.*

IV

Corps — *Karada.*
Tête — *Kasira.*
Cheveu — *Ke.*
Œil — *Me.*
Nez — *Hana.*
Bouche — *Kuti.*
Oreille — *Mimi.*
Dent — *Ha.*
Poitrine — *Mune.*
Bras — *Ude.*

V

Main — *Te.*
Doigt — *Yŭbi.*
Ongle — *Tŭme.*
Dos — *Senaka.*
Estomac — *Ĭ-bukuro.*
Ventre — *Hara.*
Jambe, pied — *Asi.*

Peau — *Kawa.*
Sang — *Ti.*
Cœur — *Kokoro.*

VI

Peuple — *Tami.*
Empereur — *Mikado.*
Impératrice — *Kisaki.*
Héritier présomptif — *Tai-si.*
Seigneur féodal — *Dai-myau.*
Ambassadeur — *Si-sya.*
Savant — *Gakŭ-sya.*
Astronome — *Ten-mon-sya.*
Médecin — *Ĭ-sya.*
Poète — *Ka-zin, si-zin.*

VII

Interprète — *Tŭ-zi.*
Voyageur — *Tabi-bito.*
Agriculteur — *Nŏ-ka.*
Riche — *Kane-moti.*
Pauvre — *Bim-bŏ-nin.*
Domestique — *Ke-rai.*
Ami — *Hŏ-yŭ.*
Ennemi — *Teki.*
Soldat — *Hei-si, hei-sotŭ.*
Marin — *Sui-fu.*

VIII

Vêtement — *Ki-mono.*
Chapeau — *Bau-si.*
Pantalon — *Hakama.*
Soulier — *Kutŭ.*
Gant — *Te-bŭkuro.*
Chemise — *Zyŭ-ban.*
Soie — *Kinu.*
Coton — *Momen.*
Laine — *Nuno.*
Fil — *Ito.*

IX

Maison — *Iye*.
Chambre — *He-ya*.
Meuble — *Dau-gu*.
Lit — *Nedoko*.
Table — *Tŭkuye*.
Chaise — *Isŭ*.
Natte — *Musiro*.
Matelas — *Futon*.
Traversin — *Makura*.
Paravent — *Byô-bŭ*.

X

Bibliothèque — *Bun-ko*.
Pendule — *Tô-kei*.
Chandelier — *Syokŭ-dai*.
Lampe — *Rampŭ (An-don)*.

Boîte — *Hako*.
Miroir — *Kagami*.
Rasoir — *Kamisori*.
Peigne — *Kusi*.
Éventail — *Ogi*.
Savon — *Sabon*.

XI

Livre — *Hon*.
Parfum — *Niwoi*.
Vin — *Sake*.
Bière — *Birŭ (Mugi-sake)*.
Poêle (brasier) — *Hi-bati*.
Bois (à brûler) — *Maki, taki-gi*.
Charbon — *Seki-tan*.
Allumette — *Haya-tŭke-gi*.
Balai — *Hataki, hauki*.

Pour pouvoir se rendre bien compte du mode de formation des phrases en usage dans le style de la conversation japonaise, il est indispensable de s'être préalablement rendu maître des quelques règles de Grammaire et de Syntaxe données ci-dessus, mais en plus de se rappeler sans hésitation un certain nombre de mots du langage usuel.

Ces connaissances toutefois seraient encore insuffisantes pour permettre d'analyser certaines phrases vulgaires, d'un emploi de tous les instants, qui reposent sur des idiotismes consacrés par l'usage, mais dont l'origine ne peut être connue qu'en se livrant à de longues et pénibles recherches d'érudition dont il serait intempestif de s'occuper dans le présent ouvrage. Des phrases de ce genre se rencontrent d'ailleurs dans toutes les langues (comme, par exemple, le français : « Comment vous portez-vous? » ; — l'anglais : « How do you do? » ; etc.

Dès à présent, on pourra donc apprendre par cœur, sans trop chercher à en faire le mot à mot, les petites phrases suivantes :

Kon-niti-va, littéralem[t] « Quant à aujourd'hui », c.-à-d. « Bonjour »;
Kon-ban-va   —   « Quant à ce soir »,   — « Bonsoir »;
Kon-ya-va   —   « Quant à cette nuit »,   — « Bonne nuit »;

    Sayau-nara « au revoir »;
    Heï « oui »;
    Sayau « oui, c'est bien »;
    Iiyé « non »;
    Wakari-masü ka? « comprenez-vous »;
    Watakusi-va wakari-masenü « je ne comprends pas »;
    Ari-gatau « merci »;
    Go-men-nasaï « veuillez m'excuser »;
    Do itasi-masite, litt. « en faisant quoi », c'est-à-dire
                     « il n'y a pas de quoi! ».

Une fois ces connaissances rudimentaires acquises, les commençants seront suffisamment bien préparés pour entreprendre les exercices de Versions et de Thèmes, au sujet desquels nous donnerons néanmoins quelques indications supplémentaires de nature à en faciliter l'étude.

§ 6. — *Les exercices de Version.*

Dans le but de préparer les commençants aux exercices de Versions qui forment la seconde partie de ce volume, exercices qui nécessitent la connaissance complète de la Grammaire, on donnera ici un choix de phrases japonaises, pour l'intelligence desquelles il suffit de posséder les notions élémentaires mentionnées plus haut :

I. — SUBSTANTIFS. — DÉCLINAISON

A traduire en français :

Musüme-no. — Inu-ni. — Yama-ye. — Midü-de. — Sake-wo. — Onna-ni. — Iye-kara. — Ten-ki-va. — Hito-no. — Wataküsi-ni. — Anata-wo. — Ano-hito-ye. — Tori-no. — Iwa-kara. — Kutü-de. — I-sya-no. — Kokoro-wo. — Tani-ni. — Yubi-no. — Umi-ye. — Te-bukuro-va. — Nö-ka-no. — Ke-rai-ni. — Titi-kara.

II. — ADJECTIFS AVEC SUBSTANTIFS

Yoi hito. — Warui musüme. — Nagai yama. — Takai iwa. — Kuroi kutü. — Tiisai tori. — Tüyoi kodomo. — Ohoi-ige. — Atüi ten-ki. — Utükusii ogi. — Siroi ki-mono. — Nagai te-gami. — Kuroi müma. — Samui midü. — Warui usi.

III. — PRONOMS AVEC SUBSTANTIFS

Anata-no ko-gatana. — Ano-hito-no iye. — Wataküsi-no sakana. Ano-onna-no sake. — Kono hito-no musüme. — Soregasi-no te-gami. — Mina-no hito. — Hoka-no kawa-ni. — Onadi-no ki-mono-no mo-men.

IV. — VERBES

Wataküsi-va ko-gatana-wo moti-masü. — Anata-va sima-no seki-tan-wo tori-masü. — Ano-onna-va nagai te-gami-wo yomi-masita. — Kono tiisai sui-fu-va kuroi sakanawo tabe-masyau. — I-sya-va kisaki-ni utükusii ogi-wo age-masita. — Kisaki-va i-sya-ni zyü-ban-wo kudasai-masita. — Anata-va wataküsi-ni kusi-wo kudasai-masi. — Iiye, wataküsi-va kono kusi-wo hei-sotü-ni yari-masyau. — Kono-sima-no yama-va takai. — Tabi-bito-no rampü-wo mi-masü. — Sono kodomo-va haha-kara soukare-masü. — Aru ten-mon sya-va hosi-wo mi-masita.

V. — ADVERBES. — POSTPOSITIONS. — CONJONCTIONS

Ano gakŭ-sya-va tegami-wo warukŭ kaki-masŭ. — Kono nô-ka-va tŭki-wo yokŭ mi-masita. — Mikado-va saki-no maye-ni kumo-wo mi-masita. — Anata-va watakŭsi-ni te-bukuro to zyŭ-ban-wo kuda-sai-masi. — Tŭ-zi-va i-sya-no te-gami bakari yomi-masita. — Kono mi-nato-no usiro-ni hi-wo mirare-masŭ. — Yama-no sita-ni tosi-yori-no kyau-dai-va ohoku-no sakana-wo tori-masita. — Kono kon-wa tŭkuye-no uye-de yomare-masŭ.

VI. — PARTICULES INTERROGATIVES

Nô-ka-no ko-domo-va kinu-no ki-mono-wo moti-masŭ ka? — Anata-no hô-yŭ-no he-ya-ni ne-doko-to, byau-bu to, tô-kei to, an-don-wo mi-masita ka? — Anata-va do-ko-ni mikado-no tai-si-wo mi-masita ka?

VII. — NUMÉRATION

Mitŭ-no hito. — Futatŭ-no bau-si. — Mutŭ-no misaki. — Koko-notŭ-no iye. — Mitŭ-no miti. — Yatŭ-no iwa. — Nanatŭ-no sima. — Yama-no usiro-ni. — Ni-nin-no musŭme-wo mi-masita. — Kane-moti-va tokuri go-hon-de sake-wo nomi-masita. — Gakŭ-sya-va fude ni-hon moti-masŭ kere-domo, sono titi-ni te-gami-wo kaki-mase-nanda.

Depuis quelques années, les Japonais ont fait l'abandon d'un certain nombre de mots de leur langue nationale pour adopter des expressions européennes, comme l'avaient fait leurs ancêtres pour adopter des expressions chinoises. A la place du mot *mugi-sake* « bière », litt. « vin d'orge » qu'on employait encore au milieu du siècle dernier, on se sert aujourd'hui du mot *birŭ* (anglais : bier); — à la place de *haya-tŭke-gi* « bois qui prend vite » usité pour dire « des allumettes », on dit actuellement *matti* (mèche, anglais : match); — au lieu de *an-don* « lanterne, lampe », le mot *rampŭ*, etc.

Voici, comme exemple, deux phrases dans lesquelles on n'a guère employé que des mots empruntés aux langues de l'Europe :

Kapitan-va bazarū-ni pistorū-to, rampū-to, sabon-to, tabako-to, birū-wo kai-masita « le capitaine a acheté au bazar un pistolet, une lampe, du savon, du tabac et de la bière »;

Kokū-ga dokūtorū-no boi-ni bifūteki-to sarada-wo yari masita, « le cuisinier (cook) a donné au fils (boy) du docteur un bifteck et de la salade ».

§ 7. — *Les exercices de Thèmes.*

A la suite des exercices de Versions donnés ci-dessus, les étudiants devront faire par écrit, comme exercices de Thèmes, la traduction des phrases suivantes en japonais :

I. — SUBSTANTIFS. — DÉCLINAISON

La montagne (quant à la montagne). — De la bouche. — Au cœur. — La jambe (régime direct ou accusatif). — Avec le bras (au moyen du bras). — De la rivière (provenant de la rivière).

II. — ADJECTIFS AVEC SUBSTANTIFS

L'ongle long. — La main petite. — Le vent fort. — La petite chemise. — Le vieux médecin. — La boîte noire. — Le long balai du domestique. — Le traversin blanc du lit de l'enfant. — Le bon parfum du savon. — Le paravent blanc de la chambre du voyageur. — Le joli soulier de la fille.

III. — PRONOMS AVEC SUBSTANTIFS

Le médecin de mon père. — Le bras de mon fils. — L'oreille de votre mère. — La bibliothèque de la maison du savant. — Tous les enfants du port. — La route devant la maison de mon père. — Le chandelier de la table de l'autre interprète. — Le pauvre de cette vallée. — Le sang de tel vieillard. — La même chemise de coton.

IV. — VERBES

J'ai vu la peau du chien noir. — Vous avez la natte de mon lit. — Il a mangé la viande de mon chien. — Je vous donne le poêle de ma chambre. — Vous m'avez donné le pantalon du soldat. — La fille du poète est aimée de tout le monde (de tous les hommes). — Le peuple de ce pays a lu la lettre de l'ambassadeur. — L'ennemi de l'empereur a bu le sang de mon chien.

V. — ADVERBES. — PRÉPOSITIONS. — CONJONCTIONS

Le chien a mangé beaucoup de poissons. — Le médecin a vu le nez, la bouche et l'oreille de mon fils. — L'interprète a écrit longuement une lettre à l'ambassadeur. — Je vous donne un chapeau, un pantalon et une chemise de coton. — Derrière la montagne, le marin a vu une longue île. — Sur la tête et sur la main de ce vieillard, j'ai vu des cheveux (poils) noirs.

*

§ 6. — *Notions élémentaires de Géographie du Japon.*

Pour étudier une langue étrangère dans de bonnes conditions, il est indispensable de posséder dès le début des connaissances élémentaires de Géographie et d'Histoire sur le pays où elle est en usage. Nous donnerons ici les renseignements qui nous paraissent les plus nécessaires aux élèves de première année[1].

---

1. Les élèves trouveront des renseignements plus détaillés sur la géographie du Nippon dans le livre que j'ai publié pour leur usage

L'empire Japonais forme un archipel composé de plus de trois mille huit cents îles ou îlots. — Voici l'énumération des plus grandes et des plus importantes de ces îles [1] :

1° L'île de *Nippon* [2] ou « île du Soleil-Levant ». C'est de ce nom, prononcé par les Chinois *Jih-pœn*, qu'a été tirée la dénomination européenne de *Japon*. — Cette île est baignée à l'est par le Grand Océan et à l'ouest par la Mer du Japon qui la sépare de la Mandchourie et de la Corée ;

2° L'île de *Si-kokŭ* [3] « les Quatre Provinces », située au sud du Nippon et au nord du détroit de *Sŭwo-nada* ;

3° L'île de *Kiu-siu* [4] « les Neuf Arrondissements », au sud-ouest de la précédente et séparée de l'archipel Lou-tchouan par le détroit de Van-Diemen ;

4° L'île de *Yezo* [5] au nord du Nippon, dont elle est sé-

---

sous le titre de *La Civilisation Japonaise*, Conférences faites à l'École spéciale des Langues Orientales ; un volume in-12 (Ernest Leroux, éditeur).

1. Les noms géographiques, comme les noms historiques, sont toujours écrits par les Japonais à l'aide de caractères chinois. Nous donnerons ici la notation, en signes figuratifs, de ceux que nous avons l'occasion de citer, mais les étudiants ne devront se préoccuper de cette notation que lorsqu'ils se seront initiés aux principes de l'écriture idéographique exposée dans la première partie du présent volume.

2. 日本 *Nippon* « le Soleil Levant ».

3. 四國 *Si-kokŭ* « les Quatre Provinces ».

4. 九州 *Kiu-siu* « les Neuf Arrondissements ».

5. 蝦夷 *Yezo* ou *Ka-i* « les Barbares à Crevettes ».

parée par le détroit de *Tŭgarŭ*. Cette île est principalement habitée par des *Aïno*[1] que l'on considère comme étant les autochtones du Japon qu'ils occupaient sur toute son étendue dans les temps antérieurs de plusieurs siècles à l'ère chrétienne. — Au nord-est de Yézo se trouvent les îles *Kouriles* ou *Ti-sima*[2] qui forment un long cordon dont l'extrémité septentrionale atteint à la pointe sud de la péninsule de Kamtchatka;

5° A ces îles, il faut ajouter celle de Formose ou *Tai-wan*[3] récemment annexée à l'empire Japonais.

La capitale actuelle de l'empire Japonais se nomme aujourd'hui *Tô-kyau*[4]. Avant la dernière révolution, à la suite de laquelle le gouvernement effectif a été remis entre les mains des *mikado* (ce qu'on appelait naguère en Europe « les Empereurs spirituels » ou « Souverains pontifes du Japon »), cette capitale était désignée sous le nom de *Yédo*[5]. C'est là que résidaient les *syau-gun* ou « Généralissimes » (connus des Européens sous le titre de « Empereurs temporels » ou sous celui de *tai-kun* « Grands-Princes »).

L'ancienne résidence des Mikado était la ville de

---

1. アイノ *Aïno*, litt. « Hommes ».

2. 千島 *Ti-sima*, litt. « les Mille îles ».

3. 臺灣 *Tai-wan*, litt. « le Golfe de la Tour ».

4. 東京 *Tô-kyau* « la Capitale de l'Est ».

5. 江戸 *Ye-do* « l'Entrée du fleuve ».

Miyako[1] ou *Kyau-to*[2], située vers le centre de la grande île de Nippon.

En dehors de ces deux capitales, nous citerons, parmi les villes les plus importantes du Nippon, celles qui suivent :

Dans l'île de *Nippon* :

Oho-saka[3] « la Grande Digue », l'un des principaux ports du Japon, situé à peu de distance de l'ancienne capitale (Miyako);

Nago-ya[4], ville centrale et très commerçante;

Yoko-hama[5], port japonais qui a pris une grande importance par suite de sa proximité de la capitale;

Ko-be[6], port de mer aux environs duquel se trouvent plusieurs localités célèbres par leur production de *sake* ou vin japonais;

Sen-dai[7], ancienne capitale de la province du même nom, situé au nord-est de la grande île de Nippon;

Dans l'île de *Si-kokŭ* :

Taka-matŭ[8], chef-lieu de l'ancienne province de *Sanuki*;

Kau-ti[9], ville de l'ancienne province de *Tŏ-sa*, renommée par ses fabriques de papier et de poisson sec;

---

1. 京　*Miyako* « la capitale ».
2. 京都　*Kyau-to* « la ville capitale ».
3. 大坂　*Oho-saka* « la Grande Digue ».
4. 名古屋　*Na-go-ya*.
5. 横濱　*Yoko-hama*.
6. 神戸　*Ko-be* « la Porte des Dieux ».
7. 仙臺　*Sen-dai* « la Tour des Immortels ».
8. 高松　*Taka-matŭ* « les Hauts Sapins ».
9. 高知　*Kau-ti* « la Haute Sagesse ».

Dans l'île de *Kiu-siu* :

Naga-saki[1] « le Long Cap », l'une des premières villes du Japon où
ont été admis à résider les Hollandais dans un petit îlot artificiel
appelé *Dé-sima*; elle est située à peu de distance de la célèbre
montagne *Un-zen Dake*;

Kana-zava[2], ancienne résidence de l'un des plus grands princes féodaux du Japon;

Kuma-moto[3], ville située à l'ouest de l'île de Kiou-siou[4], non loin de
l'île de *Ama-kusa* où s'étaient établis les missionnaires catholiques
portugais au XVIIᵉ siècle;

Kago-sima[5], au sud, sur un golfe dont l'entrée est proche de la petite
île *Tane-ga sima* où les Européens introduisirent les premières
armes à feu, ce qui a fait donner son nom aux pistolets.

L'île de Kiou-siou est séparée du continent par le
détroit de Corée au milieu duquel se trouve l'île de *Tü-
sima*[6] ou île Quelpaert des Occidentaux, que l'on voit
souvent citée dans les historiens du Japon.

---

1. 長崎 *Naga-saki* « le Long Cap ».

2. 金澤 *Kana-zawa* « l'Étang d'or ».

3. 熊本 *Kuma-moto* « le Point de départ des Ours ».

4. On ne devra pas s'étonner si quelques noms japonais sont notés
avec deux orthographes différentes dans le présent volume. Lorsqu'ils
sont écrits en lettres *italiques*, leur notation est celle qui répond
exactement à l'orthographe de transcription des mots japonais; au
contraire, lorsqu'ils sont écrits en lettres « romaines », ils prennent
la forme qu'on est habitué à leur donner en Europe; c'est comme si,
dans livre destiné à l'enseignement de la langue anglaise, on voyait
le nom de la capitale de l'Angleterre écrit parfois sous la forme *London* et parfois sous la forme « Londres ».

5. 鹿兒島 *Ka-go-sima* « l'île des Petits Cerfs ».

6. 對馬 *Tü-sima* « l'île qui fait face ».

Dans l'île de Formose :

Tai-nan [1] « le Grand Sud », *Tai-tyu* « le Grand Central » et *Tai-hokŭ* « le Grand Nord ».

Dans l'archipel, appelé par les indigènes *Lou-tchou*, par les Japonais *Rìu-kiu* et par les Chinois *Lieou-kieou* :

Nava [2], capitale et ancienne résidence royale,

Enfin dans l'île de *Yezo* :

Matŭ-maye [3], capitale de l'île et *Hako-date* [4], port le plus fréquenté par les Japonais et par les Européens qui sont aujourd'hui autorisés à y faire du commerce.

A la liste des villes données ci-dessus, nous ajouterons celle des montagnes et des fleuves suivants :

Fu-zi yama [5], montagne célèbre pour laquelle les Japonais, et en particulier leurs poètes et leurs artistes, professent un véritable culte d'enthousiasme ; elle est située au sud-ouest de Tô-kyau, sur la limite des anciennes provinces de *Ka'i* et de *Sŭruga* ;

Un-zen dake [6], située dans la province de *Hi-zen* ; sa hauteur est de plus de 1,200 mètres ;

Sŭmi-da gawa 7, fleuve qui traverse la capitale et sur lequel on a cons-

---

1. 臺灣 *Tai-wan*.

2. 那覇 *Na-wa*.

3. 松前 *Matŭ-maye* « le Devant des Pins ».

4. 函館 *Hako-date*.

5. 不盡山 *Fu-zi yama* « la Montagne inépuisable ». — On écrit également ce nom avec les caractères 不二, litt. « pas deux », pour dire qu'il n'existe pas au monde une autre montagne capable d'être mise en parallèle avec le Fou-zi yama.

6. 温泉嶽 *Un-zen dake* « la Montagne des Sources chaudes ».

7. 隅田川 *Sŭmi-da gawa* « la Grande Rivière ».

truit plusieurs ponts, parmi lesquels le *Ei-tai basi* « Grand Pont »
est d'une grande longueur;

Yodo gawa[1], fleuve qui coule à Oho-saka et qui est traversé par plusieurs beaux ponts construits en bois de cèdre.

Mentionnons, en terminant, le charmant lac *Biva ko*[2],
dans l'ancienne province d'*Omi*; — le célèbre *Tô-kai
dau*[3], grande route stratégique créée par Taï-kau Sama
pour assurer sa suprématie sur les princes féodaux de
l'empire, et qui est devenue l'artère principale de la vie
politique, industrielle et commerciale des Japonais sur
le flanc oriental du Nippon; et enfin le *Kuro siwo*[4] ou
grand courant analogue au Gulf-stream de notre Océan
Atlantique.

§ 7. — *Notions élémentaires d'Histoire du Japon.*

Il ne rentre pas dans le cadre de cet ouvrage
de donner un résumé de l'histoire générale du
Japon. Pour les personnes qui commencent à
étudier la langue japonaise il suffira de connaître le nom de quelques-uns des hommes qui
ont joué un rôle d'une importance exceptionnelle
dans les annales de ce pays et qui, pour ce mo-

---

1. 淀川 *Yodo gawa* « la Rivière des Gués ».
2. 琵琶湖 *Biva ko* « le Lac de la Guitare ».
3. 東海道 *Tô-kai dau* « la Voie de la mer Orientale ».
4. 黒潮 *Kuro siwo* « le Courant Noir ».

tif, ont acquis une grande popularité dans toutes les classes de la population.

Le fondateur de la monarchie japonaise figure en tête de la liste des mikado sous le titre de *Zin-mu*[1], titre qui lui a été conféré plusieurs siècles après la fin de son règne dont le début est fixé par les chroniqueurs indigènes à l'année 585 avant notre ère.

Un autre mikado des temps anciens, l'empereur *Nin-tokŭ*[2] a laissé, chez les Japonais, un souvenir des plus sympathiques par le dévouement dont il a donné des preuves, suivant la légende, aux classes pauvres de son empire, par son abnégation et par ses vertus.

En revanche, un autre monarque japonais, *Bu-retŭ*[3] a laissé une odieuse mémoire par le fait du raffinement de ses incessantes cruautés. C'est pour ce motif que quelques orientalistes l'ont surnommé « le Néron du Japon ».

Les Européens désignent également par assi-

---

1. 神武 *Zin-mu* « le Divin Guerrier », dont le nom primitif était le prince *Iva-are Hiko*. — Il régna de 660 à 585 avant notre ère.

2. 仁徳 *Nin-tokŭ* « la Vertu humanitaire ». — Régna de 313 à 399 de notre ère.

3. 武烈 *Bu-retŭ* « l'Énergie militaire ». Régna de 499 à 506 de n. ère.

milation la fameuse impératrice *Zin-gu*[1] sous le titre de « La Sémiramis du Japon ». On doit à cette princesse une brillante campagne entreprise par ses ordres dans la péninsule Coréenne où existait alors une confédération triarchique appelée *San Kan*.

Un mikado qui régna un peu plus tard, l'empereur *Ten-di*[2], s'est à son tour rendu célèbre, parce que c'est à son époque que les lettres chinoises furent introduites au Japon et que les insulaires de ce pays apprirent l'art de l'écriture et de la lecture.

A un moment donné la caste militaire trouva moyen de s'emparer des rênes du gouvernement et, sans abolir précisément le titre suprême de mikado, à arracher aux descendants de la Grande Déesse Solaire toute autorité effective dans la direction des affaires du pays[3].

C'est alors que commença le gouvernement

---

1. 神后 *Zin-gu* « la Divine impératrice ». — Régna de 201 à 269 de notre ère.

2. 天智 *Ten-di* « la Sagesse Céleste ». Régna de 662 à 672 de notre ère.

3. L'histoire de cette période est racontée dans un ouvrage célèbre publié au Japon sous le titre de *Tai-hei Ki* « Histoire de la Grande Paix (recouvrée) », dont un fragment se trouve dans le *Recueil de Textes Japonais à l'usage des élèves de l'Ecole spéciale des Langues Orientales* (cours de 2ᵉ année), in-8.

des *syau-gun*[1], dont l'autorité dura jusqu'en 1868, époque de la restauration des mikado. Parmi les syau-goun les plus célèbres, il faut au moins connaître les suivants :

Yori-tomo[2] était le chef de la famille princière des Mina-moto. Après avoir vaincu la maison de *Taira* ou *Hei-ke*[3] qui avait cherché à obtenir le pouvoir effectif, il obtint de l'Empereur le titre de *syau-gun*, ce qui lui permit de prendre en mains les rênes de l'État tout en feignant de reconnaître l'autorité suprême du Mikado qui ne devint plus, lui et ses successeurs, qu'un monarque purement nominal. Yori-tomo fut de la sorte le véritable fondateur du syaugounat. Il mourut en l'an 1200 de notre ère, à l'âge de 53 ans.

Nobu-naga[4] est un personnage qui vivait dans la seconde moitié du xvie siècle. Voyant la désorganisation générale qui s'était produite dans tout l'empire du Nippon par suite des rivalités et des luttes incessantes des princes féodaux, il conçut le projet de centraliser le pouvoir entre ses mains.

Hide-yosi[5], plus connu sous le nom de *Tai-kau Sama*[6]

---

1. 將軍 *syau-gun*.
2. 賴朝 *Yori-tomo* (1186).
3. 平 *Taira* ; 平家 *Hei-ke*.
4. 信長 *Nobu-naga* (1573).
5. 秀吉 *Hide-yosi* (1586).
6. 太閤樣 *Tai-kau Sama*.

surtout chez les Européens qui l'appellent « le Napoléon du Japon », parvint à réaliser le projet centralisateur de Nobou-naga. Il entreprit avec succès, de 1592 à 1598 de notre ère, une grande campagne contre la Corée. Fier des résultats qu'il avait obtenus durant cette campagne, il rêva la conquête de la Chine toute entière, et il se préparait à partir pour le continent asiatique avec une armée considérable, lorsque la mort, en l'an 1598, vint l'arrêter dans ses ambitieux desseins.

Iye-yasŭ[1] avait établi sa résidence à Yédo (aujourd'hui Tôkyau) où les princes feudataires étaient contraints de séjourner six mois de l'année et à y laisser leur famille comme otage les six autres mois durant lesquels il leur était permis de résider dans leur domaine féodal. C'est sous son gouvernement que les Hollandais furent admis à résider au Japon et à y commercer.

Hitotŭ-basi[2] a été le dernier représentant du syau-gounat au Japon. Le mikado, cédant à la pression des seigneurs féodaux de Nagato et de Satsouma, rendit en 1867 un décret par lequel les fonctions de Généralissime de l'empire étaient définitivement abolies. La soumission de Hitots-basi à la volonté impériale ne se fit pas longtemps attendre. Il y eut toutefois, à cette époque, quelques tentatives de résistance, et un parti se forma à l'effet d'établir une république indépendante dans la partie Nord du Japon. Ces tentatives ne furent pas couronnées de succès.

---

1. 家康 *Iye-yasŭ* (1603).

2. 一橋 *Hitotŭ-basi* ou 慶喜 *Nobu-yosi* (1866), dernier syau-goun, abdiqua en 1867 ; son autorité ne dura donc que deux ans.

§ 8. — Notions élémentaires
sur quelques Littérateurs et Artistes célèbres du Japon.

Le Japon possède une des plus riches littérature du monde asiatique. Presque toutes les branches de la recherche humaine y sont représentées par des œuvres remarquables à plus d'un titre. Un très petit nombre d'entre elles a été jusqu'à présent l'objet de traductions en langues européennes.

Ces œuvres peuvent être réparties en deux classes : la première comprend les écrits qui ont été composés sous l'inspiration des idées de la Chine ancienne et, pour la plupart, suivant les règles de style en usage dans la patrie de Confucius et de Lao-tse; la seconde se compose des ouvrages rédigés suivant le génie propre aux insulaires de l'Extrême-Orient.

Parmi les ouvrages qui appartiennent à l'une et à l'autre de ces deux classes, il en est quelques-uns qui remontent à une époque déjà fort éloignée. J'ai réuni dans une notice[1] spécialement destinée aux élèves de seconde année, les faits les plus indispensables à connaître sur ces

---

1. *Introduction à l'étude de la Littérature japonaise.* Paris, 1896, in-8.

monuments de l'esprit japonais. Je me bornerai donc à mentionner ici les noms de plusieurs écrivains qui jouissent d'une grande réputation d'ailleurs très méritée chez leurs compatriotes de l'Extrême-Orient :

Kô-bau Daï-si[1], lettré célèbre né en 774 de notre ère, inventeur du syllabaire japonais *hira-kana*. Il est considéré comme un des plus remarquables docteurs en philosophie bouddhique. Parmi les ouvrages qu'on lui attribue, le *Zitü-go kyau* ou « l'Enseignement de la Vérité » est très répandu au Japon où il sert, dans les écoles, pour instruire la jeunesse et lui enseigner les premiers principes de l'écriture idéographique de la Chine. Une édition européenne de ce livre a été publiée avec une traduction française et un commentaire explicatif des expressions les plus difficiles[2]. Il mourut en 835 de notre ère, à l'âge de 62 ans.

Mura-saki Siki-bu[3], l'une des femmes de lettres les plus renommées du Japon, est l'auteur d'un livre intitulé *Genzi Mono-gatari* ou « Histoire de la famille de Ghenzi », qui date de l'année 1004. Le style, très fleuri de cet ouvrage est l'objet d'une admiration enthousiaste au Japon.

---

1. 弘法大師 *Kô-bau Daï-si*, c'est-à-dire « le Grand-maître Kô-bau ».

2. *Zitü-go Kyau.* — *Dô-zi Kyau.* — *L'Enseignement de la Vérité*, ouvrage du philosophe Kô-bau Daï-si et *l'Enseignement de la Jeunesse*, publiés avec une transcription européenne du texte original et traduits pour la première fois du japonais, par Léon de Rosny (Paris, 1876 ; un vol. in-8°).

3. 紫式部 *Murasaki Siki-bu*.

Dans le cadre de la littérature plus moderne, on cite, parmi une foule d'autres écrivains remarquables dont la seule énumération occuperait beaucoup plus de place qu'il n'est possible de lui en accorder ici, les critiques et philologues *Ma-buti* et *Moto-ori*, — le poète *Nari-hira* et la poëtesse *Sei-syau-na-gon*; — les romanciers *Ba-kin*, *Tane-hiko* [1], etc.

Quant aux artistes japonais, il en est un grand nombre qui se sont distingués par des œuvres profondément originales. Nous mentionnerons, parmi les plus célèbres, *Kano Moto-nobu*, considéré comme le maître de la peinture classique; — *Hokü-sai*, fameux caricaturiste très connu des amateurs européens et qui prit à la fin de sa carrière le surnom de « Vieillard fou de dessin »; — *Toyo-kuni* également apprécié par ses travaux d'imagerie populaire; — et *Hiro-sige*, paysagiste des plus remarquables qui mourut en 1858 [2].

La plupart des peintres japonais contemporains paraissent avoir renoncé à la manière de faire si intéressante des anciens artistes de leur pays pour se conformer au système des arts européens.

---

[1] 真淵 *Ma-buti*; — 本居 *Moto-ori*; — 業平 *Nari-hira*; — 清少納言 *Sei-syau-na-gon*; — 馬琴 *Ba-kin*; — 種彦 *Tane-hiko*.

[2] 狩野元信 *Ka-no Moto-nobu*; — 北齋 *Hokü-sai*; — 豐國 *Toyo-kuni*; — 廣重 *Hiro-sige*. (On pourra lire avec intérêt la notice sur l'*Art de la peinture au Japon* publiée par Mlle Bodil Lindegaard, ancienne élève de l'École des Langues Orientales, dans les *Mémoires de l'Alliance Scientifique*, 1899, t. XVI, p. 221 et sv.).

APPENDICE A LA PREMIÈRE PARTIE

CHRONOLOGIE JAPONAISE

La chronologie japonaise se divise en trois grandes périodes primordiales : la première comprend les temps purement mythologiques et commence avant la création du monde; la deuxième sert d'intermédiaire entre les siècles fabuleux et ceux qui rentrent dans le domaine de l'histoire; enfin la troisième et dernière, la seule qui mérite, à proprement parler, la dénomination d'époque historique, commence 660 ans avant notre ère, sous le règne du mikado ou empereur *Zin-mu*, lequel était fils du génie terrestre *U-gaya-fuki-avasesŭ-no Mikoto*[1].

I. — PÉRIODE MYTHOLOGIQUE ET ANTÉ-HISTORIQUE

L'histoire primitive des Japonais est, comme celle de toutes les nations qui prétendent remonter jusque dans

---

[1]. Les Japonais, comme les Chinois, font usage pour la supputation du temps d'un grand nombre d'ères différentes, de telle sorte qu'ils ne peuvent garder que très difficilement la mémoire des dates. Ils ont en conséquence publié des livres spéciaux dans lesquels les événements sont classés année par année, de façon à rendre faciles les recherches chronologiques. Des explications seront fournies à cet égard dans la suite du présent ouvrage.

la nuit des siècles, complètement enveloppée de ténèbres. Si l'on en croit certains auteurs du Nippon, les Japonais sont les aborigènes du sol qu'ils habitent aujourd'hui et ne doivent leur origine à aucune autre race ou tribu asiatique ni étrangère. A l'instar des Indiens et des Chinois, leurs émules dans la marche civilisatrice de l'Asie, ils font remonter le règne de leur premier souverain de race divine à un nombre d'années tellement éloigné de nous qu'il est presque impossible de l'exprimer.

Quelques écrivains relativement assez modérés reportent l'existence de la première dynastie divine des empereurs du Japon à plusieurs centaines de mille millions d'années, et le commencement de la seconde à 836,702 ans avant notre ère[1].

Voici ce que l'on trouve sur l'origine du Japon, ce qui revient à dire, pour les Japonais, sur l'origine du monde, dans les ouvrages indigènes :

Au début, les éléments essentiels de la création étaient encore confondus : le Ciel et la Terre étaient renfermés dans un même Chaos primordial; le Principe Femelle n'avait point encore été séparé du Principe Mâle[2]. Tout à coup la masse inerte se sentit agitée en

---

1. Voy. Klaproth, dans la traduction du *Nippon wau-dai iti-ran* composée par les interprètes indigènes de Nagasaki sous la direction de Isaac Titsingh, p. 1.

2. Les deux principes qui constituent la Dualité primordiale de tout ce qui existe sont désignés, dans les anciens livres de la Chine et notamment dans le *Yih-king*, le plus antique monument de la littérature chinoise parvenu jusqu'à nous, par les noms de *yin* « principe femelle » et de *yang* « principe mâle » ; ils représentent simultanément la Terre et le Ciel, la Lune et le Soleil, la Femelle et le Mâle, etc. *Yin* signifie proprement « obscur, sombre » et désigne d'abord la matière grossière, puis l'essence, la contribution féminine dans l'existence

deux directions inverses ; puis, ces deux forces agissant en sens contraire, rompirent les liens d'affinité qui en retenaient unis les éléments, et dès lors ils se séparèrent.

Aussitôt la substance impure et pesante s'abaissa et donna naissance à la Terre, tandis que la substance pure et vaporeuse s'en dégagea et s'éleva pour former le Ciel.

Dès lors, entre le Haut et le Bas il y eut une distinction, et du contact du Ciel et de la Terre naquit un grand Génie qui fut le premier être du monde.

Avec cette phase de la création, commence le règne des sept Génies Célestes que les historiens japonais ont l'habitude de placer en tête de la liste des empereurs de leurs pays. — En voici les noms :

Ama-no kami. — Génies célestes.

I. — *Kuni-toko-tati-no Mikoto*, c'est-à-dire « l'Auguste perpétuellement existant (debout) dans l'Empire ».

II. — *Kuni-sa-tuti-no Mikoto*. Il régna par la vertu de l'Eau (le premier des Cinq éléments), pendant 10,010,000 années.

III. — *Toyo-kumo-nu-no Mikoto*. Il régna par la vertu du Feu (le second élément), 10,010,000 années.

IV. — *U-hidi-ni-no Mikoto*, génie mâle. Il régna par la vertu du Bois (le troisième élément), 20,020,000 années. — Il eut une épouse nommée *Su-hidi-ni-no Mikoto*.

---

des choses ; c'est du *yin* que dérive le *peh* ou « esprit animal », suivant les Chinois. — *Yang*, proprement « splendide, clair », par opposition au précédent, désigne le principe supérieur des choses, l'essence subtile dont les Génies et les Esprits invisibles ont été formés ; c'est du *yang* que dérive le *hoen* ou « âme immatérielle ». — Cf. *Y-king. Antiquissimus Sinarum liber*, quem ex lat. interpr. P. Regis, etc. edid. Jul. Mohl ; v. vii, p. 383 et pass.

V. — *Oho-to-no-di-no Mikoto*, génie mâle, régna par la vertu du
Métal (le quatrième élément), 20,020,000 années. — Son
épouse se nommait *Oho-to-no-be-no Mikoto*.

VI. — *Omo-taru-no Mikoto*, génie mâle, régna par la vertu de la
Terre (le cinquième élément), 20,020,000 années. — Il eut
pour épouse *Kasiko-ne-no Mikoto*.

VII. — *I-za-nagi-no Mikoto*, génie mâle et le dernier des Génies du
Ciel. Son épouse s'appelait *I-za-nami-no Mikoto*. — Régna
23.040 années.

Les trois premiers génies de la dynastie divine,
comme la simple inspection de la liste ci-dessus a pu le
faire remarquer, n'eurent point d'épouse : ils s'engen-
draient par de simples émanations du Chaos primordial.

Leurs successeurs, à partir d'*U-hidi-ni-no Mikoto*,
eurent chacun une femme qui leur donna un successeur; mais la conception n'eut lieu que par une sorte
de contemplation mutuelle dans chaque couple et par
des moyens surnaturels que la dégradation des hommes
ne leur permet plus de comprendre.

Le septième et dernier des génies célestes, *I-za-nagi-
no Mikoto*, ayant contemplé d'un regard lascif les formes
charmantes d'*I-za-nami-no Mikoto*, son épouse, suivit
l'exemple d'un oiseau qu'il avait vu, un instant aupara-
vant, s'accoupler avec sa femelle. Il connut donc *I-za-
nami*, et dès lors elle enfanta et fut soumise à la loi générale de l'humanité. Aussi les successeurs de ces deux
Génies Célestes cessèrent-ils d'appartenir à la race ex-
cellente dont ils descendaient, pour donner naissance à
la dynastie des Génies Terrestres.

I-za-nagi et I-za-nami ont toujours été l'objet d'un
culte tout particulier de la part des Japonais qui les
considèrent en quelque sorte comme leurs premiers

ancêtres. Suivant Kæmpfer, les Japonais, qui embrassèrent le christianisme aux xvi° et xvii° siècles, les appelaient leur « Adam » et leur « Ève ». La tradition rapporte que ces deux génies passèrent leur vie dans la province d'*Ise*, au sud de l'île du Nippon, et qu'ils engendrèrent beaucoup d'enfants de l'un et de l'autre sexe, d'une nature éminemment inférieure à celle des auteurs de leurs jours, mais bien supérieure à celle des Japonais, leurs descendants.

La dynastie des Génies Terrestres issus d'I-za-nagi et d'I-za-nami comprend cinq générations :

I. — *Ama-terasu-oho-kami*, litt. « le Grand Génie qui brille au Ciel », également connu sous le nom sinico-japonais de *Ten-syau-dai-zin*, fille aînée d'I-za-nagi-no Mikoto, succéda à son père. Son règne dura, suivant les écrivains japonais, 250.000 années consécutives et fut souvent troublé par des combats terribles entre les bons et les mauvais génies qui pullulaient à cette époque.

II. — *Ama-no-osi-ho-mimi-no Mikoto*, fils d'Amatérasou-oho-kami. — Il eut pour épouse *Tagu-tada-ti-hime* qui lui donna un fils.

III. — *Ni-ni-gi-no Mikoto*. La plus grande partie de son règne fut employée à détruire les mauvais Génies qui infestaient alors les îles du Japon.

IV. — *Hiko-hobo-de-mi-no Mikoto*. Durant sa vie, il eut à débattre ses droits à la souveraineté avec son frère aîné. Une querelle avec ce dernier l'obligea d'aller au fond de la mer, où le Dieu qui y régnait le reçut avec de grands honneurs et lui accorda sa fille en mariage,

Celle-ci lui donna un fils pour successeur, après quoi elle se changea en dragon et se plongea dans les flots pour ne plus reparaître.

V. — *U-kaya-fuki-avasesu-no Mikoto* fut le dernier des Génies Terrestres ou Demi-dieux japonais. Il eut quatre fils parmi lesquels était Ivaré-biko-no Mikoto qui, le premier, eut le titre de « Auguste des hommes », c'est-à-dire de « Mikado », ou Empereur des Japonais. Il est surtout connu dans l'histoire sous le nom de *Zin-mu* « le Guerrier génie ». — Voici le tableau du règne des cinq Génies terrestres :

Tuti-no Kami. — GÉNIES TERRESTRES.

I. —	*Ama-terasu-oho-kami* ou *Oho-hiru-me-no Muti*	250,000
II. —	*Ama-osi-ho-mimi-no Mikoto*	300,000
III. —	*Ni-ni-gi-no Mikoto (Hiko-ho-no ni-nigi-no Mikoto).*	310,000
IV. —	*Hiko-hoho-de-mi-no Mikoto*	637,892
V. —	*U-kaya-fuki-avasesu-no Mikoto.*	836,042
Total de la durée des règnes des Génies Terrestres.		2,333,934

II. — PÉRIODE HISTORIQUE

L'histoire authentique du Japon paraît devoir être reportée au règne de Zin-mou, que la plupart des auteurs japonais admettent comme le principe certain de leurs annales. Les historiens japonais que nous avons eus à notre disposition sont tous d'accord pour fixer le commencement de ce règne à la 58ᵉ année du XXXIIIᵉ cycle de 60, c'est-à-dire à l'an 660 avant notre ère, au temps où régnait l'empereur *Hoeï-wang* en Chine, *Psammétik* en Egypte, et à peu près 70 ans avant la destruction de

Jérusalem. Il est surtout utile de remarquer ici que le
règne de Zin-mou est antérieur de plus d'un siècle à la
naissance de Confucius, le grand et célèbre moraliste
de la Chine, l'homme qui, par son caractère éminemment propre au génie chinois, sut transformer la civilisation primitive de la Chine et l'entraîner dans des voies
positivistes où elle est demeurée jusqu'à nos jours.

La première période de la chronologie japonaise proprement dite commence donc avec *Zin-mu*; elle dure
1.846 années consécutives, depuis la fondation de l'empire jusqu'à la troisième année (1186) du règne de *Go-
Toba*, 82ᵉ dairi, avec laquelle s'établit la puissance do-
minatrice des syau-goun ou Lieutenants-généraux qui,
à l'instar des Maires du palais des Mérovingiens, tinrent
en réalité les rênes du gouvernement, tout en feignant
de reconnaître l'autorité d'un souverain dont la puissance ne fit que diminuer de jour en jour.

On peut subdiviser cette première période en trois
époques principales, dont la première comprend les
temps antérieurs à la première guerre de Corée (an 200
après J.-C.). La seconde renferme les 372 années qui
suivirent cette campagne mémorable. La troisième enfin
est inaugurée par l'introduction du Bouddhisme, l'un
des plus grands événements de l'histoire du Japon.

La seconde période de l'histoire du Japon a pour principe la consécration définitive de l'autorité des syau-
goun ou Lieutenants-généraux, dans la personne de
Mina-moto-no Yori-tomo. Elle est interrompue par une
période intermédiaire durant laquelle s'établissent deux
cours de mikado, sous les noms de Cour du Nord et de
Cour du Sud (fin de l'année 1336). Cette seconde période
reprend en 1392 et se poursuit jusqu'à nos jours.

Voici le tableau qui résume la division chronologique précédente :

ÉPOQUES PRINCIPALES DE L'HISTOIRE DU JAPON

PREMIÈRE PÉRIODE (— 660 à + 1186).

Règne des mikado, ou empereurs descendants de Zin-mou.

1re époque	660 av¹. n. ère	*Zin-mu*, premier mikado ou empereur, fonde la monarchie japonaise.
2e époque	200 de n. ère	Première guerre du Japon avec la Corée.
3e époque	572 de n. ère	Introduction du Bouddhisme au Japon.

DEUXIÈME PÉRIODE (1186 à 1336).

Établissement de la domination des Syau-goun ou Lieutenants-généraux.

1re époque	1186 de n. ère	Gouvernement du syau-goun *Mina-moto-no Yori-tomo* (sous le mikado *Go-Toba* ou *Toba* II).

TROISIÈME PÉRIODE INTERMÉDIAIRE (1336 à 1392).

1re époque	1336 de n. ère	Établissement de deux Cours, avec chacune un mikado. La Cour du Nord est représentée par le mikado *Kwô-gon*; celle du Sud a pour fondateur l'ex-daïri *Go-Daï-go* (ou *Daï-go* II).
2e époque	1392 de n. ère	Réunion des deux Cours en une seule. Il ne reste plus dès lors en regard que l'autorité du mikado et celle du syau-goun.

DES SOUVERAINS JAPONAIS

Dans les premiers temps de l'histoire du Japon, nous trouvons les rênes du gouvernement placées entre les mains de monarques jouissant tout à la fois de prérogatives religieuses, civiles et militaires.

Ces monarques, connus sous le titre de *mikado*, prétendaient tenir leur pouvoir des dieux et des génies qui avaient primitivement créé, peuplé et gouverné l'Archipel Japonais. Successeurs de Zin-mou, issu de race divine, ils étaient comme celui-ci pontifes, chefs des armées et souverains dans tout l'empire. Mais, en suivant le cours des révolutions et des discordes intestines, nous voyons s'élever une puissance militaire d'autant plus librement que l'incapacité devenait chaque jour de plus en plus le partage des héritiers du trône. Le mikado n'est déjà plus chef des armées : la puissance militaire est en d'autres mains, dans celles des syaugoun ou Lieutenants-généraux. Puis quelques siècles de guerres civiles, le morcellement de l'Empire et, au terme de ces dissentions sanglantes, une transmission du pouvoir temporel des mikado dans la personne des syau-goun.

Depuis lors, et jusqu'en 1868, le mikado n'est plus qu'un personnage fictif, qu'un figurant sur la scène politique : il est enfermé dans un riche palais de Miyako, avec une brillante garnison qui, tout en lui prodiguant des marques d'un respect et d'une vénération sans bornes, lui rappelle sans cesse que sa puissance est illusoire et qu'un de ses sujets, tout en feignant de lui obéir aux yeux du peuple, n'en est pas moins son maître et son prince.

LISTE DES MIKADO OU EMPEREURS DU JAPON

		avant notre ère.
1. Zin-mou Ten-wau (prononcez *ten-'au*)[1]		660 à 585
2. Soui-seï Ten-wau		580 — 549
3. An-neï Ten-wau		548 — 511
4. I-tok Ten-wau		510 — 476
5. Kau-seô Ten-wau		475 — 393
6. Kau-an Ten-wau		392 — 291
7. Kau-reï Ten-wau		290 — 215
8. Kau-gen Ten-wau[2]		214 — 158
9. Kaï-kwa Ten-wau		157 — 98
10. Ziou-zin Ten-wau		97 — 30
11. Souï-nin Ten-wau		29

		après notre ère.
		— 70
12. Keï-kan Ten-wau		71 — 130
13. Sei-mou Ten-wau		131 — 190
14. Tsiou-aï Ten-wau		192 — 200
15. Zin-gou Kwan-gou, impératrice		201 — 269
16. Wau-zin Ten-wau		270 — 310
17. Nin-tok Ten-wau		313 — 399
18. Ri-tsiou Ten-wau		400 — 405
19. Han-syô Ten-wau		406 — 411
20. In-gyô Ten-wau		412 — 453
21. An-kô Ten-wau		454 — 456
22. You-ryak Ten-wau		457 — 479
23. Seï-neï Ten-wau		480 — 484
24. Ken-sô Ten-wau		485 — 487
25. Zin-gen Ten-wau		488 — 498
26. Bou-rets Ten-wau		499 — 506

---

1. *Ten-wau*, litt. « l'Auguste-céleste », est un titre qui a été attaché au nom des empereurs japonais depuis la fondation de la monarchie jusqu'au 63ᵉ mikado, *Reï-zen In*.

2. C'est à tort que Titsingh (dans les *Annales des empereurs du Japon*, publiées par Klaproth) a noté les années 210 et 209 comme celles de la fin du 7ᵉ et du commencement du 8ᵉ mikado. La date que nous avons donnée ici est d'accord avec toutes les chronologies indigènes qui nous sont connues.

après notre ère.

27. Keï-taï Ten-wau . . . .   507 — 531
28. An-kan Ten-wau . . . .   534 — 535
29. Sen-kwa Ten-wau . . . .   536 — 539
30. Kin-meï Ten-wau. . . . .   540 — 571
31. Bi-tats Ten-wau . . . .   572 — 585
32. Yô-meï Ten-wau . . . .   586 — 587
33. Syou-zyoun Ten-wau . . . .   588 — 592
34. Souï-ko Ten-wau, impératrice . . . .   593 — 628
35. Syo-meï Ten-wau . . . .   629 — 641
36. Kwau-kyok Ten-wau, impératrice . . . . . .   642 — 644
37. Kau-tok Ten-wau . . . .   645 — 654
38. Saï-meï Ten-wau, impératrice . . . .   655 — 661
39. Ten-dzi Ten-wau. . . . .   668 — 672
40. Ten-mou Ten-wau, ou Ten-bou Ten-wau. . .   673 — 686
41. Dzi-tô Ten-wau, impératrice . . . .   690 — 696
42. Mon-mou Ten-wau . . . .   697 — 707
43. Gen-myau Ten-wau, impératrice . . . . . .   708 — 715
44. Gen-syau Ten-wau, impératrice. . . . . . .   715 — 723
45. Syau-mou Ten-wau . . . .   724 — 748
46. Kau-ken Ten-wau, impératrice . . . .   749 — 756
47. Oho-ini-miko [1] . . . .   759 — 764
48. Syô-tok Ten-wau (Kau-ken Ten-wau), impératrice,   765 — 769
49. Kwau-nin Ten-wau . . . .   770 — 781
50. Kwan-mou Ten-wau. . . . .   782 — 806
51. Heï-zeï Ten-wau. . . . .   806 — 809
52. Sa-ga-no Ten-wau . . . .   810 — 823
53. Syoun-wa Ten-wau. . . . .   824 — 833
54. Nin-myau Ten-wau . . . .   834 — 850
55. Mon-tok Ten-wau . . . .   851 — 858
56. Seï-wa Ten-wau . . . .   859 — 876

---

1. Ce prince n'a pas régné au même titre que les autres mikado ; aussi le désigne-t-on, dans le *Nippon wau-dai iti-ran* (tome II, p. 21), par l'expression *haï-taï* « souverain annulé », c'est-à-dire qui n'est point considéré par les historiens comme un véritable empereur. Il n'y a point de noms d'années (*nen-gau*) particuliers au règne de *Oho-ino-miko*, bien qu'il ait duré cinq ans. L'ère impériale du mikado précédent a continué d'être usitée pour ce laps de temps.

après notre ère.

57. Yau-zeï Ten-wau	877 — 884
58. Kwau-kau Ten-wau	885 — 887
59. Ou-da Ten-wau	888 — 897
60. Daï-go Ten-wau	898 — 930
61. Syou-zyak Ten-wau	931 — 946
62. Moura-kami Ten-wau	947 — 967
63. Reï-zen-no In [1]	968 — 969
64. Yen-yoû-no In	970 — 984
65. Kwa-san-no In	985 — 986
66. Itsi-deô-no In	987 — 1011
67. San-deô-no In	1012 — 1016
68. Go Itsi-deô-no In ou Itsi-deô II	1017 — 1036
69. Go Syou-zyak-no In ou Syou-zyak II	1037 — 1045
70. Go Reï-zen In ou Reï-zen II	1046 — 1068
71. Go San-deô-no In ou San-deô II	1069 — 1072
72. Sira-kava-no In	1073 — 1086
73. Hori-kava-no In	1087 — 1107
74. To-ba-no In	1108 — 1123
75. Siou-tok-no In	1124 — 1141
76. Kono-ye-no In	1142 — 1155
77. Go Sira-kava-no In ou Sira-kava II	1156 — 1158
78. Ni-deô-no In	1159 — 1165
79. Rok-deô-no In	1166 — 1168
80. Taka-koura-no In	1169 — 1180
81. An-tok Ten-wau	1181 — 1183
82. Go Toba-no In ou Toba II	1184 — 1198
83. Tsoutsi-mikado-no In	1199 — 1210
84. Zyoun-tok-no In	1211 — 1221
85. Go Hori-kava-no In ou Hori-kava II	1222 — 1232
86. Si-deô-no In	1233 — 1242
87. Go Saga-no In ou Saga II	1243 — 1246
88. Go Fouka-kousa-no In ou Fouka-kousa II	1247 — 1259
89. Kamé-yama-no In ou Ki-zan-no In	1260 — 1274
90. Go Ouda-no In ou Ouda II	1275 — 1387

---

1. A partir de Reï-zen, les mikado ont changé leur titre de *Ten-wau* en celui de *In*.

                                                           après notre ère.

91. Fousi-mi-no In . . . .   1288 — 1298
92. Go Fousi-mi-no In ou Fousi-mi II . . . .   1299 — 1301
93. Go-Ni-deô no In ou Ni-deô II . . . .   1302 — 1307
94. Hana-sono-no In . . . .   1308 — 1318
95. Go-daï-go Ten-wau ou Daï-go II . . . .   1319 — 1331
96. Kwau-gon-no In (N.)[1] . . . .   1332 — 1334
      Daï-go II monte une deuxième fois sur le trône.   1334 — 1336
97. Kwau-myau-no In (N.) . . . .   1337 — 1348
98. Sô-kwau-no In (N.) . . . .   1349 — 1351
99. Go-kwau-gon-no In ou Kwau-gon II (N.) . . .   1352 — 1371
100. Go Yen-yô-no In ou Yen-yô-no II (N.) . . . .   1372 — 1382
101. Go Ko-matsou-no In ou Ko-mats II (N.) . . .   1383 — 1412
102. Seô-kwau-no In . . . .   1413 — 1428
103. Go Hana-sono-no In ou Hana-sono II . . . .   1429 — 1464
104. Go Tsoutsi-mikado-no In ou Tsoutsi-mikado II.   1465 — 1500
105. Go Kasiva-bara-no In ou Kasiva-bara II . . .   1501 — 1526
106. Go Nara-no In ou Nara II . . . .   1527 — 1557
107. Oho-ki-matsi-no In . . . .   1558 — 1586
108. Go Yô-zeï-no In . . . .   1587 — 1611
109. Go Midzou-wo-no In . . . .   1612 — 1629
110. Myau-syau-no In, impératrice . . . .   1630 — 1643
111. Go Kwau-myau-no In . . . .   1644 — 1654
112. Go Saï-no In . . . .   1655 — 1662
113. Reï-gen-no In . . . .   1663 — 1686
114. Higasi-yama-no In ou Tô-san-no In . . . . .   1687 — 1709
115. Naka-mikado-no In . . . .   1710 — 1735
116. Sakoura-matsi-no In . . . .   1736 — 1746
117. Momo-sono-no In . . . .   1747 — 1762
118. Go Sakoura-matsi-no In ou Sakoura-matsi II,
       impératrice . . . .   1763 — 1770
119. Go Momo-zono-no In ou Momo-zono II . . .   1771 — 1780
120. Kwau-kakou Ten-wau . . . .   1780 — 1817
121. Zin-kau Ten-wau . . . .   1817 — 1846
122. Kan-meï Ten-wau . . . .   1847 — 1867

---

1. Nous avons mis un N. à la suite des noms des mikado qui ne
régnèrent qu'à la Cour du Nord à l'époque de la division de l'empire
Japonais en deux cours.

En 1336, l'empire Japonais, comme nous l'avons dit, fut divisé en deux Cours : l'une au Sud, l'autre au Nord. Chacun avait son mikado. — Voici le tableau synchronique de cette époque de l'histoire du Japon :

L'EMPIRE JAPONAIS DIVISÉ EN COURS

Cour du Nord (*Hokû-tsyäu*).	Cour du Sud (*Nan-tsyau*).
1336. — *Kwau-gon*, 96ᵉ mikado.	*Daï-go* II parvient à s'échapper de Myako ; il va se réfugier à Yosi-no, où il établit la Cour du Sud ou Nouvelle Cour, le 12ᵉ mois de l'année 1336.
1337. — *Kwau-mei* ou *Kwau-myau*, 97ᵉ mikado, fils du daïri Fousimi II.	
1339.	Mort du mikado *Daï*-go II.
	Moura-kami II, fils de Daï-go II, 2ᵉ mikado du Sud.
1349. — *Sô-kwau*, 98ᵉ mikado.	
1352. — *Kwau-gon* II, 99ᵉ mikado, fils de Kwau-gon Iᵉʳ.	
1369.	*Tsyô-kei*, fils de Moura-kami II, 3ᵉ mikado du Sud.
1372. — *Yen-you* II, 100ᵉ mikado, fils aîné de Kwau-gon.	
1374.	*Kame-yama* II, 4ᵉ mikado du Sud.
1383. — *Ko-matû* II, 101ᵉ mikado, fils de Yen-you II.	

1392. — La paix est conclue entre la Cour du Nord et celle du Sud. Kamé-yama-no In fait son entrée solennelle à Myako, où il reçoit le titre d'abdication de *Taï-zyau Ten-wau* (l'Auguste-céleste Très-haut). Avec ce prince s'éteignit la royauté du Sud, qui avait duré 56 ans. Depuis cette année, Ko-mats II fut seul reconnu mikado.

Voici maintenant la liste des syau-goun ou Lieutenants-généraux, dont la puissance a fini, comme nous
l'avons dit, par absorber entièrement celle des mikado,
héritiers légitimes des premiers souverains du Japon.

TABLE DES RÈGNES DES SYAU-GOUN

		années de notre ère.
I.	Mina-moto-no Yori-tomo	1186
II.	Mina-moto-no Yori-iyé.	1202
III.	Mina-moto-no Sané-tomo	1203
IV.	Foudzi-vara-no Yori-tsouné	1220
V.	Foudzi-vara-no Yori-tsougon.	1224
VI.	Mouné-taka *sin-wau*.	1225
VII.	Koré-yasou *sin-wau*	1266
VIII.	Hisa-akira *sin-wau*	1288
IX.	Mori-kouni *sin-wau*	1308
X.	Mori-yosi *sin-wau*	1333
XI.	Nari-yosi *sin-wau*.	1334
XII.	Mina-moto-no Taka-oudzi.	1338
XIII.	Mina-moto-no Yosi-nori	1358
XIV.	Mina-moto-no Yosi-mitsou.	1368
XV.	Mina-moto-no Yosi-motsi.	1394
XVI.	Mina-moto-no Yosi-kazou.	1423
XVII.	Mina-moto-no Yosi-nori	1428
XVIII.	Mina-moto-no Yosi-katsou	1441
XIX.	Asi-kaga Yosi-masa.	1449
XX.	Asi-kaga Yosi-hisa	1472
XXI.	Asi-kaga Yosi-tané.	1490
XXII.	Asi-kaga Yosi-tsoumi	1494
XXIII.	Asi-kaga Yosi-barou	1521
XXIV.	Mina-moto-no Yosi-téron.	1546
XXV.	Mina-moto-no Yosi-hisa	1562
XXVI.	Mina-moto-no Yosi-aki.	1568

En 1753, le daï-myau *Nobou-naga* livre bataille à
Yosi-aki et le fait prisonnier. Ce dernier abandonne le
titre de syau-goun et se fait raser la tête.

Avec Nobou-yosi (prince *Hitotŭ-basi*) se termine la liste des syau-goun japonais.

II

VERSIONS FACILES

EN LANGUE JAPONAISE

II

VERSIONS FACILES EN LANGUE JAPONAISE

PREMIÈRE PARTIE

I

Hito-no musŭme. — Yama-no miti. — Onna-no kokoro. — Kuni-no bu-si. — Iye-no dau-gu. — Musŭme-no hako. — Titi-no ye-dŭ. — Yama-no-tama. — Mori-no ki. — Usi-no niku. — Mise-no kinu. — Mo-men-no ki-mono. — Inu-no midŭ. — Si-kwan-no fude. — Fune-no ikari. — Gakŭ-sya-no zi-biki. — I-sya-no tokei. — Akindo-no seto-mono. — Ne-doko-no makŭra. — Yebisŭ-no yumi. — Tú-zi-no hon. — Ke-rai-no kutŭ. — Ki-seru-no tabako[1].*

II

Hito-ni yari-masita. — Otoko-no sakana. — Hito-wo mi-masita. — Onna-ga ki-masita. — Niku-wo age-masita. — Syo-motŭ-wo yomi-masita. — Tô-kyau-ni yŭki-masita. — Parisŭ-ni tŭkavasi-masita. — Si-kwan-no katana. — Kudamono-wo tabe-masita. — Hi-ga kumoru. — Dai-myau-no tep-pau. — Inaka-no tuti. — Kaiko-no kinu. —

---

1. Voy., pour l'étude de cette version, mes *Éléments de la Grammaire Japonaise* (Langue vulgaire), seconde édition (Paris, 1897, in-8), chap. I, § 2.

Sake-wo tŭkuri-masŭ. — Myako-ye [1] *mairi-masita. — Mura-no ki. — Sake-wo sŭki-masŭ. — Syo-motŭ-no mokŭ-rokŭ. — I-sya-no kusŭri. — Birŭ-wo nomi-masŭ. — Miyako-no tera. — Kotoba-no ma-koto. — Syau-gun-wa ki-masita. — Koye-wo kiki-masita. — Musŭme-wo uti-masita* [2].

■ ■ ■

Tô-kyau-kara ki-masita. — Ame-ga furu. — Umi-no sima. — Midŭ-wo nomi-masŭ. — Parisŭ-ni ori-masŭ. — Naga-saki-ye tŭkavasi-masita. — Gakŭ-sya-no kaki-mono. — Mŭma-no mugi. — Musŭme-wo suki-masŭ. — Kome-wo moti-masŭ. — Tŭma-no hána-wo moti-masŭ. — Akindo-no tya-wo nomi-masŭ. — Yebisŭ-no kotoba-wo wakari-masŭ. — Tô-kyau-ye syo-kan-wo tŭkavasi-masita. — Yedo-no hito-wa sakana-wo moti-masŭ. — Onna-wa Yedo-no kome-wo moti-masŭ. — Tori-no tamago. — Ko-domo-va [3] *tamago-wo moti-masŭ. — Mise-ni ye-wo mi-masita. — Yama-kara de masita. — Kinu-va kaiko-kara de-masŭ. — Iye-no to-wo ake-masŭ. — Nagasaki-no iye-ni ori-masŭ. — Akindo-ni sa-tau-wo uri-masŭ. — Nippon-no sin-bun-si-wo yomi-masŭ. — Ikŭsa-no bu-si-wo mi-masita. — Tŭ-zi-va Nippon-no kotoba-wo manabi-masŭ. — Usi-no niku-wo sŭki-masŭ. — Buta-va kome-wo kui-masita. — Nippon-no hito-ga ki-masita. — Fŭransŭ-no kotoba-wo osiye-masŭ. — Gun-kan-wo atŭme-masŭ. — Uta-no koye-wo*

---

1. La particule *ye* est employée, de même que la particule *ni*, pour marquer le datif. La première indique plus particulièrement le mouvement d'un lieu vers un autre, la seconde la possession, l'appartenance.

2. Voy. la *Grammaire*, chap. i, ii et 2ᵉ partie, p. 168.

3. *Ko-domo*, malgré la désinence du pluriel indique également le singulier.

kiki-masŭ. — Hana-no iro-wo mi-masŭ. — Titi-ni syo-motŭ-wo age-masŭ. — Kai-gun-wo okosi-masŭ. — Fude-wo moti-masŭ. — Akindo-no sake-wo nomi-masŭ. — Yama-no kuma-wo inaka-ni mi-masita [1].

IV

Me-neko-ga ko-wo umi-masita. — Me-zika-ga naki-masŭ. — O-mŭma-ga kake-masŭ. — Me-buta-ga ne-masŭ. — Hito-va usi-wo korosi-masita [2]. *— Hito-bito-ga tera-ni mairi-masŭ. — Kuni-guni-wo mi-masita. — Onna-wa hasi-basi-wo watari-masita. — Akindo-wa iro-iro-no hon-wo moti-masŭ. — Tô-kyau-no mise-ni sina-zina-no ye-wo mi-masita. — Dai-ku-wa syo-syo-ni iye-wo tate-masŭ. — Fune-ga ura-ura-ni ori-masŭ. — Tabi-bito-ga sima-zima-wo mawari-masita. — Syo-sei-wa hi-bi te-narai-wo itasi-masŭ. — Ke-rai-wa sŭmi-zŭmi made sau-di-wo itasi-masŭ. — O siro-ni yaku-nin-domo atŭmari-masŭ. — Mikado-wa tosi-dosi Tô-kyau-ye mairi-masŭ. — Tori-ga toki-doki naki-masŭ* [3].

V

Dai-myau-gata-wa ikusa-wo itasi-masŭ. — Ya-kŭ-nin-gata-wa bu-gei-wo manabi-masŭ. — Syokŭ-nin-domo-wa kane-wo môke-masŭ. — Hyakŭ-syau-domo-wa hatake-wo tŭkuri-masŭ. — Kodomo-ra-va take-mŭma-ni nori-masŭ. — Musŭme go tati-wa uta-wo utai-masŭ. — Hito-bito-wa yorokobi-masŭ. — Mura-mura-ni kau-satŭ-ga ari-masŭ. —

---

1. Voy. la *Grammaire*, chap. ı et ıı.
2. La particule du nominatif s'écrit également *va* ou *wa*.
3. Voy. la *Grammaire*, notamment pp. 38 et 168.

Yakŭ-nin-dati-wa mŭma-ni nori-masŭ. — Tŭ-zi-ra-wa un-zyau-syo-ni ori-masŭ. — Ke-rai-ra-wa musiro-wo hiroge-masŭ. — Akindo-no tomo-dati-wa asobi-ni de-masita. — Si-setŭ-wa hito-bito-wo maneki-masŭ. — Kaze-ga iye-iye-wo tawosi-masita. — Tosi-yori-wa syo-sei-dati-ni ten-mon-wo osiye-masita. — Kawa-va kuni-guni-yori de-masŭ. — Musŭme-wa si-kwan-gata-kara te-gami-wo uke-tori-masita. — Tami-wa yakŭ-nin-domo-wo urami-masŭ. — Syau-nin-wa inoti-wo osimŭ-masŭ.

VI

Neko-to inu-ga kamiyai-masŭ. — Tŭki-to hosi-ga hikari-masŭ. — Sŭmi-to sŭzŭri-wo kai-masita. — Kodomo-wa soroban-to te-narai-wo kei-ko itasi-masŭ. — Musŭme-wa koto-to ko-kiu-wo narai-masŭ. — Sitate-ya-wa ki-mono-to hakama-wo uri-masŭ. — Hyakŭ-syau-ga kome-to mugi-wo tŭkuri-masŭ. — Dai-ku-ga ki-to take-wo kiri-masita. — Tŭkuye-wa ki-de tŭkuri-masŭ. — Katana-wa ha-gane-de kitai-masŭ. — Hito-ga tori-no hane-de kaki-masŭ. — Tosiyori-ga me-gane-de yomi-masŭ. — Tomo-dati-wa mŭma-de mairi-masŭ. — Kodomo-wa fune-de yŭki-masŭ. — Niwa-no ki-wa kaze-de tawore-masita. — Ki-mono-ga ame-de nure-masŭ. — Momo-hiki-wo hi-de hosi-masŭ. — Nihon-zin-wa hasi-de tabe-masŭ. — Gwai-kokŭ-zin-wa kutŭ-de aruki-masŭ. — Yama-ni-wa ki-ga hayeru. — Sato-ni-wa hito-ga sŭmu[1].

VII

Yama-no takasa. — Kawa-no-fukasa. — Nuno-no nagasa.

---

1. Grammaire, ch. 1, et pp. 148 et 168.

— *Hako-no hirosa.* — *Te-no ohokisa.* — *Yūki-no sirosa.* — *Sūmi-no kurosa.* — *Ki-no futosa.* — *Fune-no nagasa.* — *Hei-sotū-no tūyosa.* — *Bu-retū-no idiwarusa.* — *Hi-no hayasa.* — *Asi-no ososa.* — *Ten-ki-no samusa.* — *Kaze-no atūsa.* — *Musūme-no kawaisa.* — *Onna-no utūkusisa.* — *Hána-no kireisa.* — *Niwoi-no yosa.* — *Kon-zyau-no warusa.* — *Ki-no ha-no akasa.* — *Siba-no awosa* — *Kodomo-no tsūsasa.* — *Atama-no oho-kisa.* — *Tama-no marusa.* — *Yūbi-no hososa.* — *Kane-no omosa.* — *Tori-no ke-no karusa.* — *Kadi-ya-wa tetū-no omosa-wo me-kata-ni kake-masū.* — *Sasi-mono-ya-wa tūkuye-no marusa-wo tori-masū.* — *Dai-ku-wa iye-no takasa-wo kime-masū.* — *Funa-nori-wa kawa-no fukasa-wo tori-masita.* — *Kutū-si-wa asi-no ohokisa-wo tori-masū* [1].

<h2 style="text-align:center">VIII</h2>

Syo-motū-no yomi-kata-wo kei-ko si-masū. — *Te-gami-no kaki-kata-wo narai-masū.* — *O sya-beri-wa ko-ko-ni o ide nasai.* — *Utaite-wa sūkosi yasūmi-masū.* — *Uso-tūki-wa tūne-ni hanasi-masū.* — *Nusū-bito-wa, kane-wo nakū-si-masū.* — *Tabi-bito-wo sūki-masū.* — *Kane-moti-wa, bim-bô-nin-wo kirai-masū.* — *Tada-bito-wa mu-gakū de gozai-masū.* — *Bu-si-wa kas-sen-si-masū.* — *Ryo-ri-nin-wa mesi-wo tabe-masū.* — *Ko-age-wa hako-wo syoi-masū* [2]. — *Kuruma-hiki-wa, saka-wo nobori-masū.* — *Tūkai-ya iye-wo matigae-masū.* — *Mo-no-morai-wa miti-no waki-ni ori-masū.* — *Oi-hagi-wa, yama-no naka-ni sūmai-masū.* — *Toga-nin-wa nige-masū.* — *Oho-zake-nomi-wa ne-masū.* —

---

1. *Grammaire,* § 37.
2. Les mots *ko-age* et *syoi-masū* sont particuliers au dialecte de Tô-kyau.

*Kaki-yakŭ-wa te-gami-wo kaki-masŭ. — Kane-fuki-wa gin-
wo sagasi-masŭ. — Ye-kaki-wa, onna-no zau-wo utŭ-si-
masŭ. — Han-sŭri-wa te-wo kurokŭ si-masŭ. — Kami-yŭi-
wa abura-wo tŭke-masŭ*[1].

IX

*Watakŭsi-wa hon-wo yomi-masŭ. — Anata-wa tabako-
wo nomi-masŭ. — Ano-hito-wa iye-wo tate-masŭ. — Ano
onna-wa uta-wo utai-masŭ. — Watakŭsi-wa hige-wo sori-
masŭ. — Anata-wa ki-mono-wo ki-masŭ. — Ano-hito-wa
mesi-wo tabe-masŭ. — Ano onna-wa ito-wo tori-masŭ. —
Ano o kata-wa fŭransŭ go-wo manabi-masŭ. — Watakŭsi-
domo-wa tya-wo nomi-masŭ. — Anata-gata-wa odori-nasai-
masŭ. — Ano hito-bito-wa mŭma-ni nori-masŭ. — Omae-
wa inu-wo sŭki-masŭ. — Te-mae-wa ba-ka-wo surŭ. —
Omae-gata-wa amari asobi-masŭ. — Kano onna-wa hána-
wo mogi-masŭ. — Ses-sya-wa Kyau-to-ye mairi-masŭ. — O
te-mae-wa Tô-kyau-ye siŭt-tatŭ si-masŭ. — Anata-sama-
wa tep-pau-wo o ŭti-nasai-masŭ. — Go-zen-wa go-ten-ni o
sŭmai nasai-masŭ. — Uye-sama-wa mesita-wo awaremi-
masŭ. — Ano hito-tati-wa miti-wo matigai-masŭ. —
Ware-ra-wa syo-motŭ-wo aravasi-masŭ. — Kare-ra-wa sin-
bun-si-wo yomi-masŭ. — Kimi-wa gakŭ-mon-wo o sŭki-
nasoi-masŭ. — Go-zen-sama-wa o niwa-ni o ide-nasai-
masŭ*[2].

X

Watakŭsi-wa watakŭsi-no mŭma-wo uri-masŭ. — Wa-

---

1. *Grammaire*, § 29 38.
2. *Grammaire*, § 40-68.

takŭsi-wa anata-no kimono-wo kari-masŭ. — Anata-wa
watakŭsi-no tŭye-wo naku-nasi masŭ. — Ano-hito-wa
anata-no zyŭ-ban-wo saki-masŭ. — Watakŭsi-wa ano-hito-
no te-gami-wo uke-tori-masŭ. — Anata-wa ano onna-no
obi-wo kai-masŭ. — Anata-wa ano o kata-no uti-wo sagasi-
masŭ. — Watakŭsi-wa o-mae-no kodomo-wo mi-masŭ. —
Ano o kata-wa go-zen-sama-no ŏgi-ni ye-wo kaki-masŭ. —
Anata-wa kare-ra-no tabako-wo nomi-masŭ. — Ano-hito-
wa kimi-no bau-si-wo yogosi-masŭ. — Ano-onna-wa uye-
sama-no gyo-i-ni iri-masŭ. — Watakŭsi-domo-wa te-mae-
no kane-wo kari-masŭ. — Go-zen-sama-wa[1] watakŭsi-no
sake-wo mesi-agari-masŭ. — Anata-wa kano onna-no
musŭme-wo mi-masŭ. — Ano hito-tati-wa kare-no hána-
zono-ni asobi-masŭ. — Anata-wa ses-sya-no hyakŭ-syau-
wo o buti-nasai-masŭ. — O te-mae-wa[2] watakŭsi-no segare-
wo o sikari-nasai-masŭ.

XI

Watakŭsi-va kono hon-wo kai-masŭ. — Anata-wa ano
uti-ni o ide-nasai-masŭ. — Kore-wo watakŭsi-no titi-ni age-
masŭ. — Sore-wa anata-no de gozai-masŭ. — Are-wa te-
mae-no de gozai-masŭ. — Kore-wa, watakŭsi-no de gozai-
masŭ. — Kami-yŭi-no kodomo-wa, kono kusi-de kaki-
masŭ. — Ten-mon-sya-no segare-wa, ano kan-dan-kei-wo
tamesi-masŭ. — Mikado-no hei-sotŭ-wa, kono tep-pau-wo
moti-masŭ. — Kore-ra-va, kirei-de gozai-masŭ. — Are-ra-
wa, takau gozai-masŭ. — Sore-ra-va, wa. . . i-no haha-
no de gozoi-masŭ. — Kore-ra-wa, mina wato. . . si-no-kyau-

---

1. Ce mot est peu usité.
2. Ce mot est peu usité.

dai-no mono-de gozai-masŭ. — Kono syokŭ-dai-wa, kare-no de gozai-masŭ. — Kono kane-wa, akindo-no de gozai-masŭ. — Kono hatake-wa, hyakŭ-syau-no de gozai-masŭ. — Ano seki-tan-wa, yama-yori de-masŭ. — Sono makura-wa, watakŭsi-no mei-no ne-doko-ni oki-masŭ. — Ano inu-wa, me-neko-wo kami-masŭ. — Ano hon-ya-wa, zi-biki-wo uri-masŭ. — Kono hayasi-kata-wa, ano tai-ko-wo uti-masŭ[1].

XII

Tama-ya-wa, zi-bun-de kon-gau-seki-wo kiri masŭ. — Watakŭsi-wa, zi-bun de kono uti-wo tate-masŭ. — Anata-wa, go zi-sin-ni kono te-gami wo o kaki nasai-masŭ. — Kare-wa, zi-sin-ni niva-no ki-wo uye-masŭ. — Watakŭsi-domo-wa, zi-sin-ni kono hon-wo hon-yakŭ si-masŭ. — Kare-ra-wa, zi-sin-ni mori-no matŭ-wo kiri-masŭ. — Ano onna-wa zi-bun-de kami-wo yui-masŭ. — Ano-hito-wa zi-sin-ni kare-no he-ya-ni akari-wo tŭke-masŭ. — Ono-ono tabi-no si-takŭ-wo si-masŭ. — Soregasi-wa sei-fu-no tŭ-zi de gozai-masŭ. — Mai-nen watakŭsi-wa fŭransŭ-ye mairi-masŭ. — Bu-gu-si-wa mai niti mikado-no go-ten-ni de-masŭ. — Gwai-kokŭ zin-wa mai getŭ minato-ni tyakŭ-si-masŭ. — Ano iye-wa si-zen to tawore-masŭ. — Watakŭsi-wa hoka-no sakana-wo sŭki-masŭ. — Ano onna-wa betŭ-no ki-mono-wo ki-masŭ. — Hoka-no sŭi-fu wa fune-ni ori-masŭ. — Hoka-no hito-wa betŭ-no fŭde-de hon-wo ŭtu-si-masŭ. — Aru hito-ga watakŭsi-ni hanasi-masŭ. — Saru onna-wa mise-ye mairi-masŭ. — Saru tomo-dati-wa saru-wo korosi-masŭ. — Aru mati-ni kirei-na musŭme-ga aruki-masŭ[2].

---

1. *Grammaire*, § 71-78.
2. *Grammaire*, § 79-93.

SECONDE PARTIE

XIII

*Watakŭsi-wa tabako-wo nomi-masŭ. — Anata-wa ko-
gatana-wo togi-masŭ. — Kare-wa akari-wo tomosi-masŭ. —
Watakŭsi-domo-wa sakana-wo tabe-masŭ. — Anata-gata-
wa ye-wo mi-masŭ. — Kare-ra-wa hebi-wo korosi-masŭ. —
Kano onna-wa kinu-wo kai-masŭ. — Ano hito-no musŭme-
wa geta-wo haki-masŭ. — Watakŭsi-no kodomo-wa oyogi-
wo narai-masŭ. — Anata-no go ke-rai-wa watakŭsi-no uti-
ni mairi-masŭ. — Kare-wa tŏye-wo sam-bon uri-masŭ. —
Saka-ya-no kodomo-wa takŭri-wo hati-hon kowasi-masŭ.
— Si-kwan-to hei-sotŭ-wa ikusa-wo itasi-masŭ. — Hyakŭ-
syau-wa kwa-de hatake-wo tŭkuri-masŭ. — Yama-no tori-
wa ki-no ha-de su-wo tŭkuri-masŭ. — Reĝ-si-wa ami-de
sakana-wo tori-masŭ. — De-si-wa sen-sei-ni syo-motŭ-wo
age-masŭ. — Kono mise-ni Nippon-no akindo-wa kasa-wo
wasŭre-masŭ. — Sui-fu-wa umi-ni kirei-no tori-wo mi-
tŭke-masŭ. — I-sya-wa hara-yori kusŭri-wo tori-masŭ*.*

XIV

*Saru-ga ki-ni nobori-masita. — Watakŭsi-no tomo-dati-
no kyau-dai-ga watakŭsi-ni te-gami-wo okuri-masita. —
Anata-wa ano hito-no kodomo-ni kudamono-wo yari-masita.
— Fŭransŭ-no sei-fu-no tŭ-zi-wa dyau-yakŭ-syo-wo yakŭ-*

---

1. *Grammaire,* § 95-104.

si-masita. — Odori-ko-wa siba-ya de odori-masita. — Kariudo ga yama-de sisi-wo korosi-masita. — Teki-wa mori no naka-kara tep-pau-wo uti-masita. — Gakŭ-sya-wa gwai-kokŭ zin-no syo-motŭ-de narai-masita. — Kazi-ya-wa kana-dŭti-de katana-wo kitae-masita. — Bim-bô nin-wa hito-no tasŭke-de yo-wo sŭgosi-masita. — Ano-hito-wa watakŭsi-no ane-ni zyŭ-ban-wo sam mai okuri-masita. — Hyakŭ-syau-no kodomo-wa su-asi-de doro-no naka-wo aruki-masita. — Mikado-wa dai-myau-no musŭme-to kon-rei si-masita. — Tama-ya-ga kawa-yori medŭrasii isi-wo hiroi-masita. — Bôzŭ-ga tera-no naka-de o kyau-wo yomi-masita. — Hayasi-kata-ga bu-tai-de tŭdŭmi-wo uti-ma-sita[1].

XV

Watakŭsi-wa anata-no uti-ni myau-niti agari-masyau. — Ano o kata-wa zan-zi-ni fŭransŭ go-wo oboe-masyau. — I-sya-ga mi toki-no uti-ni mairi-masyau. — Ame-ga furi-masyau. — Hon-ya-wa sin pon-wo anata-no tame-ni sagasi-masyau. — Mu-hon nin-wa miya-no naka-ni tai-si-wo uba:-tori-masyau. — Myau-niti anata-to mŭma-de kim-pen-ni asobi-ni iki-masyau. — Kono ohokii kawa-no naka-ni-wa sakana-ga takŭ-san ori-masyau. — Kono niwa-no hána-wa myau-asa saki-masyau. — Anata-ni kono sara-no sina-wo age-masyau ka? — Yebisŭ-wa yŭmi-de oho-taka-wo i-korosi-masyau. — Watakŭsi-no o di-wa sina-no zi-wo narai-masyau. — Ten-mon-sya-wa tô-me-gane-de sora-no hosi-wo nagame-masyau. — Kono tsiisai musŭme-wa, hána-wo naku-nasi-masyau[1].

---

1. *Grammaire,* § 104.

XVI

Watakŭsi-ni kono hon-wo kudasai-masi. — Kono sakana-wo sŭkosi mesi-agari-masi. — Anata-wa watakŭsi-to fŭransŭ go-wo o hanasi nasai-masi. — Gwai-kokŭ go-wo nara'u-ni-wa hon-wo takŭ-san o yomi nasai-masi. — Em-pau tabi-ni-wa karada-wo o dai-zi-ni nasai-masi. — Naga-iki-wo sŭru-ni-wa, yokŭ yau-zyau-wo nasai-masi. — Watakŭsi-no uta-wo o kiki nasai-masi. — Warŭi hito-wo o kirai nasai-masi. — Nippon-no tya-ya-ni asobi-ni o ide nasai-masi. — Kono te-gami-wo watakŭsi-no kawari-ni o yomi nasai-masi. — Motto hayakŭ watakŭsi-to o aruki nasai-masi. — Anata-no tokei-wo o maki nasai-masi. — So-ko-ni o sŭwari nasai-masi. — Kono zasiki-ni o hairi nasai-masi. — Sidŭka-ni o hanasi nasai-masi. — Hi-wo matti-de o tŭke nasai-masi. — Anata-no titi-no kawo-wo kirei-na kagami-de go-ran nasai-masi. — Wa-takŭsi-no tomo-dati-no hon-ya-de Igirisŭ-no zi-biki-wo o kai-nasai-masi. — Anata-wa myau-niti kono kei-ko-wo yokŭ o narai nasai-masi. — Kono hána-wo mi-yo! — Sono tŭkuye-wo kotira ye yosete kudasai. — Watakŭsi-no tegami-wo todokete kudasai. — Anata-no kami-san-ni yokŭ itte kudasai. — Ano txokŭ-wo totte kudasai. — Ko-ko-ni o sŭwari nasai. — Motto o agari nasai. — Myo-niti o ide nasai [1].

XVII

Watakŭsi-wa myau-niti, ten-ki-ga yŏ kereba, syŭt-tatŭ itasi-masyau. — Anata-wa Nippon-no zi-biki-wo o moti-

---

1. *Grammaire*, § 104.

nasaru naraba, hanasi-ga yokŭ deki-masyau. — Kare-wa
si-awase yo kereba, kane-wo môke-masyau. — Ame-ga
furu-kara, watakŭsi-domo-wa uti-ni ori-masyau. — Watakŭsi-ga hána-wo sŭki-masŭ naraba, niwa-ni mairi-
masyau. — Watakŭsi-ga uta-wo utai-masŭ naraba, anata-
wa o kiki nasai-masŭ ka? — Kono kwa-si-wa uma-sô dakara
hitotŭ tabe-masyau. — Watakŭsi-wa kutabireta kara ne-
masyau. — Hosi-ga deta kara yoi ten-ki-ni nari-masyau [1].
— Hara-ga hetta-kara mesi-wo tabe-masyau. — Anata-no
o hanasi-wo wakari-masita naraba, fŭransŭ go-ni yakŭ-si-
masyau. — Watakŭsi-wa kane-ga dekita naraba, Nippon-
ye mairi-masyau. — Anata o hima-ga aru-naraba,
watakŭsi-no bes-sau-ni o ide nasai-masi. — Anata-ga yokŭ
ki-wo o tŭke nasaru naraba, Nippon-go-wo o hanasi nasaru
koto-ga hayaku deki nasai-masyau [2].

XVIII

Tai-sau sake-wo nomu koto-wa warŭ gozai-masŭ. — Syo-
motŭ-wo yomŭ koto-wa, yorosyu gozai-masŭ. — Hayakŭ
okiru koto-ga yau-zyau-no tame-ni yorosyu gozai-masŭ.
— Watakŭsi-wa kaku koto-ni komari-masŭ. — Anata-wa
yomu koto-wo o konomi nasai-masŭ ka? — Ano onna-wa
deru koto-wo iyagari-masŭ. — Inaka-no mono-wa tada-ima
kaku koto-wo siri-masŭ. — Anata-wa fŭransŭ go-wo yonde,
kei-ko nasai-masi. — Hito-wa hon-wo takŭ-san mite, gakŭ-
sya-ni nari-masŭ. — Yama-ni sunde, hito-wa tas-sya-de
gozai-masŭ. — Anata-wa watakŭsi-no uti-ni irasyaru toki-

---

1. Grammaire, § 104.
2. Au lieu de yoi ten-ki-ni nari-masyau, on peut dire simplement :
ten-ki-ni nari-masyau dans le même sens.

ni ku-damono-wo motte o ide nasai-masi. — Anata-ga
hatati-ni o nari-nasatta naraba, watakŭsi-wa kono tokei-wo
age-masyau. — Ano kodomo-wa titi-ni kane-wo nedaru
yŭye-ni, titi-ga okori-masita. — Kaze-ga tŭyoi yŭye-ni
umi-ga are-masŭ. — Kono to-wo akete-wa warŭ gozai-
masŭ. — Kono hon-wo mite mo, yorosyu gozai-masŭ ka? —
Watakŭsi-domo-wa asa-mesi-wo tabete kara de-masyau.
— Hyakŭ-syau-wa sina-zina tane-wo maki-masŭ kere-
domo, mada iro-iro-no si-goto-ga gozai-masŭ[1].

XIX

Ano o kata-wa umi-wo sŭki-masenŭ. — Kono tori-wa
kome-wo tabe-masenŭ. — Niwa-no hána-wa saki-masenŭ.
— Watakŭsi-no rampŭ-wa akaruku gozai-masenŭ. —
Anata-no tomo-dati-no hon-wa omosirokŭ gozai-masenŭ. —
Kono syo-sei-wa ben-kyau si-masŭ keredomo, agari-masenŭ.
— Kadi-ya-wa tetŭ zai-ku-wo siri-masenŭ. — Ano kinu-
wa takai-kara hito-ga kai-masenŭ. — Yo-ga fuketa kara,
hito-ga tŏri-masenŭ. — Watakŭsi-domo-wa sake-wo
konomi-masenŭ. — Miti-ga warŭi-kara aruke-masen. —
Kari-udo-wa mori-no naka-ni niwa-no kizi-wo mi-masita
keredomo, iti va mo korosi-masenŭ. — Kano hito-wa zis-
satŭ hon-wo kai-masita kere-domo, is-satŭ mo yomi-masen.
— Watakŭsi-no tomo-dati-no kyau-dai-wa bu-dau-syu go
zip-pon morai-masita keredomo, ip-pon-mo watakŭsi-ni
kure-masen. — Kane-moti-ga kome-wo hyap-pyau moti-
masŭ keredomo, bim-bô-nin-ni sŭkosi-mo hodokosi-masen.
— Watakŭsi-domo-wa ben-kyau itasi-masŭ-ga, sotŭ-geŏ
nari-masen[2].

---

1. Grammaire, § 104.
2. Grammaire, § 105.

XX

Ano o kata-wa Parisŭ-ni kuru mae-ni, niku-wo sŭki-masenanda. — Watakŭsi-wa tada-ima made, Nippon go-wo narai-masenanda. — Sikasi myau-niti-kara Sina go-wo hazime-masyau. — Kono go-wo siru mae-ni-wa, Nippon-go-wo manabi-masŭ-mai. — Yebisŭ-no sima-ni onna-wa iti-do mo tep-pau-wo mi-masenanda. — Anata-wa watakŭsi-ni sakŭ-zitŭ hon-wo kasi-masenanda ka? — Iiye, sikasi kon-ban anata-ni kasi-masyau. — Anata-wa kon-niti watakŭsi-no uti-ni o ide nasai-masi; sikasi myau-niti-wa o ide nasai-masŭ-na. — Mosi kono hito-wa anata-ni kane-wo watasi-masenŭ naraba, kare-ni ki-mono-wo o yari nasaru na. — Kono ki-ni hána-ga saki-masenŭ naraba, watakŭsi-wa hoka-no kiwo uyete niwa-wo tŭkuri-masyau. — Watakŭsi-wa kane-ga nai kara, anata-ni harau koto-ga deki-masenŭ. — Anata-wa tokei-ga naku tomo, toki-wo o siri nasai-masyau. — Tada-ima kono kudamono-wo kudasaru koto-wa deki-masen ka? — Anata-no o hanasi-wa wakari-masenŭ kere-domo, anata-no go ryau-ken-wa yokŭ wakari-masŭ. — Kono kawa-no kisi-ni o ide nasai-masŭ na[1].

XXI

Watakŭsi-wa watakŭsi-no titi-kara ai-serare masŭ. — Kono inu-wa kodomo-ni tabi-tabi butare-masŭ. — Ano onna wa tei-syu-ni sikarare-masita. — Sikasi myau-niti-yeŏ-bi-wa homerare-masyau. — Kono ki-no kudamono-ga zyŭku sŭru naraba, kodomo-ni kŭware-masyau. — Anata-wa syo-nin-kara o sŭkare nasai-masi. — Tya-wo takŭ-san

---

1. *Grammaire*, § 105.

*nomu to, yo-ga nerare-masen. — Yüki-ga futte mĭti-ga
arukare-masen. — Watakŭsi-wa kodomo-kara sŭkare-
masenŭ. — Kono musŭme-wa sakŭ-zĭtŭ tora-ni odosare-
masita; sikasi myau-go-niti mori-ni kuru-toki-ni, oho-
kami-ni kuware-masyau. — Watakŭsi-no imoto-wa ni san
nen mae-wa kirei-de gozai-masita-ga, yagate kon-rei-wo
sita-naraba, tei-syŭ-kara sŭkare-masŭ-mai. — Watakŭsi
sakŭ-ban tya-wo nomi-sŭgita kara, nerare-masenanda. —
Kono otoko-wa sake-ni nomare-masŭ. — Yattaka to omo'u-
tara yarare-masita. — Anata-wa homerare-masenŭ naraba,
ben-kyau nasai-masŭ-mai. — Ano hyakŭ-syau-wa dorobŏ-
wo sita kara, te-wo kukurare-masita. — Tonari-no dii-san-
wa sinare-masita. — Aru o kata-ga korare-masita. — Uti-
no dan-na-wa asobi-ni yukare-masita¹.*

<h2 style="text-align:center">XXII</h2>

*Hei-sotŭ-wa yokŭ teŏ-ren-ga deki-masŭ. — Ano akindo-
wa tai-sau kane-ga deki-masita. — Ko tosi-wa kudamono-
ga takŭ-san deki-masŭ-mai. — Watakŭsi-wa anata-ni
kono kusŭri-wo ageru koto-ga deki-masenŭ. — Ano
kodomo-wa sakŭ-nen-wa dai-gakŭ-wo yomŭ koto-ga deki-
masenanda. — Sikasi myau-nen-wa iro-iro-no bun-syau-
wo yokŭ kakŭ koto-ga deki-masyau. — Watakŭsi-wa zi-
biki to reki-si-wo kai-masenŭ-kereba nari-masenŭ. — Anata-
wa mesi-agarana-kereba nari-masenŭ. — Kono byau-nin-
wa kono kusŭri-wo nomana-kereba nari-masenŭ. — Watakŭsi-no o-ĭ-wa myau-niti anata-no o uti-ni mairana-
kereba nari-masŭ-mai. — Bet-tau-wa mŭma-ni mugi-wo
kawana-kereba nari-masenŭ. — Watakŭsi-wa ze-hi Fŭ-*

____

1. *Grammaire*, § 106.

ransü-ni myau-nen mairana-kereba nari-masenü. — Hito-ga hanahada ben-kyau süru toki-wa, sam-po seneba nari-masen. — Watakūsi-wa yukaneba nara-nai. — Akari-wo tomosana-kereba nara-nai. — Kuni-no okite-wo mamorana-kereba nara-nai. — Kaze-ga aru kara, to-wo simena-kereba nara-nai. — Watakūsi-wa tegami-wo kakan-kereba nari-masen. — Ano fune-ni noran-kereba nari-masen. — Sitate-ya-ni zeni-wo haravan-kereba nari-masen. — Motto sake-wo noman kerya nara-nai. — Kaze-wo hiita kara uti-ni ina-kerya naran. — Dorobô-wo tūkamaen kerya nara-nai. — Nippon-ye kayerana kerya nara-nai[1].

XXIII

Watakūsi-wa kane-wo kakusu. — Kono hito-wa hon-wo todiru. — Kano onna-wa ye-wo naga-meru. — Si-bai-no musūme-wa kem-butū-nin-wo ai-süru. — Sen-dô-wa ko-bune-wo kogu. — Kodomo-wa kasi-wo konomu. — Wata-kūsi zi-sin-ni hatake-wo tūkuru. — Medūrasii sakana-ga iti-ni aru. — Ohoki-na ino-sisi-ga yama-kara deru. — Tanki-na samurai-ga bet-tau wo butta. — Kirei-na musūme-ga hána-wo kureta. — Namaketa seô-sei-ga inemuri-wo sita. — Bĕn-kyau-wo si-nai seô-sei-wa si-ken-wo ukerarenu. — Yūki-ga futta-kara asita-wa miti-ga warù-karô. — Tama-ya-wa yoku ureru kara, kane-wo môkeru-darô. — Kawa-ga kôtta kara, sakana-ga taka karô. — Kono tūkuye-wa kitanai kara, ne-ga yasü-karô. — Bim-bô-nin-wa kane-ga nai kara komaru-darô. — Tû-zi-wa iti go mo sira-nai. — Samurai-ga tûyoku-nai. — Ten-ki-ga yoku-nai. — Tûki-ga sae-nai. — Hosi-ga de-nai. — Kaze-ga fuka-nai. — Kawa-

---

1. Voy. la *Grammaire.*

ga kórananda. — Inu-ga hoyenanda. — Watakŭsi-no hŏ-yu-wa myau-niti anata-no bes-sau-ni ikanu darŏ. — Tokei-si-wa kon-ban uti-ye konu darŏ. — Mik-ka-no uti-wa sen-takŭ-ga dekina karŏ. — Zi-ko-ga samui-kara, kome-ga yoku dekiru darŏ.

XXIV

Tabako-wo sŭku ka? — Iiye, nomanai. — Yoku neta ka? — Nerarenanda. — Yoku hon-wo yomu ka? — Yoku yomenai. — Hayaku aruku ka? — Hayaku arukenai. — Bŏ-zŭ-wa kane-wo motana-kereba yorokobanai. — Musŭme-wa yo-aruki-wo sita-naraba, o-ya kara sikarareru darŏ. — Sen-sei-ga yoku osiyeta-naraba, sei-sei-ga sŭsŭme darŏ. — Kono himo-wo yoku musunda kere-domo, diki hodoketa. — Kodomo-ni kudamono-wo yattara tai-sau yorokonda. — Ĵ ono hito-wa kane-moti da-kara, hoka-no mono-ga sonenda. — I-sya-ga warui-kara, ano byau-nin-ga sinda. — Sakŭ-zitŭ watakŭsi-wa ame-ga futta-kara, anata-wo matta. — Niwa-no ki-ga nobi-sŭgita-kara, eda-wo kitta. — Ten-mon-sya-wa medŭrasŭ hosi-wo mite kara, kono hon-wo kaita. — Anata-no hanasi-wo kŭite kara, musŭme-ni itta. — Kono otoko-wa sake-wo nonda-kara, kane-wo naku-nasita. — Kono gakŭ-sya-wo i zen-yori sitte i-masŭ. — Asa-kara ko-tori-ga naite-masŭ. — Yu-be-kara yŭki-ga futte-masŭ. — Kono ko-dŭkai-wa kinŏ-kara nete i-masŭ. — Sakŭ-nen-kara Fŭransu go-wo manande-masŭ. — Sau-de sŭ ka?

XXV

Watakŭsi-wa titi-kara sŭkareru. — Kono kerai-wa syo-nin-kara nikumareru. — Ano uti-wa kaze-de kowareru. — Mikado-no siro-ga kwa-zi-de yakareta. — Fune-ga tŭnami-

de kowareta. — Ano hito-wa netü-byau-de sinda. — Kono
musüme-wa ai-kyau-ga ü-kara, mina-ni sükareru darô. —
Kono hon-wa ne-ga takai kara, urenu darô. — Kabüri-mono-
ga tsïisai kara urenakatta. — Omae-ga ore-no uti-ni myau-
niti kuru kara, ore-wa de-mai. — Omae-ga uta-wo uta'u
to, dü-tü-ga süru. — Kare-ga baka-wo i'u kara, ore-wa
kikanai. — Ano berabô-wa nani-wo sitte-iru ka? — Kono
otafuku-ni-wa komaru. — Kono gaki-wa warui gaki da. —
Kono ko-mori-wa waga mama da. — Omae-ga deru-nara,
watasi mo is-syo-ni ikau. — Watasi hitori-de-wa tabi-ga
de-kinu. — Tümetai kara atatame-ro! — Kitto hon-tau de-
wa nai. — Tai-sau yakü-ni tatü. — Are-no i'u koto-ni
kama'u na! — Omoe-wa doko-no kuni da. — Watasi-wa
hito-no siranai tüsai kuni-no mono da. — Na-wa nan-to i'u
ka? — Watasi-no na-wo nokoradü iwau ka? — Amari
nagaku na-kereba ïina. — Son-nara Nippon-zin-no na-wa
mina nagai kara i'u-mai.

XXVI

Wataküsi-wa asobi-ni iki-tai. — Anata-wa kono fude-
wo wataküsi-ni o kasi-kudasaru ka? — Kono ko-domo-wa
fu-dan ken-kwa-wo sitagari-masü. — Ware-wa mikado-no
samurai-ni-wa nari-takü nai. — Ano-hito-wa ko-domo-no
uti-kara gakü-sya-ni naru koto-wo nozomi-masita. — Anata-
wa sakü-nen dyu-wa nani-wo o nozomi nasai-masita ka?
— Wataküsi-wa kon-niti sya-sin-wo torase-masü. — Kare-
wa sasi-mono ya-ni tsïisana hako-wo kosirae-sase-masü. —
Bet-tau-ga dai-myau-ni warui müma-wo kawase-masü. —
Mikado-ga na-dakai esi-ni byau-bu-no e-wo kakase-masü.
— Te-narai-no sen-sei-wa ko-domo-ni madü iroha-wo
kakase-masü. — Ryau-gaye-ya-wa sakü-nen niwa-no ki-de

*hi-bati-wo sasi-mono-ya-ni tŭkurase-masita. — Sakŭ-zitŭ
ko-dŭkai-ni sakana-wo kawase-masita. — Tai-syau-ga
hei-si-ni tep-pau-wo utase-masita. — Myau-nŭti kono
musŭme-va te-gami-wo kano o ba-ni kakase-masyau. —
Ni san nŭti uti-ni uye-ki-ya-ni niwa-no ki-wo kirase-masyau.*

XXVII

*Nani-tozo, kono ofŭre-wo Fŭransŭ-go-ni hon-yakŭ-site
kudasai-ması. — Watakŭsi-ni kane-wo sŭkosi kasite
kudasai-masi. — Kono hána-wo imóto-ni kudasai-masi. —
Kono te-gami-wo anata-no o-di sama-ni otodoke nasarete
kudasai-masi. — Mikado-ya hei-si-ni kane-wo hau-bi-ni
kudasai-masita. — Sei-fu-wa mi tŭki-no uti-ni ko-domo-
no gakŭ-kau-wo tateru daró. — Watakŭsi-va e-wo kaku
tŭmori-de gosai-masŭ. — Anata-va rai-nen Nihon-ye o
ide nasaru o tŭmori-de gozái-masŭ ka? — Kono akindo-wa
kane-wo maukeru tŭmori-de gozai-masŭ. — Ware-ra-va
myau-nŭti siba-i-ni mairu tŭmori-de gozai-masŭ. —
Watakŭsi-va tó-yori anata-no o uti-ni agaru tŭmori-de
gozai-masita. — Ano onna-va i-zen-yori kono otoko-to fu-
fu-ni naru tŭmori-de gozai-masita. — Hi-kyahŭ-sen-va
nanu ka mae-yori mairu tŭmori-de gozai-masita. — Kono
kuruma-va ta-bun mati-ye mairu tŭmori-de gozai-masyau.
— I-sya-va kono tosi-yori-wo naosŭ tŭmori de gozai-
masyau.*

XXVIII

*Watakŭsi-va kono ko-domo-wo amari ai-si sŭgi-masŭ.
— Anata-va amari asane-ga sŭgi-masŭ. — Kono setŭ-va
amari ten-ki-ga tŭdŭki sŭgi-masŭ. — Kono si-tate-ya-no
ki-mono-va kodomo-ni-va amari yo sŭgi-masŭ. — Sakŭ-*

nen-va amari yŭki-ga furi-sugi-masita. — Fŭransŭ go-va amari bum-pau-ga mudŭkasi sŭgi-masŭ kara, Nihon-ni-va manabite-ga sŭkunau gozai-masŭ. — Kono obi-va kono mŭsŭme-ni-va amari rip-pa sŭgi-masyau. — Kono tŭkuye-wa zasiki-ni-va amari ohoki sŭgi-masyau. — Ano hon-va watakŭsi-ni-va mada mudŭkasi sŭgi-masyau. — Anata-va kon-niti-va o ru-su da to uke-tamawari-masita. — Watakŭsi-domo-va sa-yau to uke-tamawari-masita. — Myau-niti kono hen-zi-wo uke-tamawari-masyau. — Sono uti kare-no ryau-ken-wo uke-tamawari-masyau.

XXIX

Anata-va nani-wo asobasi-masŭ? — Anata-va kono hon-wo do asobasi-masŭ? — Kin-ri-sama-va mada go zi-sin-ni-wa ikusa-wo asobasi-masenŭ. — Anata-no o musŭme go sama-wa tya-wo asobasi-masŭ ka? — Dai myau-wa myau-niti taka-gari-wo asobasi-masyau. — Anata-wa sei-yau-no reki-si-wo go-ran nasai-masŭ ka? — Kono e-wo go-ran nasai-masi. — Myau-niti anata-wa watakŭsi-to e-to ki-zami mono-no hakŭ-ran-kwai-wo go-ran nasai masenŭ ka? — Watakŭsi-wa ku-bau sama-no o tama ya-wo hai-ken itasi-masŭ. — Ano tomo-dati-wa kono aida anata-no katana-wo hai-ken itasi-masita. — Sono-uti anata-no go hon-wo hai-ken itasi-masyau.

XXX

Anata-no yoi o-koe-wo o kikase nasai-masi. — Ano hito-wa sakŭ-zitŭ watakŭsi-ni fŭransŭ-no uta-wo kikase-masita. — Sina-no gakŭ-sya-wa de-si-ni hon-wo yonde kikase-masŭ. — Tonari-no onna-wa omosiroi samisen-wo o tomo-dati-ni kikase-masyau. — Anata-wa watakŭsi-ni kane-wo

kŭdasaï-masŭ ka? — Mikado-wa Tô-kyau-no akindo-ni
sake-wo kudasai-masita. — Myau-niti anata-no on mŭma-
wo¹ o kasi kudasai-masyau ka? — Watakŭsi-va te-ga
fŭruyete te-gami-wo kaku-koto-ga deki-masenŭ. — Anata-va
e-wo kakŭ-koto-wo o sŭki nasai-masŭ. — Sina-no sau-syo-
wo kaku-koto-va Sei-yau-no sau-zi-wo kaku-yori mudŭkasiŭ
gozai-masŭ. — Kono hána-no niwoi-wo o kagi nasai-masi.
Watakŭsi-wa abŭra-no niwoi-wo kagu-koto-wo sŭki-
masenŭ.

XXXI

Kon-niti-wa kaze yŭye ka, ten-ki-ga yokŭ nari-masita.
— Ke-sa hodo-va samŭisa-ga tŭyô gozai-masita. — Kono
te-gami-va sakŭ-zitŭ hiru-go-ni todoki-masita. — Hei-sotŭ-
va kinô teppau de utare-masita. — Ko-domo to is-syo-ni
asatte, yama-no uye-ni ki-no mi-wo hiroi-ni mairi-masyau.
— Kono tosi-yori-va tŭne-ni byau-ki de sini-masŭ. — Seô-
sei-ga niti-niti Ni-hon go-wo gak-kau de manabi-masŭ
naraba, san nen-no uti-ni yakŭ-sya-ni nari-masyau. — Ima-
va yo-no naka-ga odayaka-de doko-ni mo ikusa-ga nai. —
Anata-ga futa tabi Fŭransŭ-ni o ide-nasaru toki-ni, kirei-
na Nip-pon-no hako-wo o moti nasai-masi. — Zyŭ nen i-zen-
va Fŭransŭ-go-ga Nip-pon-ni-va hayari-masenanda. —
Tô-kyau-ni-va tabi-tabi kwa-zi-ga atte komari-masŭ. —
Asoko-ni kita-nai inu-ga ken-kwa-wo site butare-masita. —
Yama-no fumoto-ni ino-sisi-ga kariu-do-ni tep-pau-de
utare-masita. — Iye-no soto-ni akin-do-ga furu-gi-wo kai-
masŭ. — Ike-no kin-zyau-ni a'iru-ga ko-wo umi-masita. —

---

1. En écriture syllabique : オ ン ム マ _on mŭma_ ; prononcez
o'm'ma.

Kono kome-ya-wa uri-yô-ga zyau-zŭ dakara, kane-wo tai-sau moke-masita. — Zi-kŭ-ga yoi-kara kaiko-ga takŭ-san tore-masyau. — Kono ko-domo-va kasi-wo tanto tabe-masŭ. — Watakŭsi-va hanahada tŭkare-masita. — Oho-saka-no minato-wa Ni-hon dyu de iti ban yoi minato de gozai-masŭ. — Sŭkosi-no kane-de, Ni-hon-de-va rip-pa-ni kurasare-masŭ.

XXXII

Kono midŭ-va sŭmi-no yau-ni kurô gozai-masŭ. — Ano-hito-va Tau-zin-no yau-ni tabako-wo nomi-masŭ. — Ni-hon-no hei-si-va sei-yau fŭ-ni teô-ren-wo si-masŭ. — Kyau-to-kara Tô-kyau made-wa tai-tei hyakŭ ni-zyŭ ri hodo gozai-masŭ. — Anata-va watakŭsi-to is-syo-ni o ide nasai-masŭ ka? — Igirisŭ go-va naka-naka hanasŭ-ni mutŭkasiŭ go-zai-masŭ. — Anata-va mŭme ka anzŭ-wo hanahada o sŭki nasai-masŭ ka? — Watakŭsi-va tep-pau ka, arouiva katana-wo kai-masyau ka? — Myau niti ta-bun Nippon-no si-setŭ-ga kokŭ-tei-ni ai-ni mairi-masyau. — Yama-no naka-de tabi-bito-ga fu-i-ni oho-kami-ni kŭi-tŭkare-masita. — Myau-niti watakŭsi-va ze-hi tomo-dati-to tya-ya-ni mairi-masyau. — Sore-va tomo-kakŭ-mo yorosyu gozai-masŭ. — Tama-tama o ide nasŭta-no-ni, nani-mo sasi-age-masŭ mono-ga gozai-masenŭ. — Kono momo-hiki-wo naru-take nagaku sitate nasai-masi. — Kono seô sei-va munasikŭ toki-wo tŭiyasi-masita.

XXXIII

Ano hito-va uti-ye maitte sau-sau kaeri-masita. — Ano gakŭ-sya-va gakŭ-mon-no tame-ni syo-syo-wo mawari-masita. — Kawa-no hidari-ni fune-ga is-sau ori-masŭ. —

Go-ten-no migi-ni yakŭ-nin-ga ine-mouri-wo site ori-masŭ.
— Hayasi-no naka-ni hi-ga tati-mati kiye-masita. —
Watakŭsi-va sokŭ-zi-ni Igirisŭ-ye syŭttatŭ ita-masŭ. —
Anata-va sibarakŭ kono to-ti-ni go tai-riu de gozai-masŭ
ka? — Kono hon-wo otte seô-sei-no tame ni han-ni itasi-
masyau. — Tikagoro-va nan-ni mo omosiroi koto-wo kiki-
masenŭ. — Tyotto koko-ye o sŭwari nasai-masi. —
Watakŭsi-va kiu-ni hoka-ye mairana-kereba nari-masenŭ.
— Anata-va yoku mae-no kei-ko-wo oboye-nasŭtta naraba,
kitto si-ken-ni raku-dai si-masŭ-mai.

XXXIV

Sore-va dare-de gozai-masŭ ka? — Donata-de gozai-
masŭ ka? — Dare-ga watakŭsi-no fude-wo tori-masŭ ka?
— Dare-ga anata-no kosi-kake-ni kosi-wo kake-masŭ ka?
— Dono hito-ni kore-wo yari-masŭ ka? — Donna hako-wo
anata-va o moti nasai-masŭ ka? — Nip-pon-va donna kuni
de gozai-masŭ ka? — Mikado-no na-va, nan to mausi-masŭ
ka? — Dono yau-na kutŭ-wo o kai nasai-masŭ ka? — Donna
katana-wo o sagasi nasai-masŭ ka? — Sono koto-va do
nari-masŭ ka? — Ano hito-va do nari-masŭ ka? — Dore-
kara anata-va kono hon-wo o hazime nasai-masŭ ka? —
Nani-wo nasai-masŭ ka? — Nani-ni yorosyu gosai-masŭ
ka? — Nan-no go yô de gozai-masŭ ka? — Nan doki de
gozai-masŭ ka? — Nan nici de gozai-masŭ ka? — Ik-ka
de gozai-masŭ ka? — Kono tan-mono-va nan zyakŭ ari-
masŭ ka? — Miti-no ri-su-va, nan ri de gozai-masŭ ka? —
Kono iye-no takasa-va nan gen-de gozai-masŭ ka.

XXXV

Kane-no mekata-va nan gin de gozai-masŭ ka? — Anata-

no tokei-va nan doki de gozai-masŭ ka? — Kono tera-ni bô-zŭ va iku-tari ori-masŭ ka? — Ko-domo va nan nin ko-ko-ni manabi-masŭ ka? — Nan getŭ Nip-pon-no kusa-no tane-wo maki-masŭ ka? — Nan nen-ni mae-no syau-gun-va kon rei si-masita ka? — Anata-va, nan do sake-wo o nomi nasai-masita ka? — Anata-no didi-va iku tabi kono si-ba-ï-ni mairi-masŭ ka? — Kono minato-ni nan zau fune-ga kakari-masŭ ka? — Anata-va kono hon-wo nan ben o yomi nasai-masŭ ka? — Ano akindo-va kono hako-wo nan monme de uri-masŭ ka? — Sekai-no uti-ni ba-ka-va nan man nin ori-masŭ ka? — Ano gakŭ-sya-no e-va nan mai gozai-masŭ ka? — Kura-no uti-ni nezŭmi-ga nan biki ori-masŭ ka? — Anata-no sono-ni sakura-no ki-ga nan bon gozai-masŭ ka? — Kono hon-va iti mai-ni nan gyau gozai-masŭ ka? — Anata-va ogi-wo nan tui o moti nasai-masŭ ka? — Ano onna-va tabi-wo nan zokŭ kai-masŭ ka? — Anata-va don-na ko-gatana-wo watakŭsi-ni kudasai-masŭ ka? — Yoko-hama-kara Tô-kyau-ye nan doki kakari-masu ka? — Nip-pon-kara Fŭransŭ-ye-va iku niti kakari-masŭ ka? — Parisŭ-kara Uyerŭsaiyŭ-made nan ri ari-masŭ ka? — Kono tetŭ-no bô-no kake-me-va ikura ari-masŭ ka? — Donna tokei-wo moti masŭ ka? — Konna tokei-wo moti-masŭ. — Anna yatŭ-ni-va ammari tabi-tabi awa-nai ga yorosiŭ gosai-masŭ. — Anna-ni asane-wo sŭru to karada-ni warŭ gozai-masŭ. — Sonna koto-wo hito mae de-va iware-masen. — Sonna mono-wo kakare-masen. — Sonna hito-ni kama'u koto-va deki-masen. — Sonna-ni hara-tate tya ike-masen. — Anata-no kita-nai te-bukuro-ga konna-ni kirei-ni nari-masita. — Hen-na mono-wo mi-masita. — Hen-na koto-wo kiki-masita.

TROISIÈME PARTIE

FABLES EN LANGUE VULGAIRE

composées

par 栗本貞次郎 Kuri-moto Tei-zi-rau

(DE YÉDO).

XXXVI

NIWATORI-NO TAMA

Mukasi, iti va-no on-dori-ga kusa-no naka-ni e-wo sagasi-masita toki-ni, amata-no tama-no naka-ni kangayaite atta-wo mite, tan-sokŭ site mausi-masŭ-ni-wa : « Attara kono yau naru takara mono-wo tŭti-no naka-ni sŭtatte aru ga, mosi hito-no kore-wo miida sŭ toki-ni-va obitadasiku tsyau-hau to si-masyau-ni, watakŭsi-ni-va makoto-ni mŭ-yeki-no mono nite, hitotŭ bu-no awa-ga haruka-ni masi-de gozai-masŭ » to mausi-masita.

Kotowaza[1]-ni, takara-va yeŏ-yŏ[2]-no sina-wo motte, dai iti to itasi-masŭ to mausi-masŭ.

---

1. 俚諺.
2. 要用.

XXXVII

INU-NO KAGE

Ip-piki-no inu-ga kuti-ni hito kire-no niku-wo kwaete, aru hasi-wo tôri-masita toki-ni, hasi-no sita-ni mo dô-yau inu-ga ip-piki niku-wo kwaetaru-wo mitŭke-masite, zi-bun-no kage naru koto-va sirazŭ, onore-no niku-wo sŭte-oki; kare-no-wo toran to kake-yŭki-masite, midŭ-no naka-ni sini-kakari-masite, hon-tau'-no niku-va doko-ye ka nagare-masita.

Kotowaza-ni, yoku-no fukai mono-va nise-mono-no tame-ni kayette, ma-koto-no mono-wo usina'u tamesi ga ohoku gozai-masŭ to mausi-masu.

XXXVIII

KITUNE TO BU-DAU-NO HANASI

Ip-piki-no furu gitŭne-ga tau-tyu de yokŭ zikŭ-sita bu-dau-wo mitŭke-masita-ga, sono ki-ga amari taka-sŭgite bu-dau wo hitotŭ mo toru koto-ga de-ki-masenanda yŭye-ni, kitŭne-ga tomo-dati-ni mausi-masŭ-ni-va : « Kono bu-dau-va mada awo sŭgite, bim-bo-nin-no kui-mono-ni sika nari-masen » to mausi-masita.

Ka-yau-no fu-hei-wa yoku aru koto de gozai-masŭ ga, ma-koto-ni setŭ kiwamari-masŭ ne?

---

1. 本當.

XXXIX

KA'IRU TO USI-NO HANASI

Ike-no waki-ni ip-piki-no ka'iru-ga ohoki-na usi-wo mi-
masite, zi-bun mo usi-no gotoku nari-taku omoi-masite, se-
naka-wo fukurakasi-masita. Sau-site, tomo-dati-ni mausi-
masŭ-ni-wa : « Watakŭsi-wa usi-no yau-ni ohokiku nari-
masita ka? » Tomo-dati-ga : « Mada, sono yau-ni ohokiku
nari-masenŭ » to kotaye-masita. — Tada-ima-wa dŏ-de
gozai-masŭ to ka'i-ru-ga mata tadŭne-masita toki-ni, tomo-
dati-ga : « Mada naka-naka yotte-mo tŭkenai » to mausi-
masita. Sore-ni yotte, ka'iru-ga sikiri-ni se-naka-wo
fukurakasi-masite, tŏto zi-bun de fuki-sake-masita.

XL

KASI-NO KI TO YOSI-NO HANASI

Kasi-no kĭ-ga aru-hi yosi-ni mausi-masŭ-ni-va : « Kami-
sama-va, anata-no tame-ni-va yokŭ gozai-masenŭ. Sono
wake-wa kaze-ga fuku tabi-ni, anata-no atama-wo mage-
masŭ yau-ni kosirae takara; mosi anata-ga yama-ni haye-
nasŭta naraba, watakŭsi-ga oho-kaze-no toki-ni-va o tasŭke
mausi-masyau-ni, anata-va itŭ-mo kaze-no fuku, midŭ-
bata-ni nomi o haye nasai-masŭ kara, makoto-ni oki-no
doko de gozai-masŭ » to mausi-masita.

Yosi-no mausi-masŭ-ni-va : « Anata-no go sin-setŭ-wa
makoto-ni ari-gatau gozai-masŭ ga, kes-site watakŭsi-ni go
sin-pai kudasai-masŭ na; kaze-va watakŭsi-yori anata-no
hau-ga ken-nonde gozai-masŭ. »

Kono hanasi-no uti-ni, oho-kaze-ga fuki-masite, kasi-no

*ki-wa moti-kotayete ori-masŭ-si, yosi-va magari-masita.
Ni-do-me-no oho-kaze-ni kasi-no ki-no atama-va sora-ni
fuki-saraware-masite, ne-va di-gokŭ-ye oti-masita.*

XLI

SARU TO KAGE-E-NO HANASI

Sagami-no kuni[1]*, Yokosŭka-no*[2] *waki-ni, Kana-zawa*[2] *to
ĭ u ko mura-ni, aru ohoki-na tane-mono-ya-ga gozai-masita.
Sono uti-ni, ip-piki-no kasikoi saru-ga ori-masite, sono kin-
zyo-no keda-mono-kara kawaigarare-masita. Syau-gwatŭ,
gwan-zitŭ, aruzi-no ru-su tiu saru-ga tomo-dati-wo uti-ni
yobi-atŭme-masite, aruzi-no tôri kage-e-wo miseru tŭmori
de gozai-masita.*

*Saru-ga kage-e-no dau-gu-no si-takŭ-wo si-masite, ken-
butŭ-nin-wo makŭ-no mae-ni sŭwarase-masite, mausi-masŭ-
ni-va :*

*« Mina-sama, go-ran nasai-masi! Kore-wa Tsyau-sen-no
ikusa-no ye de gosai-masŭ. Mukau-ni oru-no-ga Tai-kau
sama de ; migi-ni miyeru-no-wa tai-syau-dati de, harouka
usiro-ni rippa-na akai yoroi-wo kite, sika-no tŭno-no mae-
date-mono-no*[4] *kabuto-wo kaburi, te-ni Namu-myau beŭ-*

---

1. 相摸.
2. 摸須賀.
3. 金澤.
4. 前立物.

hau-ren-ge-kyau-no' hata-wo mottaru-wa, Ka-tô Kiyo-masa²
de gozai-masü. Sau-site, saru-ga, it-toki-no aida, kwasiku
kage-e-wo kau-syakü si-masita.

Sono aida ken-butü-nin-ga tagai-ni ono-ono-no kangai-wo
mausi-masita.

Iti va-no baka-tori-ga hoka-no mono-ni mausi-masü-
ni-va : « Ano saru-va makoto-ni mono-siri-de, sau-site
yoku kono medürasii e-no kau-syakü-wo yokü itasi-
masü. »

Ip-piki-no usi-ga kotaye-masü-ni-va : « Saru-ga kono
hau-domo-ni miseta omosiroi koto-wo, wataküsi-va yoku
wakari-masenü. »

Kitüne-no mausi-masü-ni-va : « Wataküsi-no ryau-ken-
ni-va, kono saru-va zitü-ni kiyo de yoku kage-e-wo
omosiroku mise-masü. »

Makoto-ni saru-va yoku aruzi-no tôri-ni kage-e-wo mina-
ni kau-syakü si-masita-ga, tai-setü-no akari-wo tükeru-
koto-wo wasüre-masita.

XLII

Aru ip-piki-no ro-ba-ga sisi-no kava-wo kamurite, amata-
no ziu-rui-ni hokorite, kake-mawari-kereba, mina osore;
hasirite sake-kereba, kono ro-ba kyau-gau-wo hazime; tüi-
ni wa-ga ko-iu koye-nite sakebite, yorokobi kurui-kereba,

---

1. 南無妙法連華經.
2. 加藤清正.

*ima-va syu-ziu mo hata-site nise sisi nara-koto-wo siri;
tadati-ni kore-wo korosi-keri tozo.*

*Mosi kono ro-ba yokŭ sono zi-ki-wo sitte, siu-sin sake-
bazareba, sono mi-wo korosŭ-koto-va naka siri-naran.*

On trouvera ci-après un Vocabulaire des mots contenus dans le recueil de versions qui précède.

Les mots de ce vocabulaire sont rangés suivant l'ordre
de l'*i-ro-ha* ou syllabaire japonais (voy. plus haut p. 8).
Nous avons employé ce mode de classement d'une part
parce qu'il aura pour effet d'habituer les étudiants à se
servir des dictionnaires indigènes, d'autre part parce
qu'en bien des cas il évite des recherches inutiles, alors
qu'il s'agit de mots employés avec le *nigori* ou signe
d'adoucissement. Si, par exemple, on a à chercher le sens
du mot *bito* dans le composé *tabi-bito* « voyageur », il se
rencontrera sous sa forme simple *hito* aisément intelligible pour les personnes initiées aux règles phonétiques
du japonais, alors qu'on le chercherait en vain sous
l'initiale européenne B, laquelle n'est pas réunie chez
nous à l'initiale H. — Après quelques semaines d'étude,
on se convaincra aisément de l'avantage de ce système
de disposition des mots japonais.

VOCABULAIRE

JAPONAIS-FRANÇAIS[1]

des mots renfermés dans ce recueil[2]

イ I

Ii, adj., bon.

Iye, adv. non.

Iro, couleur, manière; plaisir sensuel.

Iro-iro, de diverses couleurs; de toutes couleurs; de toutes sortes, de toute les manières.

I-ro-ha, l'alphabet japonais, ainsi appelé du nom de ses trois premières syllabes.

Iye, s., maison.

Ito, s., fil.

Itoko, s., cousin.

Iti[*], n., un; entièrement.

Iti, marché, foire.

Iti-ban[*], une fois, le premier.

Iti-do[*], une fois.

Idiwarusa, s., méchanceté.

Iti-mai, une feuille, un feuillet.

Itigo, s., framboise.

Iri,-ru,-tta, v., entrer, employer, servir, avoir besoin.

Inu, s., chien.

Inu-sisi, s., sanglier.

---

1. Extrait par M. François Sarazin du *Dictionnaire Français-Japonais*, composé par le professeur Léon de Rosny.

2. Abréviations employées dans ce vocabulaire :

adj.	Adjectif.	s.	Substantif.
adv.	Adverbe.	v.	Verbe.
c.	Conjonction.	v. i.	Verbe impersonnel.
dét.	Déterminatif spécifique.	v. p.	Verbe passif.
int.	Interjection.	v. pr.	Verbe pronominal.
n.	Nom de nombre.	*	Mot sinico-japonais.
pr.	Pronom.	**	Mot composé chinois et
pp.	Postposition.		japonais.

Iwau, s., soufre.

Iwasi, s., sardine.

I-ka, à partir de ce qui suit.

Ika-hodo, combien?

Ikari, s., ancre.

Ikari,-ru,-atta, v., être en colère, se mettre en colère.

Ika-ga, adv., comment? pourquoi? quel? quoi?

Ikau, s., porte-manteaux.

Ita, s., planche.

Itadūra, paresseux, inutile, débauché.

Itatte, adv., très, extrêmement.

Itasi,-sū,-sita, v., faire.

Idasi,-sū,-sita, v., surgir, faire surgir, sortir, envoyer.

*Ip**, transformation euphonique de *iti**, *itū**. (Voy. ces mots et leurs composés.)

*It**. || Voy. *Ip**.

*Itū**, un (en composition). || Quand? habituel.

*Ip-pai**, une tasse.

*Ip-pon**, dét., une tige, un bâton, un objet en forme de tige; un manche.

It-toki, une heure.

Ik-ka (pour *ikū-ka*), quel jour?

*Is-satū**, dét., un volume, un cahier.

*Is-sau**, dét., une voile, un navire.

Itūtū, n., cinq.

*Is-syo**, un lieu, un même lieu.

*Is-syo-ni***, ensemble.

*Ip-piki**, dét., une tête, une tête de bétail.

I-nemuri, endormi sans être couché, assoupi, endormi sur un siège.

Inaka, s., les champs, la campagne.

Irasiyai, entrer, aller, être (locution de courtoisie). || Voy. la *Grammaire*.

Isarerare. || Voy. *Irasiyai*.

Inoti, s., la vie.

Inoko, s., cochon, porc.

Iku, adv., combien?

Iku-tari, adv., combien de personnes?

Iku-tabi, adv., combien de fois?

Ikura, adv., combien?

Ikusa, s., guerre.

Iya, s., refus.

Iyagari,-ru,-tta, v., détester, ennuyer, manifester un refus.

Iyasi,-sū,-sita, v., guérir.

Ima, adv., maintenant.

Ike, s., lac, étang.

Iu. || Voy. *Ii*.

Iye, s., maison.

Iye-domo, c., quoi qu'on dise, quoique, bien que.

Iye,-ru,-ta, v., se guérir.

Ide,-ru,-ta, v., surgir, sortir.

Iki, s., souffle, haleine, respiration.

Iki, gracieux, gentil.

Iki,-u,-tta, v., aller. || Voy. *Yuki*.

Igirisū, anglais.

Isi, s., pierre.

*I-sya**, s., médecin.

Imōto, s., la plus jeune sœur, sœur cadette.

I-zen[1], adv., à partir de ce qui précède, avant, premièrement. ||*yori*, depuis longtemps.

口 RO

Ro-ba, s., âne.
Rokŭ[1], s., six.

ハ HA

Ha, s., feuille.
Ha, s., plume.
Ha, s., dent.
Va ou *Wa*, postposition partitive, pouvant se rendre par « pour ce qui est de ».
Ba, s., place, marché.
Bai[1], double, *x* fois plus.
Hairi,-ru,-tta, v., entrer.
Hai-ken[1], regarder, voir (locution d'humilité s'employant à la 1re personne).
Haha, s., mère.
Hato, s., pigeon.
Hati[1], n., huit.
Bati, s., châtiment du ciel.
Hadime, s., commencement.
Parisŭ, la ville de Paris.
Haru, s., printemps.
Haruka, loin, éloigné. || — *ni*, fortement, beaucoup.
Ba-ka, s., fou, insensé, stupide.
Baka-tori, s., nom d'un oiseau. ||Voy. *Ba-ka*.
Hakari,-ru,-tta, v., estimer, mesurer, peser.

Bakari, adv., seulement.
Ha-gane, s., acier.
Ba-ka-yaro, s., imbécile. || — *me*, l'imbécile !
Hakama, s., culotte.
Hata, s., drapeau.
Hata, s., champ.
Hatati, âgé de vingt ans.
Hatake, s., cultures maraîchères, jardin fruitier.
Hataki,-ku-ita, v., donner de la trique, bâtonner, battre.
Hatasi,-sŭ,-sita, v., fuir, accomplir.
Hadŭre, la fin, le bout.
Hadŭre,-ru,-ta, être en dehors, séparé (de la condition habituelle). ||Manquer, ne pas réussir.
Hane, s., plume, aile.
Hane,-ru,-ta, s., éclabousser, décapiter.
Hana, s., le nez.
Hána, s., fleur.
Hanahada, adv., très, extrêmement.
Hána-zono, s., jardin fleuriste.
Hána-zakari, s., floraison.
Hanasi, s., conversation, histoire, conte, fable.
Hanasi,-sŭ,-sita, v., parler, causer, dire.
Hara, s., le ventre.
Bara, s., rose, rosier.
Haratati,-u, v., être en colère.
Hara'i,-'u,-atta, v., payer.
Hau[1], 法 [1] s., loi.

---

1. Nous donnons, dans ce vocabulaire, les signes idéographiques

Hau, 方 , s., côté, place, personne.

Hau-tyau, s., couteau de cuisine.

*Hô-yû**, s., ami, camarade.

*Bô-si**, s., chapeau.

*Hau-bi**, s., récompense.

*Bô-zŭ**, s., moine, bonze.

Hakŭ-ran-kai, s., exposition universelle.

Hayari,-ru,-tta, s., suivre le courant des choses, se conformer à la mode; courir (en parlant d'une maladie); être populaire.

Haya-tŭke-gi, s., allumette chimique.

Hayakŭ, adv., vite, de bonne heure, bientôt.

Hayasa, s., vitesse, célérité.

Hayasi, s., bois, forêt.

Hayasi, s., musique.

Hayasi-kata, s., musiciens.

Hako, s., boîte, coffre, malle.

Haye,-ru,-ta, v., naître, croître, pousser.

Bazarŭ, s., bazar.

Haki,-ku,-ita, v., vomir, cracher.

Haki,-ku,-ita, v., porter, chausser.

Hasi, s., pont.

Hasi, s., bâtonnets dont les Japonais se servent pour manger.

Basi, s., pont.

Hasi-basi, à tous les vents.

Hasiri, ru, v., courir.

Hazime. || Voy. *Hadime.*

*Han**, 判 empreinte, sceau, planche à imprimer.

*Ban**, fois. || Voy. *Iti-ban*.*

*Han**, 半 demi, moitié.

*Han-bun**, la moitié (demi-partie).

*Han-sŭri***, s., imprimeur.

二 NI

Ni, n., deux.

Ni, pp., au, à la, aux.

Niwa, s., jardin.

*Ni-hon**, le Japon.

*Ni-hon zin**, Japonais, homme du Japon.

*Niti**, s., le jour.

*Niti-niti**, s., tous les jours.

Niwoi, parfum, odeur.

Niwa. || Voy. *Niwa.*

Niwatori, s., coq, poule.

*Nip-pon**. || Voy. *Ni-hon*.*

Nira, s., ail.

*Niu-yô**, s., utilité, usage.

Niku, s., viande, chair. || *Hito-no niku*, chair humaine.

Nikugari,-ru,-tta, v., détester, haïr.

Nikumi,-mu,-nda, v., haïr, détester.

Nige,-ru,-ta, v., s'enfuir.

Nite. || Voy. la Grammaire.

---

représentant un certain nombre de mots homophones, afin de montrer aux commençants les malentendus qui peuvent résulter de l'emploi de ces mots, ces malentendus n'étant plus possibles lorsqu'ils sont notés dans la langue écrite.

Ni-mo. || Voy. la Grammaire.
Nise, adj., faux. || — *gane*, fausse
monnaie.
Nise-mono, objet faux, imité.
*Nin**, s., homme.

本 HO

Boi, s., garçon.
Hodo, quantité, espace de temps,
sorte; comme; depuis, vers.
Hodoke,-ru,-ta, v., être détaché,
dénoué. || *Tuna-ga hodoketa*,
le cordon est détaché.
Hodokosi, distribution, bienfai-
sance. || *Ano hito-wa — wo sūki-
masū*, cet homme aime à faire
du bien.
*Hô-tyô**, s., || Voy. *Hau-tyau*.
Hori, s., fossé, canal.
Hori-mono, s., sculpture; ta-
touage.
Hoka, pr., autre, dehors.
Hososa, s., finesse, étroitesse.
Bô, s., bâton, massue, assommoir.
Hoko, s., lance, javeline.
Hokori, ru, v., être orgueilleux,
se montrer fier.
Hoye,-ru,-ta, v., aboyer.
Home,-ru,-ta, v., récompenser.
Hosi, s., étoile.
Hosi,-sū,-sita, v., sécher.
Hôbi, s. || Voy. *Hau-bi*.
Bô-zú, s., moine.
*Hon**, s., livre, volume.
*Hon-tô**, adv., vrai, vraiment, en
effet.
*Hon-ya**, s., libraire.

*Hon-yakū**, s., traduction.
Hon-yakū-si,-sūru,-sita*, v., traduire.

へ HE

Hei, adv., oui.
*Hei-sotū**, s., soldat.
*Hei-si**, soldat.
Heri,-ru,-tta, v., diminuer. ||
Hara-ga —, avoir faim.
*Betū**, autre.
*Bet-tau**, s., garçon d'écurie.
*Bes-sau**, s., maison de campa-
gne.
Berabo, s., fou, idiot.
He-ya, s., chambre.
Beki, v. a., pouvoir, devoir. ||
Voy. la Grammaire.
Hebi, s., serpent.
*Hen**, fois, numérale.
Hen-na, adj., extraordinaire.
*Ben-kyau**, habile, intelligent,
adroit.
*Hen-zi**, s., réponse.

ト TO

To, c., et, avec, ainsi; que.
To, s., porte.
*Do**, s., degré, division.
Doro, s., boue, vase.
Dòrobo, s., voleur.
*Do-do**, adv., souvent.
Todoki,-ku,-ita, v., atteindre à,
arriver.
*To-ti**, s., contrée, pays, sol.

Todíru, v., coudre, relier.
Todíru, v., fermer.
Tori, s., oiseau.
Toru, v., prendre.
Tooi, adj., éloigné, distant, étranger.
*Toga-nin**, s., criminel.
Dore, quel?
Tore,-ru,-ta, v. p., être pris.
Tonari, s., voisin.
Donata, pr., qui?
Tora, s., tigre.
Tó, v. a., demander, questionner, s'informer.
Tó, adj., loin.
Dó, comment? pourquoi?
Tóri,-ru,-tta, passer, traverser.
Dó-zo, je vous prie, locution de courtoisie.
Dono, quel?
Dokŭtorŭ, s., docteur.
Tokŭri, s., bouteille.
*Dó-yau**, de la même manière, semblable.
Tokei, s., montre.
*Tokei-si**, s., horloger.
Toko, s., lit, bois de lit.
Doko, adv., où?
Tokoro, s., endroit, lieu, place. Relatif.
Tokoro-dokoro, plusieurs places, en divers endroits.
Tokoro-gaki, s., adresse, endroit où demeure...
Toki, s., temps, heure. || *Nan doki*, quelle heure? || — *wo yeru*, choisir le bon moment. || — *to site*, parfois, en quelques occasions. || — *ni*, quand, lorsque, à l'époque.
Togi,-gu,-ida, v., polir, repasser.
Toki-ni, adv., à présent, maintenant. || Quand, lorsque.
Toki-doki, adv., de temps en temps, parfois.
Tosi, s., année.
Tosi-dosi, adv., tous les ans, chaque année.
Tosi-yori, adj., vieux, âgé.
Tomo, s., compagnon.
Domo, marque du pluriel.
Tomo-kaku-mo, adv., quoi qu'il en soit, malgré tout.
Tomo-dati, s., camarade, compagnon.
Tomosi,-sŭ,-sita, v., allumer.
Dan, stupide, bon à rien.
Don-na, quelle sorte? quelle espèce?

千 TI

*Ti**, 地 s., terre.
*Di**, 時 s., temps, heure.
*Di**, 事 s., affaire.
*Di**, 自 pr., soi-même.
Tiisai, adj., petit.
Tiisau, adv., petitement.
Tiisasa, s., petitesse.
Titi, s., père.
Titi, s., lait.
Didi, s., grand-père.

Tikai, s., serment.

Tikagoro, adv., récemment, dans ces derniers temps. || Très, fort.

Tyotto, adv., un peu, un moment, un instant.

*Tyau**, 蝶 s., papillon.

*Tyau**, 帳 s., registre, livre de compte.

*Tyau**, 朝 s., le matin.

*Tyau**, 町 s., rue.

*Tyau**, 長 long.

*Tyau-nin**, s., citoyen, homme du peuple.

*Tyô-hau**, utile, bien approprié, précieux.

*Tyau-ren**, exercice militaire.

*Dyau-yakü**, s., traité, convention.

*Tyau-sen**, s., la Corée.

*Tiu**, milieu, centre.

Diu, n., dix.

Diku, adj., mûr.

*Tya**, s., thé.

*Tyakü**, arriver. || Porter (un vêtement.

*Tyakü-si**, le fils aîné.

*Tya-ya***, maison de thé, répond chez les Japonais aux cafés de l'Europe.

*Di-ko**, pr., moi-même.

*Di-kô**, s., température, atmosphère, climat.

*Di-gakü**, s., l'enfer.

Diki, adv., bientôt.

*Di-biki**, s., dictionnaire des signes idéographiques.

リ RI

*Ri**, 里 s., lieue japonaise.

*Ri**, 理 s., la raison.

*Ri-yô**, 利用 s., utilité.

*Rip-pa**, adj., beau, magnifique.

*Riu**, 龍 s., dragon.

*Riu**, 流 s., courant, style.

*Ryau (reô)**, 料 s., valeur, prix.

*Ryô**, 獵 s., la chasse.

*Ryau**, 兩 s., monnaie valant 4 itsibou.

*Ryau**, 量 s., talent, capacité.

*Ryau-ri-nin**, s., cuisinier.

*Ryau-ri-ya***, s., cuisine.

*Ryo-gwai**, impoli, grossier.

*Ryau-gaye-ya***, s., changeur.

*Ryau-ken***, s., pensée, intention, opinion.

*Ryau-si**, 獵師 s., chasseur.

*Ryau-si**, 漁者 s., pêcheur.

*Ri-kô**, s., esprit supérieur.

*Ri-sü**, s., écureuil.

Ri-sü, s., le nombre de lieues, la distance.

ヌ NU

Nu, particule négative.

Nure,-ru,-tta, v., être humide, mouillé.
Nuno, s., fil.
Nusŭ-bito, s., voleur.

儿 RU

Ru-sŭ, gardien. Absent du logis. || *Ru-sŭ-more*, remplaçant, gardien.

ヲ WO

O, impérial; particule de courtoisie.
Wo, marque de l'accusatif.
Oi, s., neveu.
Oi-hagi, s., voleur.
Oite, pp., dans, à, par rapport à.
O-ba, s., tante.
Okoi, adj., grand.
Oho-ba, s., grand'mère.
Oho-kami, s., loup.
Oho-kaze, s., tempête, typhon.
Oho-taka, s., vautour.
Ohoku, adv., beaucoup, grandement.
Ohokiku, adv., grandement.
Oboye, s., la mémoire.
Oboye,-ru,-tta, v. pr., se rappeler, se souvenir.
Oho-saka, nom d'une des principales villes du Japon.
Oho-zake-nomi, s., ivrogne.
Ohoki, adj., grand.
Ohokisa, s., grandeur.
Obosimesi, s., pensée, opinion.
Odori, s., la danse.

Odori,-ru,-tta, v., danser.
Odori-ko, s., un danseur.
Otoko, s., un homme, un mâle.
Odosi,-sŭ,-sita, v., effrayer, alarmer, intimider.
O-di, s., oncle.
Ori, le temps opportun, l'occasion.
Ori, s., prison.
Ori,-ru,-tta, v., demeurer, habiter.
Oyogi, s., natation.
Oyogi,-gu,-ida, v., noyer, flotter.
Odayaka, adj., tranquille, calme, serein.
Ore, pr., je, moi (terme vulgaire). || Voy. la *Grammaire*.
Osore, *ru*, v., craindre, être effrayé.
Ososa, s., lenteur.
Otte, adv., bientôt, à la première occasion.
Onadi, même, semblable, conforme, idem.
Ono, pr., chaque.
Ono-ono, pr., chacun, tous.
Onore, pr., soi-même.
Okuri, s., envoi, accompagnement.
Oya, s., les parents.
Omai, pr., toi, vous.
Omae. || Voy. *Omai*.
Ofure, s., décret.
Okori, s., origine, cause.
Okori,-ru,-tta, v., commencer, se lever, surgir, être surexcité.
Okosi,-sŭ,-sita, v., causer, soulever. || *Ikusa-wo okosŭ*, lever une armée.
Oki, s., la pleine mer.

Oki,-ku,-ita, v., placer, mettre, établir.

Ogi, s., éventail.

Ome,-ru,-ta, v., être timide, honteux.

Osiye, s., enseignement.

Osiye,-ru,-ta, v., enseigner.

Osimi,-mu,-nda, v., regretter, priser, tenir à, évaluer.

Obi, s., ceinture.

Obitadasiku, adv., en grande quantité, considérablement, fortement, violemment.

Omoi, s., la pensée.

Omoi,-ô,-ota, v., penser.

Omosa, s., la pesanteur.

Omosiroi, agréable, amusant, intéressant.

Ondori, s., coq.

Onna, s., femme.

ワ WA

Wa, article partitif, indiquant généralement le sujet de la phrase. || Voy. la *Grammaire*.

Warai, adj., méchant.

Warû, adv., méchamment.

Warusa, s., méchanceté.

Waga, pr., je ou moi. || Voy. la *Grammaire*.

Wakari,-ru,-tta, v., diviser, comprendre.

Watari,-u,-tta, v., traverser, passer (l'eau).

Watakûsi, pr., je ou moi.

Watasi, pr., je ou moi (vulgaire).

Ware, pr., je ou moi.

Wara, s., paille.

Wake, s., raison, signification.

Waki, s., le côté.

Wasûre,-ru,-ta, v., oublier.

力 KA

Ka, s., jour.

Ka, particule interrogative.

Ga, particule. || Voy. la *Grammaire*.

Kai³, s., étage.

K'ai,-'u,-tta, v., acheter.

Kai-hau", s., garde-malade.

Kairu", s., grenouille.

Kaiko, s., ver à soie.

Gwai-kokû", s., pays étranger.

Gwai-kokû-zin", s., étranger.

Kai-mono", s., acquisition.

Kadi, s., mûrier à papier.

Kadi-ya, s., serrurier, forgeron.

Kari, s., la chasse.

Kari,-ru,-ita, v., chasser.

Kari,-udo, s., un chasseur.

Kari-ru,-rita, v., chasser.

Karusa, s., légèreté.

Kavo, s., face, figure.

Kawa, s., peau.

Kawa, s., rivière, fleuve.

Kawai, aimable.

Kawaisa, s., amabilité.

Kawari, s., un remplaçant.

Kawaki,-ku,-ita, v., avoir soif, être desséché, avide.

Kawaki, s., soif.

Kawase, change (d'argent).

Kakari,-ru,-tta, v., être suspendu.

Kagayaki,-ku,-ita, v., briller.
Kagami, s., miroir.
Kata, s., côté.
Gata, particule du pluriel.
Katana, s., sabre, coutelas. || *Ko-gatana*, couteau.
Katau, adv., fermement, durement, solidement
Kare, pr., celui-là, lui, elle.
Kappa, s., pardessus pour le temps de pluie.
*Kas-sen-si***,*-sūru,-sita*, v., combattre.
Kane, s., métal, argent.
Kane-fuki, s., fondeur en métaux.
Kane-moti, s., riche.
Kana, s., caractère de l'écriture syllabique japonaise.
Kana-zawa, nom d'une localité.
Kara, particule de l'ablatif.
Karada, s., le corps.
*Ka-rau**, s., ministre des princes féodaux ou dai-myau.
Kamuri,-ru, v. || Voy. *Kaburi*.
Kano,pr., celui-là, celle-là; il, elle.
Kaki,-ku,-ita, v., écrire.
Kagi,-gu,-ida, sentir.
Kakū, s., corne, coin, angle.
*Gakū**, s., étude.
*Gakū-kau**, s , école.
*Gakū-sya**, s., savant.
*Gakū-mon**, s., l'étude, la science, la littérature.
*Gakū-mon-zyo**, s., une école.
Kakusi,-sū,-sita, v., cacher.
Kamai,-a'a,-atta, v., se préoccuper, songer à, prendre soin de.

Kamaye,-ru,-ta, disposer, construire.
Kake,-ru,-ta, v., suspendre, placer, mettre. || *Nasake-wo* —, témoigner de la bienveillance. || *Hi-wo* —, mettre le feu. || *Kosi-wo* —, s'asseoir. || *Siwo-wo* —, saler. || *Me-kata-wo* —, peser. || *Ino-ti-wo* —, exposer sa vie. || *Kokoro-ni* —, se rappeler. || *Kane-wo* —, dépenser de l'argent. || *Kui* —, commencer de manger, manger en partie.
Kake,-ru,-ta, v., courir.
Kage, s., ombre, secret, bienfaisance, secours.
Kake-me, s., poids.
Kabuto, s., chapeau.
Kaburi, s., chapeau de cérémonie; — v., mettre sur la tête, se coiffer.
Kayeri,-ru,-ta, v., retourner.
Kayette, au contraire.
Kasa, s., ombrelle, parapluie.
Kaki, s., un écrit, un document.
Kagi, s., clef.
Kagi,-gu,-ida, v., sentir.
Kaki-kata, manière d'écrire.
Kaki-yaku, s., copiste.
Kame, s., tortue.
Kami, s., cheveux.
Kami, s., papier.
Kami, s., seigneur.
Kami-yüi, s., coiffeur.
Kami-ai,-au,-atta, v., se disputer, se battre.
Kami,-mu,-nda, v., mordre.
Kasi, s., chêne.
*Ka-zi**, les affaires de la famille.

Kazi, s., serrurier, forgeron.
Kasi, s., gâteau.
Kasi,-sŭ,-sita, v., prêter.
Kasiku, respectueusement. (Expression qui termine les lettres.)
Kasi-kudasari,-ru,-tta, v., me prêter.
Kazi-ya, s., serrurier.
Kasikoi, adj., intelligent, savant.
Kapitan, s., capitaine.
Kamo, s., canard sauvage.
Kase, s., dévidoir.
Kaze, s., vent.
Kan*, 欠 s., déficit.
Kan*, 感 s., admiration.
Kan*, 勘 s., intelligence rapide.
Kan*, 漢 s., la Chine.
Kan-gai*, la pensée.
Kan-dan-kei*, s., thermomètre.
Kanmuri. || Voy. Kaburi.

ヨ YO

Yo, s., la nuit.
Yo, s., affaire, cause.
Yo, s., la vie, le siècle, l'âge, le monde.
Yoi, adj., bon.
Yoroi, s., cotte de mailles.
Yorokobi, s., joie, plaisir.
Yorokobi,-bu,-nda, v., se réjouir, être content.
Yorosyu, adv., bien, bon.

Yori, pp., de (latin : ex ; anglais : from) ; particule de l'ablatif.
Yowasa, s., faiblesse.
Yotŭ, n., quatre.
Yotte, pp., à cause.
Yo-naka, s., minuit.
Yomi,-mu,-yonda, v., lire.
Yô, adv., bon, bien.
Yau-zyau*, s., le soin de la santé.
Yô-bi, s. || niti —, dimanche.
Yoku, adv., bien.
Yogosi,-sŭ,-sita, v., salir.
Yo-aruki, s., promenade nocturne.
Yosa, s., bonté.
Yoki. || Voy. Yoi.
Yomi, s., lecture.
Yosi, s., affaire, sujet, cause, circonstance.
Yobi,-bu,-nda, v., appeler.
Yobi-atŭme,-ru,-ta, v., convoquer, réunir.
Yose,-ru,-ta, v., approcher, faire rapprocher, réunir.
Yo-sŭgi, s., existence. || Yo-sŭgiru, trop bien fait, c'est-à-dire, « mal fait ».

夕 TA

Da, pour de-aru. || Voy. la Grammaire.
Tai*, 大 adj., grand.
Dai*, 代 place, règne.
Dai*, 弟 part. ord. || -iti*, premier. || -san*, troisième.

*Tai-riu**, s., arrêt, station.
Tai,-ku, v., désirer.
*Dai-gakŭ**, la Grande Étude, traité de philosophie classique de l'École de Confucius.
Tai-sau, adv., beaucoup, très, extrêmement.
Tairaka, adj., égal, calme, paisible.
Dai-kŭ, s., charpentier.
*Tai-kun**, grand prince, nom donné par les Européens au *syau-goun* ou lieutenant-impérial du Japon.
Tai-ko, 大鼓 s., tambour.
*Tai-ko**, 大古 s., la haute antiquité.
*Tai-kŏ**, 大功 grand mérite.
*Tai-kau-sama***, nom d'un célèbre général japonais. (Voy. l'Introduction au *Cours pratique*, part. I, ci-dessus, p. 44.)
Tai-tei, adv., en général, pour la plus grande partie.
*Dai-myau**, s., prince féodal de l'empire Japonais.
*Tai-si**, s., prince héréditaire, héritier présomptif du trône.
*Dai-zi**, s., grande affaire; adj., important.
Tai-syau, s., général.
*Tai-setŭ**, adj., important, estimé.
Tabako, s., tabac.
Tani, s., vallée.
Tabe,-ru,-ta, v., manger.

Tabe-mono, s., comestible, objet pour la nourriture.
Tati, s., rang, marque du pluriel.
Tati-mati, adv., tout à coup.
Tati,-tŭ,-tta, v., se tenir debout, établir.
Tari,-ru,-tta, v., être suffisant.
Tawore,-ru,-ta, v., tomber, s'écrouler.
Tawosi,-sŭ,-sita, v., faire tomber, abattre, renverser.
Taka, s., faucon.
Takai, adj., haut, élevé.
Tagai, adj., mutuel, réciproque.
Taka-gari, s., chasse au faucon.
Takara, s., choses précieuses, richesse.
Takau, adv., hautement, chèrement.
Takasa, s., hauteur, élévation.
Tada, c., mais.
Tada-ima, adv., maintenant, à présent.
Tadati-ni, adv., immédiatement.
Tadasi, c., mais, cependant.
Tada-bito, s., un homme du commun.
Dare, pr., qui?
Dare-mo, pr., personne (avec un négatif).
Tatŭ, s., dragon.
Tadŭne, s., question.
Tadŭne,-ru,-ta, v., questionner, s'informer.
*Tas-sya**, bien portant, en bonne santé, fort, vigoureux.
Tane, s., graine.
Tane-mono, s., marchand de graines.

Tane-mono-ya. || Voy. *Tane-mono.*

Tara, abrév. pour *te-araba.*

Tau-tiu,* dans la route, en chemin.

Tau-ri, s., manière, sorte, semblable.

Dau-ri,* s., raison, vérité, le principe de la doctrine.

Dau-gu,* s., ustensiles, meubles.

Tau-zin,* s., un Chinois; expression de mépris.

Tanomi, s., sollicitation, pétition, dépendance.

Takŭ,* s., maison.

Takŭ-san,* adv., beaucoup.

Tama, s., gemme, pierre précieuse.

Tama-tama, adv., rarement, parfois.

Tama-ya, s., joaillier.

Tama-ya, s., tombeau.

Tamago, s., œuf.

Damasi,-sŭ,-sita, v., tromper, décevoir.

Take, s., bambou.

Dake, quantité.

Take-mŭma, s., cheval de bambou, jeu d'enfant.

Ta-fuku,* s., grand bonheur.

Ta-bun,* s., la plus grande partie, || adv., peut-être, beaucoup.

Tate,-ru,-ta, v., établir, élever, édifier.

Tame, pp., pour.

Tame-ni, pp., pour.

Tame-si, s., cas, exemple.

Tamesi,-sŭ,-sita, v., essayer, examiner.

Tami, s., peuple.

Tabi, s., fois.

Tabi, s., voyage.

Tabi, s., chaussures, socles.

Tabi-tabi, adv., souvent.

Tabi-bito, s., voyageur.

Tasŭke,-ru,-ta, v., aider.

Tan, s., rouge de saturne, oxyde rouge de plomb.

Tanto, adv., beaucoup.

*Tan-sokŭ-si**,-sŭru,-sita,* v., se lamenter, soupirer tristement.

Tan-ki,* irascible, passionné.

Tan-mono, s., pièce d'étoffe.

ㇾ RE

Rei,* 禮 politesse. || — *wo-sŭru,* témoigner du respect, payer un professeur.

Rei,* 例 usuel, habituel, ordinaire; règle, coutume, usage || — *no nai koto,* une chose extraordinaire, inaccoutumée.

Rei-ki,* froid, frais.

Reki-si,* histoire, annales, chronique.

ソ SO

Soroban,* s., abaque.

Soto, le dehors, extérieur.

Soto-ni, adv., en dehors.

Sore, pr., cela. || *Sore-de-wa nai,* ce n'est pas cela.

Sore,-ru,-ta, être rasé.

Soregasi, pr., un tel, || — *no*, un certain.

Sotŭ-geŭ, s., fin d'études.

Sonemi,-*mu*,-*nda*, v., avoir de l'envie, être jaloux.

Sorø, s., le firmament. || — *deyomi-masita*, il a répété de mémoire.

Sono, pr., ce, celui-là, son, sa.

Sono, s., jardin, fleuriste.

Sono-uti, adv., pendant ce temps, bientôt.

Sokŭ, paire, couple, pour les choses portées au pied.

Zokŭ. || Voy. *Sokŭ*.

Sokŭ-zi, adv., aussitôt, de suite, immédiatement, sur l'instant.

So-ko, adv., là.

Soko, s., le fond.

Son, 縛 dét., numérale des barriques.

Son, 孫 petit-fils, descendant.

Sonna, pour *sono yau-na*, de cette sorte, tel.

ツ TU

Tŭi, s., paire, couple, numérale.

Tŭi-ni, adv., alors, enfin, finalement.

Tŭiyasŭ,-*su*,-*sita*, v., dépenser.

Tŭti, s., marteau.

Tŭti, s., terre.

Tŭkai, s., envoyé, messager.

Tŭkai,-*a'u*,-*atta*, v., envoyer, employer. || *Kane-wo* —, dépenser de l'argent.

Tŭkavasi,-*sŭ*,-*sita*, v., envoyer.

Tŭkare,-*ru*,-*ta*, v., p., être fatigué, épuisé.

Tŭyoi, adj., fort, robuste.

Tŭyoku, adv., fortement.

Tŭyosa, s., force, vigueur.

Dŭ-tŭ, s., mal de tête, migraine.

Tŭdŭki,-*ku*,-*ita*, v., continuer.

Tŭdumi, s., tambour.

Tŭne, usuel ordinaire. || — *no*, adj., habituel. || — *ni*, adv., toujours.

Tŭnami, s., vague.

Tŭkuri,-*ru*,-*tta*, v., faire, fabriquer, composer.

Tŭkuye, s., table.

Tŭkusi,-*su*,-*sita*, v., épuiser, consumer, achever, compléter.

Tŭma, s., épouse.

Tŭke,-*ru*,-*ta*, v., appliquer, mettre, fixer.

Tŭye, s., canne, bâton.

Tŭki, s., lune, mois.

Tŭmetai, adj., froid (en parlant des choses).

Tŭyu, s., rosée.

Tŭ-zi, s., interprète.

Tŭmori, s., calcul, dessein, supposition, intention.

Tŭmori,-*ru*,-*itta*, v., calculer, estimer.

子 NE

Ne, s., racine.

Ne, s., prix.

Ne,-*ru*,-*ta*, v., dormir, se coucher.

Ne-doko, s., lit.

*Nen-diu**, adv., toute l'année, pendant l'année.
Nedari,-*ru*,-*tta*, v., prendre de force, extorquer.
*Netu-byau**, s., fièvre.
Neko, s., chat.
Nezŭmi, s., souris.
*Nen**, s., année.

ナ NA

Na, s., nom.
Na, s., légumes.
Nai, adj., qui n'est pas.
Nani, pr., quoi?
Nani-to-zo, int., s'il vous plaît.
Nani-mo, adv., avec un négatif, rien.
Nari, s., son, bruit.
Nari,-*ru*,-*tta*, v., être, devenir.
Nari,-*ru*,-*tta*, v., sonner, se faire entendre, faire du bruit.
Nari-gatai, adj., difficile.
Narutake, adv., autant que possible.
Naosi,-*sŭ*,-*sita*, v., réparer, corriger, guérir; traduire.
Naka, milieu, moyen. || —*ni*, adv., au milieu.
Naka-naka, adv., en vérité, réellement.
Nagai, adj., long.
Naga-iki, s., longue vie.
Nagare,-*ru*,-*ta*, v., flotter, passer, être emporté par le courant.
Nagasa, s., longueur.
Nagame, s., vue, aspect, coup d'œil.

Nagame,-*ru*,-*ta*, v., contempler.
Na-dakai, adj., célèbre, renommé.
Narai, s., usage, coutume.
Nara'i,-*a'u*,-*tta*, v., étudier, apprendre.
Natŭ, s., été.
Naki,-*ku*,-*ita*, v., chanter.
Naku-nasi,-*sŭ*,-*sita*, v., perdre.
Naku, négatif. || Voy. *Nai*.
Namaketa, adj., indolent, paresseux.
Nasai, radical du verbe *nasaru*, dans le dialecte vulgaire de Tô-kyau.
Nasare,-*ru*,-*ta*, v. p., faire.
Nasake, s., bonté, faveur.
Nasi,-*sŭ*,-*sita*, v., faire.
Nazimi, s., intimité.
Nan, contraction de *Nani*.
*Nan ben**, combien de fois.
*Nan do**, combien de fois.

ラ RA

Ra, suffixe du pluriel.
*Rai-nen**, adv., l'année prochaine.
Rakŭ-dai, s., chute, insuccès.
Rampŭ, s., lampe.

ム MU

*Mu-hon-nin**, rebelle, insurgé.
*Mu-gaku**, ignorant, illettré.
Mudŭkasii, adj., difficile.
Mura, s., village.
Munasii, adv., vain, inutile.
Muma, s., cheval.
Mugi, s., orge, blé.

Munasiku, adv., vainement, inutilement.

Mugi-sake, s., bière. (On dit aujourd'hui *birû*.)

Mûme, s., prune.

Musiro, s., natte, esteire.

Musi, s., ver de terre, insecte.

Musûme, s., jeune fille.

Musûbi,-bu,-nda, v., nouer, se former. || *Mi-wo —*, donner des fruits.

ウ U

Ubai-tori,-ru,-tta, v., prendre de force, s'emparer par violence.

Uti, s., le dedans, l'intérieur, l'habitation. || *— ni*, adv., dedans, dans l'intervalle de.

Uti,-tû,-tta, v., battre, frapper.

Uri, s., melon.

Uri,-ru,-tta, v., vendre.

Uta, s., chant, poésie, distique.

Utai,-'u,-atta, v., chanter.

Ure,-ru,-ta, v., vendre, pouvoir être vendu.

Urenu, invendable.

Uso-tûki, s., menteur.

Utûkusii, adj., joli, gracieux.

Utûkusisa, s., gentillesse, gracienseté.

Utûsi,-sû,-sita, v., transporter, copier.

Unai,-a'u,-atta, v., cultiver.

Ura, s., le dos, le dessous, le derrière.

Ura, s., localité située sur le bord de la mer, port.

Urami, s., haine, ressentiment.

Umasau, adv., doux, agréablement.

Uke,-ru,-ta, v., recevoir, prendre, saisir.

Uke-tori, s., reçu, quittance.

Uke-tori,-ru,-tta, v., recevoir.

Uke-tamawari,-ru,-tta, v., entendre, entendre dire, apprendre.

Uke-ai,-a'u,-atta, v., garantir, assurer.

Uye, s., le dessus. || *— ni*, adv., dessus.

Uyeru,-ru,-ta, v., planter.

Uye-ki, s., plante d'ornement.

Uye-ki-ya, s., jardinier, fleuriste.

Umi, s., mer, océan.

Umi,-mu,-nda, donner le jour, enfanter, mettre bas.

Usi, s., bœuf.

Ue. || Voy. *Uye*.

*Un-zyau**, s., droit d'entrée.

*Un-zyau-syo**, s., douane.

ノ NO

No, s., champs, campagne.

No, particule suffixe du génitif.

Nobori,-ru,-tta, v., monter.

Nari,-ru,-tta, v., monter, monter à cheval.

Nozomi, s., désir, espérance.

Nozomi,-mu,-nda, désirer, espérer.

Nozomi,-mu,-nda, v., approcher, arriver.

Nokorazû, adv., sans exception, tous.

Nomi,-mu,-nda, v., boire.

Nobi,-ru,-ta v., s'étendre, se pro-
pager, croître, atteindre.

リ KU

Kai,-ô,-ûta, v., manger.
Kuroi, adj., noir.
Kuroku-si,-suru,-sita, v., noircir.
Ku-bau,* s., le lieutenant du syau-
gonn.
Kurosa, s., noirceur.
Kuni, s., pays, état, province.
Kuti, s., bouche, entrée, sortie.
Kurui,-ô, v., être exalté, être exas-
péré, désordonné.
Kuruma, s., roue, voiture, char,
véhicule.
Kuruma-hiki, s., cocher.
Kwa, s., mûrier. || — no ki, id.
Kwa-zi,* s., incendie.
Kudasai-masi. || Voy. *Kudasare.*
Kudasare,-ru,-ta, v., donner (à la
seconde personne, par politesse).
Kutabire,-ru,-ta, v., être fatigué.
Kudamono, s., fruit.
Kura, s., grenier, magasin.
Kurasi,-sû,-sita, v., venir, passer
le temps.
Kure,-ru,-ta, v., donner. || —,
verbe auxiliaire.
Kutû, s., soulier.
Kutû-si, s., cordonnier.
Kukuri,-ru,-tta, v., lier.
Kuma, s., ours.
Kusi, s., peigne.
Kubi, s., cou, tête.
Kumori,-ru, v., se couvrir de
nuages.

Kusûri, s., substance chimique,
drogue, remède, médicament.

ヤ YA

Ya, s., nuit.
Ya, s., flèche.
Ya, s., maison, boutique. || —, ar-
tisan, marchand.
Yado, s., auberge, logement.
Yari,-ru,-tta, v., envoyer, trans-
mettre, donner.
Yattara, syn. de *Yatta yuye-ni,*
parce que j'ai donné.
Yau-zyau,* s., le soin de la vie,
de la santé.
Yagate, adv., bientôt, présente-
ment.
Yakû 役 s., emploi, service,
fonction.
Yakû,* 約 promesse, engage-
ment.
Yakû-nin,* s., employé du gou-
vernement.
Yakû-si,-sû,-sita, v., traduire.
Yama, s., montagne.
Yasiki, s., château, maison d'un
noble.
Yasûi, adj., aisé, facile, bon
marché.
Yasûmi,-mu,-nda, v., se reposer,
être tranquille.

マ MA

Mai, s., feuille, particule numérale.
Mai,* pr., chaque.

Mairi,-ru,-tta, v., aller, venir.

Mati, rue (groupe de maisons), ville.

Mati,-tü,-tta, v., attendre.

Matigai,-a'u,-atta, v., se tromper, être dans l'erreur.

Marusa, s., rondeur.

Mawari,-ru,-tta, v., tourner, faire le tour.

Mada, adv., déjà.

Matü, s., pin.

Madü, adv., d'abord.

Matti, s., allumette.

Maneki, s., invitation.

Maneki,-ku,-ita, v., inviter.

Manabi,-bu,-nda, v., apprendre, étudier.

Mausi,-sü, v., dire.

Makura, s., oreiller.

Ma-ma-ni, adv., par intervalles, de temps en temps.

Mage,-ru,-ta, v., courber.

Ma-koto, s., vérité.

Maye-date-mono, s., partie à l'avant du casque; sorte de cimier.

Maye, le devant. || — *ni*, adv., devant, avant, auparavant.

Made, adv., jusqu'à.

Maki, s., bois à brûler.

Maki,-ku,-ita, v., semer.

Maki,-ku,-ita, v., tourner, rouler, contourner.

Maki-tabako, s., cigare.

Mame, s., pois.

Ma-mesi, s., collation, nourriture prise entre les repas.

Masi,-sü,-sita, verbe auxiliaire de la langue vulgaire. || Voy. la Grammaire.

Masi, adv., mieux, meilleur, préférable.

Mae. || Voy. *Maye*.

Mamori,-ru,-tta, v., garder, défendre, protéger.

Man *, n., dix-mille, une foule de.

ケ　KE

Ke, s., poils, cheveux, petites plumes.

Kei-ko *, s., investigation, exercice, étude.

Keryo. || Voy. *Kereba*.

Kereba, suffixe du conditionnel. || Voy. la Grammaire.

Kere-domo, c., quoique. || Voy. la Grammaire.

Getü *, lune, mois.

Ke-rai *, domestique, serviteur.

Ken *, s., mesure de 10 pieds.

Ken-kwa *, querelle, dispute.

Ken-butü-nin *, spectateur.

フ　FU

Fu-i *, sans y penser, à l'improviste, par surprise.

Futosa, s., épaisseur, largeur, dimension.

Buti,-tü,-tta, v., frapper, battre.

Furi,-ru,-tta, v. i., tomber (en parlant de la pluie, de la neige, etc.).

Furui, adj., vieux.

Furui,-u,-utta, v., trembler.

Faru-gi, s., vieux habits.
Furuye,-ru,-ta, v., trembler.
Fukai, adj., profond.
Fukasa, s., profondeur.
Buta, s., porc.
Bu-dau-syu, vin de raisin.
Bu-tai, scène théâtrale.
Fu-dan, continuel, constant, usuel.
Butŭ, chose.
Fune, s., navire, vaisseau, bateau.
Fana-ikusa, s., bataille navale.
Fana-tiki, s., ancrage.
Fŭransŭ, adj. français. || — *go*, la langue française.
Fŭ-fŭ, mari et femme.
Bu-gu, engins de guerre, armes.
Fukurakasi,-sŭ-sita, v., enfler, gonfler.
Bu-gu-si, s., armurier.
Fuke,-ru,-ta, être profond, devenir vieux.
Ba-gei, les arts militaires.
Fude, s., pinceau.
Fuki,-ku,-ita, v., souffler.
Bu-gyau, gouverneur.
Ba-si, s., soldat, militaire.
Fumoto, s., pied d'une montagne.
Bun 文, littérature.
Bun 分, s., partie, portion.
Bun-pau, les règles de la grammaire et de l'art d'écrire.
Bun-ryau, poids, quantité.
Bun-kau, s., bibliothèque.
Bun-syau, morceau de littérature, document, écrit.

コ KO

Ko, s., enfant, petit.
Go 語, s., mot, parole, langage.
Go 御, impérial. Terme de courtoisie précédant les mots relatifs à la personne à qui l'on parle. || Voy. la Grammaire.
Ko-iu 固有, adj., spécial, particulier.
Korosi,-sŭ,-sita, v., tuer.
Koto, chose, affaire.
Koto, s., harpe.
Koto-ni, adv., particulièrement, spécialement.
Kotoba, s., parole, mot.
Ko-tori, s., petit oiseau.
Ko-tosi, adv., cette année.
Kota-si, s., fabricant de harpes.
Ko-domo, s., enfant.
Kori,-ru,-tta, v., geler.
Konu, v. nég., ne pas venir.
Koware,-ru,-ta, v., briser, rompre.
Ko-gatana, s., couteau.
Ko-yomi, s., almanach.
Kore, pr., ceci.
Ko-dŭkai, s., domestique.
Go-rau-diu, conseil d'État à l'époque des syaugun.
Go-ran, regard (style de courtoisie). || — *nasai*, daignez regarder.
Kono, pr., ce, cette; celui-ci, celle-ci.

Konomi, s., amour, attachement.

Konomi,-mu,-nda, v., aimer.

Kokŭ, s., royaume, état, province.

Kokŭ, s., cuisinier.

Kokŭ-tei, chef de l'état, souverain, empereur.

Komari,-ru,-tta, v., être ennuyé, affligé.

Ko-bune, s., barque.

Kokoro, s., cœur, pensée, sentiment.

Ko-ko-ni, adv., ici.

Koye, s., son, voix.

Go-ten, s., palais, résidence impériale.

Ko-age, portefaix, commissionnaire.

Gozai-masŭ, auxiliaire du style de courtoisie. || Voy. la Grammaire.

Ko-satŭ, tablettes sur lesquelles sont publiés les édits de l'Empereur.

Kogi,-gu,-ida, v., ramer.

Ko-kiu, violon.

Kome, s., riz (non préparé).

Kosi, s., les reins.

Kosi-kake, s., tabouret.

Kosiraye,-ru,-ta, v., faire, fabriquer.

Ko-mori, s., garde d'enfant, nourrice.

Komori,-ru,-tta, v., être renfermé, inclus.

Go-zen, litt. « la présence impériale »; pr., vous, en parlant à un prince.

Kon, présent, actuel. || *Kon-ban*, adv., ce soir. || — *ban-va*, bonsoir. || *Kon-niti*, adv., aujourd'hui. || — *niti-va*, bonjour.

Kon-rei, s., mariage. || *Kon-rei-si*, entremetteur de mariages.

Kon-gau-seki, s., diamant.

Kon-zyau 今生, la vie présente.

Kon-zyau 根性, le tempérament.

工 YE, E

Ye, s., peinture.

Ye-do, l'une des cinq villes impériales du Japon; ancien nom. Aujourd'hui Tô-kyau.

Ye-kaki, s., peinture.

Yeda, s., branche.

Ye-dŭ, carte, plan.

Ye-si, s., peintre.

Yebisŭ, s., barbare, sauvage.

En-pau, contrée lointaine.

デ TE

De,-ru,-ta, v., surgir, sortir, se lever, aller.

Tei-sya, maître de maison, chef de famille.

Te-gami, s., lettre, billet.

Tetŭ, s., fer.

Tep-pau, s., canon.

Te-narai, s., art de l'écriture, calligraphie.

Tera, s., temple bouddhique, monastère.

*Ted-ren**, s., exercices militaires.
Te-mae, pr., vous (style familier). || Voy. la Grammaire.
*Teki**, s., ennemi.
Deki,-ru,-ta, v., pouvoir, faire. || *Yoku de-kita*, bien réussi.
*De-si**, s., disciple, élève.
*Ten-ki**, s., l'air, le temps, la température.
*Ten-mon**, s., astronomie.
*Ten-mon-sya**, s., astronome.

ア A

*Ai**, mutuel.
Ai, a'u, atta, v., fréquenter, être en rapport.
Airu, s., canard.
Aida, intervalle. || — *ni*, adv., dans l'intervalle, pendant; parce que, comme.
Ai-kyau', aimable.
*Ai-si,-siru,-sita***, v., aimer.
Ari,-ru,-tta, verbe auxiliaire, être, avoir.
Aru, pr., un certain (latin : *quidam*).
Aruiwa, c., ou, ou bien.
Aruki,-ku,-ita, v., se promener.
Awoi, adj., vert.
Awosa, s., verdeur, couleur verte.
Awa, s., millet.
Awaremi, s., compassion, pitié.
Awaremi,-mu,-nda, v., avoir compassion.
Awase,-ru,-ta, v., réunir, joindre, mêler. || *Hiki-awaseru*, présenter quelqu'un.

Akai, adj., rouge.
Akari, s., lumière.
Agari,-ru,-tta, v., aller en haut, monter.
Akaruku, adv., lumineusement, d'une manière claire.
Akasa, s., rougeur.
Atatame,-ru,-ta, v., amuser, accorder du loisir.
Atama, s., tête, chef.
Ataye,-ru,-ta, v., donner. (Ce mot appartient surtout au style de la langue écrite). || Voy. *Yari*.
Are, s., orage, tempête.
Are, pr., cela.
Asobasi,-su,-sita, v., amuser, faire (loc. de courtoisie).
Asobi, s., plaisir, divertissement, amusement.
Asoko-ni, adv., là-bas.
Attara, adj., regrettable.
Atumari,-ru,-tta, v., réunir, collectionner.
Atusa, s., chaleur.
Atume,-ru,-ta, v., réunir, collectionner.
Ane, s., sœur aînée.
Anata, pr., vous.
Ara'i,-a'u,-atta, v., laver, nettoyer.
Arawasi,-su,-sita, v., faire paraître, révéler, montrer, publier.
Anu, pr., celui-là, celle-là.
Ayamati, s., faute, erreur.
Amari, adv., très, beaucoup, trop.
Amata, adv., beaucoup.
Ake,-ru,-ta, v., ouvrir.

Age,-ru,-ta, v., élever, offrir, donner à autrui (terme de courtoisie).

Abura, s., huile.

Asa,* le matin. || *Asa-ne,* qui dort le matin, qui se lève tard. || *Asa-mesi,* s., repas du matin, déjeuner.

Asatte, adv., après-demain.

Aki, s., automne.

Akindo, s., marchand, négociant.

Ame, s., pluie. || *Naga —,* averse.

Ami, s., filet.

Asi, s., jambe, pied.

Asita, adv., ce matin; demain.

A'iru, s., canard.

An-don,* lampe.

An-sin,* cœur tranquille, calme, en paix.

节 SA

Sai-ku,* travaux délicats, fabrication.

Sabon, s., savon.

Sato, s., village.

Saru, s., singe.

Saru-onna, s., femme divorcée.

Saka, s., digue.

Sakana, s., poisson.

Saka-ya, s., cabaret, marchand de vin.

Sagasi,-sŭ,-sita, v., chercher.

Sa-tau,* s., sucre.

Sara, s., plat, assiette.

Sarada, s., salade.

Samui, adj., froid.

Samurai, personnage ayant droit de porter deux sabres.

Samusa, s., le froid.

Zau,* s., image, figure, portrait, statue.

Sau,* s., voile, particule numérale des navires.

Sau-sau,* adv., vite, rapidement.

Sakŭ-ban,* adv., hier soir.

Sakŭ-nen,* adv., l'année dernière.

Sakura, s., cerisier. || *— no mi,* cerise.

Sakŭ-zitŭ,* adv., hier.

Sa-yau,* adv., oui, bien, c'est bien cela.

Sama, s., monsieur, madame.

Sake, s., vin (de riz).

Sake,-ru, v., échapper, éluder, éviter.

Sakebi,-'bu, v., crier, hurler.

Sae, adv., même.

Sate-mo, int., ah!

Saki, s., cap, promontoire.

Saki,-ku,-ita, fleurir.

Saki,-ku,-ita, plier.

Saki, antérieur, le devant, le futur. || *— ni,* adv., devant.

Saye,-ru,-ta, v., être clair.

Samisen, s., guitare à trois cordes.

Sasi, s., pied (mesure linéaire).

Zasiki, s., appartement, salon, chambre.

Sasi-mono, s., boîte.

Sasi-mono-ya, s., menuisier.

Sase,-ru,-ta, v. caus., faire faire, causer.

*San**, n., trois.
*Zan-zi-ni**, adv., bientôt.

≠ KI

*Ki**, s., air, sentiment. ‖ — *wo tükeru*, prendre soin.
Ki,-ru,-ta, v., revêtir.
Ki, kuru,-ta, v., venir.
Ki, s., arbres, bois.
Kiri,-ru,-tta, v., couper.
Kinu, s., soie.
*Gyo-i**, votre pensée. ‖ — *ni-iru*, aimer.
*Gyo-sya**, s., cocher.
Ki-tai, rare, extraordinaire.
Kita'i,-'u, v., forger.
Kitari,-ru,-tta, v., venir.
Kitanai, adj., malpropre, sale.
Kire, s., pièce, morceau, fragment.
Kirei, adj., joli.
Kireisa, s., gentillesse.
Kit-to, adv., certainement, sans manquer.
Kirai,-u,-atta, v., détester, haïr.
*Kiu-ni**, vite, rapidement.
*Kiu-ri**, s., lieu de naissance.
*Kiu-kin**, gages, appointements.
Kinó, adv., hier.
Kyó (keó), adv., aujourd'hui.
*Kyau**, s., livres sacrés, ouvrages canoniques.
*Gyau**, s., ligne, rangée.
*Kyau-to**, s., la capitale.
Kyau-gau, s., audace, orgueil, fierté, exaltation.

*Kyau-dai**, s., frères.
Kiki,-ku,-ita, v., entendre, écouter.
Kime,-ru,-ta, v., gronder, faire des reproches.
Kime,-ru,-ta, v., établir, fixer, déterminer.
Kimi, s., seigneur, maître, maîtresse.
Kisi, s., banc, berge.
Kizi, s., faisan.
Kiye,-ru,-ta, v., s'éteindre, disparaître, finir, mourir.
Ki-mono, s., vêtement, habillement.
Kiseru, s., pipe.
*Gin**, s., argent.
*Kin-pen**, voisin, rapproché.
*Kin-ri**, s., le palais du mikado. ‖ — *sama*, l'Empereur.
Gin-mi, s., information, enquête, jugement.
Kin-zyo, s., lieu rapproché, voisinage.

ユ YU

Yui, yû, yûta, v., lier, attacher (en parlant des cheveux).
Yube, le soir, la nuit dernière.
Yuki, s., neige.
Yuki,-ku,-ita, v., aller.
Yumi, s., arc.
Yubi, s., doigt.

メ ME

*Mei** 名, nom (en composition).

*Mei** 命, s., vie, destinée.

Mei, nièce.

Me-kata, s., poids.

Me-gane, s., lunettes.

Medûrasii, adj., merveilleux, remarquable.

Mesi, s., riz cuit.

Me-sita, s., inférieur, personne
de basse condition.

Mesi-agari,-ru,-tta, v., manger
(style de courtoisie).

三 MI

Mi, s., le corps, la personne, l'individu.

Mi,-ru,-ta, v., voir.

Miti, s., route, voie.

Mikado, empereur.

Mitû, n., trois.

Midû, s., eau.

Mi-take,-ru,-ta, v., découvrir.

Mina, pr., tous, toutes.

Minato, s., port, ancrage.

Miya, s., temple du culte sin-
tauiste; palais.

*Myan**, prochain. ‖ *— nen**, adv.,
l'année prochaine, ‖ *go-niti**,
adv., après demain. ‖ *asa***,
adv., demain matin. ‖ *niti**, adv.,
demain.

Miyako, s., lieu où se trouve le
palais impérial, capitale.

Mi-age, s., souvenir rapporté de
voyage, cadeau.

Migi, s., la droite.

Mise, s., montre, boutique.

亠 SI

Si, sïtru, sita, v., faire.

*Zi**, s., caractère chinois.

Siro, s., forteresse, ville fortifiée.

Sirosa, s., blancheur.

Siba, s., gazon, herbe.

Siba-ï, s., théâtre.

Sibaraku, adv., un moment, en
peu de temps.

Siba-ya, s., théâtre.

Sini,-nuru,-nda, v., mourir.

Siri,-ru,-tta, v., savoir, connaître.

Sika, ne que.

Sika, s., cerf.

Sikari,-ru,-tta, v., corriger, gronder.

Sikasi, c., mais.

*Syoi***, adj., aisé, facile, commode.

*Syo-nin**, tout le monde.

Syô-nin, s., un témoin.

*Syo-kan**, s., lettre, billet.

*Syoku-nin**, s., artisan.

*Syoku-dai**, s., chandelier.

*Syo-motû**, s., livre.

*Syo-sei**, s., élève, étudiant.

Sita, le bas. ‖ *— ni*, adv., en bas.

Sitagari,-ru,-tta, v., désirer
faire.

*Si-takû**, s., préparatifs, ap-
prêts.

Sitate,-ru,-ta, v., faire, tailler,
préparer.

Si-tate-ya, s., tailleur.

Sidûka-ni, adv., doucement.

Sina, s., sorte, espèce, qualité.

Sina, s., la Chine.

*Ziu**. || Voy. *Tyu*.

*Zyŭ**, n., dix.

*Zyu-ban**, s., chemise.

*Zyu-rui**, s., les espèces animales, les animaux.

*Siu-siu**, s., tous les animaux, la foule des animaux.

*Siu-sin**, 終身, s., la fin de la vie, toute la durée de l'existence.

*Si-kwan**, s., officier, fonctionnaire.

Syaberi, s., babillard.

*Syau-nin**, s., marchand, négociant.

*Syau-syan**, adv., un peu, très peu.

*Syau-yô**, s., urine (litt. petit besoin) (*Seô-yô*).

*Syau-gun**, s., lieutenant impérial du Japon (ancien Empereur temporel des voyageurs).

Syau-zi,-zŭ,-zita, v., porter, produire.

Zyau-zŭ, adj., habile, adroit.

*Sya-sin**, s., portrait.

Sima, s., île.

Simai, s., la fin.

Simai, s., sœur.

Simai,-a'u,-atta, v., finir.

Si-ken, s., examen.

*Zi-bun**, pr., soi-même.

*Si-goto***, s., affaire, occupation.

*Zi-kô**, s., saison, climat.

*Si-awase***, s., fortune, bonheur.

*Zi-ki** 時機, s., le moment voulu, le temps propice, l'instant favorable, opportun.

Sikiri-ni, adv., constamment.

*Syŭt-tatŭ**, départ.

*Sisi**, s., lion.

*Si-sya**, s., ambassadeur.

*Zi-sin**, pr., soi-même.

*Zi-biki**, s., dictionnaire des signes idéographiques.

Simo-zimo, le bas peuple.

*Si-setŭ**, s., ambassade.

*Si-zen**, adv., de soi-même, spontanément.

*Sin-pon**, s., ouvrage nouveau.

*Sin-bun**, s., nouvelle. || — *si**, journal.

ヒ HI

Hi, s., soleil, jour. || Feu.

Hiroi, s., récolte.

Hiroi, adj., large.

Hiroge,-ru,-ta, v., élargir, étendre.

Hirosa, s., largeur.

Hi-bati, s., brasier.

Hito, s., homme, individu, personne. || — *ga kita*, quelqu'un est venu. || — *bito*, tout le monde, beaucoup de personnes.

Hitori, seul.

Hitotŭ, n., un.

Birŭ, s., bière.

*Hiru-go***, adv., après-midi.

Hikari, s., lumière, éclat.

*Hidari**, s., la gauche.

*Hyau**, sae, numérale.
*Byau-nin**, s., un malade.
*Byau-bu**, paravent.
*Byau-ki**, s., maladie.
*Hyau-seu**, flotte de guerre.
*Hyakŭ**, n., cent.
*Hyakŭ-syau**, s., paysan, agriculteur, campagnard.
Hima, s., loisir.
Hige, s., barbe.
Bifŭteki, s., bifteck.
*Hi-kyakŭ-sen**, s., la malle.
Hi-bi, adv., journellement.
Himo, s., corde.
Himo, s., faim.
*Bin-bau-nin**, s., pauvre.

モ MO

Mo, c., encore, aussi.
Moti,-tŭ,-tta, v., avoir, posséder.
Mori, s., bois, forêt.
Mottomo, adv., très, extrêmement.
Mora'i,-ru, v., recevoir.
Mono, s., chose, individu, personne. || Voy. la Grammaire.
Mono-morai, s., mendiant.
*Mokŭ-rokŭ**, table, index, sommaire.
Moke,-ru,-ta, v., gagner, acquérir, faire.
Mogi,-gu,-ida, v., arracher, ôter, enlever, cueillir.
*Mo-men***, s., coton.
Mosi, c., si.
*Mŏ-zi**, s., signe idéographique, lettre, caractère.

Momo-hiki, s., pantalon.

セ SE

*Sei**, 生 s., la vie.
*Sei**, 勢 s., force, vigueur.
*Sei**, 性 s., qualité naturelle.
*Sei**, 聲 s., son.
*Sei**, 清 adj., pur.
*Sei**, 姓 nom de famille.
*Sei-yau**, s., l'Europe, l'Occident.
*Sei-fu**, s., gouvernement.
Seto-mono, s., faïence.
Segare, s., mon fils (terme d'humilité).
*Setŭ**, 節 s., vertu, fidélité, patriotisme.
*Setŭ**, 節 s., intervalle de temps, saison.
Senaka, s., le dos.
Ses-syu, pr., moi. || Voy. la Grammaire.
*Seki-tan**, s., charbon de terre.
*Ze-hi**, adv., oui ou non; sans discussion, sans manquer.
*Sen**, mille.
*Sen-dô**, s., capitaine de navire.
*Sen-takŭ**, s., blanchissage.
*Sen-takŭ-ya***, s., blanchisserie, blanchisseur.
*Sen-sei**, s., maître (litt. *antea natus*).

入 SU

Su, s., vinaigre.

Su, s., nid.

Sui-fu *, s., navigateur.

Sui-satŭ *, supposition, conjecture.

Suri,-ru,-tta, v., imprimer.

Suwari,-ru,-tta, v., s'asseoir, s'établir.

Sŭdŭ, s., étain.

Sŭdŭsŭ, adj., frais.

Sŭdŭsisa, s., fraîcheur.

Sŭna, s., sable.

Sŭkunai, adj., rare.

Sŭma'i,-a'u,-atta, v., habiter, résider.

Sŭkosi, adv., un peu.

Sŭgosi,-sŭ,-sita, v., passer, vivre, surpasser, faire avec excès.

Sŭte,-ru,-ta, v., abandonner, rejeter.

Sŭte-oki,-ku,-ita, v., abandonner, lâcher, laisser aller.

Su-asi, pieds nus.

Sŭki,-ku,-ita, v., aimer.

Sŭgi, s., nom d'arbre (chryptomeria japonica).

Sŭgi,-ru,-ta, v., excéder, surpasser, dépasser.

Sŭgiwai, s., métier, occupation, moyen d'existence.

Sŭmi, s., encre.

Sŭmi, s., coin, angle.

Sŭmi, s., charbon de bois.

Sŭmi,-mu,-nda, v., habiter.

Sŭzŭri, s., pierre à broyer l'encre, encrier japonais. || — *bako*, s., boîte à écrire (renfermant les pinceaux, l'encre et la pierre à broyer).

Sŭsŭme, s., conseil, avis.

APPENDICE A LA SECONDE PARTIE

DES DIFFÉRENTES ÈRES

EMPLOYÉES DANS LES SUPPUTATIONS CHRONOLOGIQUES

DES JAPONAIS

Bien que les Japonais de nos jours aient à peu près complètement adopté le système en usage chez les Européens pour la notation du temps et des dates, les personnes qui veulent apprendre leur langue ne peuvent se dispenser d'avoir au moins des notions rudimentaires sur les procédés qu'ils employaient jadis dans leur chronologie. Il en sera donc dit quelques mots dans les différentes parties de cet ouvrage.

Parmi les ères spéciales de l'histoire du Japon, la première commence à l'an 660 avant Jésus-Christ, c'est-à-dire à l'avènement de *Zin-mu*[1], premier mikado et instituteur de la puissance impériale dans le Nippon. Elle doit donc être ainsi formulée : l'an 1 de Zin-mou = l'an 660 avant notre ère ; ou, ce qui revient au même, l'an 660 de Zin-mou = l'an 1 de notre ère. D'où par exemple : l'année de Zin-mou 2528 = l'année 2528 — 660 = 1868 de notre ère.

En un mot, il suffit d'ajouter 660 aux années de l'ère chrétienne pour les traduire en années de l'ère de Zin-mou, tandis qu'il faut au contraire soustraire ce nombre 660 de l'énoncé numérique des années japonaises de Zin-mou pour obtenir leur équivalent, suivant le mode de supputation employé parmi nous.

Les ères le plus habituellement usitées au Japon sont les ères impériales connues sous la dénomination de *nen-gau*. Voici ce qu'il faut entendre par cette expression. Les mikado ou souverains japonais, depuis le 37e, *Kô-tok Ten-wau* (645-654 de J.-C.), résolurent d'attacher, à l'instar des empereurs de la Chine, certaines épithètes aux années de leur règne, desquelles on pût se servir pour indiquer les dates. Ces épithètes ont ordinairement trait à l'une des améliorations que chaque souverain espère introduire dans les affaires de l'État, en montant sur le trône, ou dans les grandes phases de la durée de son règne. Ce sont, par exemple, des expressions telles que *Ten-an* « la Paix céleste », *Ten-tok* « la Vertu céleste », *Yei-tok* « la Vertu éternelle », etc. De telle sorte, on dira la première année (de l'ère impériale) de la Paix céleste pour 857 ; la troisième année (de l'ère) de la Vertu céleste pour 959 ; la deuxième année (de l'ère) de la Vertu éternelle, pour 1382 ; etc.

La troisième méthode d'indiquer les dates chez les Japonais, consiste à faire usage du Cycle sexagénal dont on se sert également dans l'Empire chinois, depuis la 61e année du règne de Hoang-ti (2637 ans av. J.-C.). Or donc : la première année du 1er cycle = l'an 2637 de notre ère ; d'où la première époque historique des annales japonaises, c'est-à-dire l'an 660 avant J.-C., se trouve incluse dans le XXXIIIe cycle sexagénal.

Le 76ᵉ cycle a commencé en l'an 1864 et finira en 1923.

Nous avons maintenant à expliquer comment est disposé le Cycle sexagénal usité par les Japonais. Le grand cycle de soixante, employé par la plupart des nations de l'Asie orientale, résulte de la combinaison de deux cycles secondaires, dont l'un nommé 十干 *zyu-kan*, se compose de dix termes représentés par les cinq Éléments rapportés chacun aux deux grands principes de la dualité primitive, comme l'entendent les Chinois, et l'autre, nommé 二十支 *ni-zyu si*, de douze termes désignés sous le nom collectif de branches terrestres. Ces derniers répondent à douze constellations du Zodiaque chinois et japonais.

Les caractères destinés à figurer chaque terme du cycle sexagénal sont identiquement les mêmes en Chine et au Japon, mais les noms qu'on leur affecte sont différents dans les deux pays. Voici la liste des noms japonais qui composent le cycle de dix, avec leur traduction française :

1. *Ki-no ye*, le bois (dans son état naturel);
2. *Ki-no to*, le bois (coupé et travaillé);
3. *Hi-no ye*, le feu (naturel, tel que celui du soleil, des volcans, etc.);
4. *Hi-no to*, le feu (factice, tel qu'il est obtenu par l'homme);
5. *Tuti-no ye*, la terre (non travaillée);
6. *Tuti-no to*, la terre (employée par l'homme, telle que dans la poterie);
7. *Ka-no ye*, le métal (à l'état naturel);
8. *Ka-no to*, le métal (travaillé, forgé);
9. *Midǔ-no ye*, l'eau (courante des fleuves);
10. *Midǔ-no to*, l'eau (stagnante, etc.).

Il nous reste à donner de la même manière les éléments du cycle duodénaire, avec leur valeur et leur correspondance dans les constellations de notre zodiaque :

ORDRE	NOMS JAPONAIS ET TRADUCTION	CORRESPONDANCE DANS NOTRE ZODIAQUE
1	*Ne*, la Souris,	♈ le Bélier.
2	*Usi*, le Bœuf,	♉ le Taureau.
3	*Tora*, le Tigre,	♊ les Gémeaux.
4	*U*, le Lièvre,	♋ le Cancer,
5	*Tatû*, le Dragon,	♌ le Lion.
6	*Mi*, le Serpent,	♍ la Vierge.
7	*Müma*, le Cheval,	♎ la Balance,
8	*Hitüzi*, la Chèvre,	♏ le Scorpion.
9	*Saru*, le Singe,	♐ le Sagitaire.
10	*Tori*, le Coq,	♑ le Capricorne.
11	*Inu*, le Chien,	♒ le Verseau,
12	*I*, le Sanglier,	♓ les Poissons.

La composition des deux petits cycles une fois connue, nous allons essayer de faire comprendre de quelle manière on a déduit le Grand Cycle de 60, lequel résulte de la combinaison de celui de 10 et de celui de 12.

Les 10 signes du premier cycle (celui des Cinq éléments dualisés) ont été disposés en une ligne continue, *six* fois consécutivement, ce qui a produit un ensemble de 60 signes. On a ensuite placé sous cette première rangée une autre ligne de caractères comprenant les 12 signes du second cycle (celui des animaux) répétés *cinq* fois successivement, de telle sorte que le premier caractère du cycle de 10 s'est trouvé superposé au premier du cycle de 12, et que deux rangées de 60 termes

chacune (l'une de 6 fois 10 signes $=60$; l'autre de 5 fois
12 signes $=60$), se sont trouvées également superposées.
Chaque caractère de la rangée supérieure (celle du cycle
de 10), joint à celui sur lequel il est superposé dans la
rangée inférieure (celle du cycle de 12), forme un composé de deux caractères, qui devient un des termes du
Grand Cycle sexagénal. Qu'il me suffise de remarquer
en outre que, par suite de cette disposition, le premier
cycle n'ayant que 10 termes, recommence son cours
avant que le second, qui en a 12, ait entièrement achevé
le sien; de telle sorte qu'il arrive naturellement que
chacun des 60 groupes, provenant de la combinaison des
deux cycles, produit un composé de deux signes qui ne
peut plus se reproduire d'une manière identique dans
aucun des 59 autres termes du Grand Cycle.

III

THÈMES FACILES

III

THÈMES FACILES

L'étude des *Thèmes* devra être entreprise par les commençants après celle des *Versions*. Chacun sait, en effet, que lorsqu'on veut apprendre une langue étrangère, on éprouve au début beaucoup moins de difficulté à traduire des phrases de cette langue étrangère dans celle qu'on a l'habitude de pratiquer, qu'à accomplir l'opération inverse.

A l'École spéciale des Langues Orientales, les exercices de Thèmes seront spécialement faits sous la direction du répétiteur indigène. Les élèves pourront tout d'abord écrire en lettres latines les phrases de ces exercices; mais ils devront le plus tôt possible les rendre en caractères japonais, c'est-à-dire successivement en signes *kata-kana* et en signes *hira-kana*. Enfin, dès qu'ils s'en sentiront capables, ils feront bien de noter en signes idéographiques chinois, le plus de mots possible dans leurs traductions.

Par exemple, la phrase suivante sera écrite par les élèves, au fur et à mesure de leurs progrès, de différentes façons, ainsi qu'il est indiqué ci-après :

« Puisque vous ne comprenez pas le français, je vous
parlerai japonais ».

1. — *Anata-va Fŭransŭ-go-ga wakaranu yuye-ni,
watakŭsi-va Ni-hon go-wo hanasi-masyau.*

1. — アナタハ フランスゴ゛ カ゛ワカラヌ ユヘニ ワタ クツハ ニホン ゴ゛ヲ ハナツ マツヤウ

2. — あふたハ ふらんす ご゛をわか らぬ ゆへ ゑは ふほん ご゛を はふゑ まゑやう

3. — 你ハ法語カ゛ 不分ユヘニ 私ハ日本 語ヲ談ツ マツヤウ

Les commençants, désireux d'écrire le japonais de
cette troisième façon, — la plus importante pour le succès de leurs études —, devront toutefois prendre préalablement lecture de la IV° section de ce volume (p. 193
et suiv.) et jeter un coup d'œil rapide sur la V° section
(p. 257 et suiv.).

PREMIÈRE PARTIE

I

J'ai[1]. — Avez-vous? — J'aime. — Aimez-vous? — J'appelle. — Je mange. — Mangez-vous? — J'habite. — Je pense. — Je désire. — J'écris. — J'achète. — J'aide. — J'amuse. — J'apporte. — Apportez-vous? — Je bats. — Je bois. — Je cache. — Je combats. — Je cours. — Je crains. — Craignez-vous? — Je dépense. — Je déteste. — Je devine. — Devinez-vous? — Je dis. — Je doute. — J'efface. — J'empêche. — J'entre. — Entrez-vous? — Je finis. — Je gagne. — J'interroge. — J'invite.

II

Tu laves. — Tu manges. — Manges-tu? — Tu mens. — Tu montes. — Tu nettoies. — Tu noircis. — Tu nourris. — Tu ordonnes. — Tu oublies. — Oublies-tu?

---

1. Les verbes compris dans ces thèmes devront être conjugués avec l'auxiliaire de la langue vulgaire *masi-masŭ*.

« Avoir » se rend en japonais par *moti-masŭ*, lorsqu'il exprime simplement l'idée de posséder. On le rend également par *gozai-masŭ*, litt. : « être », lorsque le verbe « avoir » peut se tourner par « être », ainsi que l'expliqueront les exemples suivants : *Nippon-no zi-biki-wo moti-masŭ ka?* litt. : « Japonicum dictionarium habes ne? » = *Hei, hitotŭ gozai-masŭ*; « Sane, unum habeo », litt. « Sane, unum est (mihi) ».

— Tu parles. — Tu partages. — Je paye. — Payes-tu?
— Je pense. — Penses-tu?— Tu perds. — Je prends —
Tu prends. — Je présente. — Il questionne. — Il récompense. — Il (se) réjouit. — Il rit. — Rit-il? — Il
sait. — Sait-elle? — Il sème. — Il tombe. — Il tousse.
— Tousse-t-il? — Elle trompe. — Il (se) trompe. — Il
tue. — Elle vend. — Vend-il? — Elle voit. — Voit-elle?
— Avez-vous la viande? — J'ai la viande. — Avez-vous
le sel? — J'ai le riz. — Avez-vous le thé? — J'ai le cheval. — Avez-vous l'œuf? — J'ai le fruit. — Avez-vous le
papier? — J'ai le pinceau. — Avez-vous l'habit? — J'ai
le chapeau. — Avez-vous le dictionnaire? — J'ai l'almanach. — Avez-vous le chien? — J'ai le chat. — J'ai le fer.
— Avez-vous l'or? — J'ai l'argent. — Avez-vous le bœuf?
— J'ai le mouton. — Avez-vous le fruit? — Avez-vous
le tabac? — J'ai la pipe. — Avez-vous la pendule? — J'ai
le chandelier. — Avez-vous l'allumette? — J'ai le charbon. — Avez-vous le lit? — J'ai le matelas. — Avez-vous
le coton? — J'ai la soie.

⁂

Le chien de l'homme. — Le cœur de la femme. — Le
chat de la maison. — La couleur de la soie. — La tête
du père. — La poitrine de la mère. — Le ventre de l'enfant. — Le pied du marchand. — L'huile du poisson. —
L'or du riche. — Avez-vous le cœur de la femme? —
J'ai le sel de la mer. — Le vin du domestique. — Le tabac du soldat. — Avez-vous le livre du savant? — J'ai
l'étoile de l'astronome. — Avez-vous l'argent de l'ambassadeur? — Oui, j'ai l'argent de l'ambassadeur. —
Avez-vous le dictionnaire de l'interprète? — Oui, j'ai le

dictionnaire de l'interprète. — Le bon chien. — La
montagne haute. — La jolie femme. — Le chat méchant.
— L'homme fort. — La petite maison. — La chose merveilleuse. — Le royaume japonais, — Le riche marchand. — La parole claire. — Le pauvre soldat. — Le
long pinceau. — Le mauvais médecin. — La soie blanche.
— La pierre noire. — La fleur rouge. — La blancheur du
papier. — La hauteur de l'arbre. — La longueur du chemin. — La force du tigre. — La méchanceté du marchand. — La noirceur du charbon. — L'animal est méchant. — La femme est jolie. — La montagne est haute.
— Le cœur est petit. — La gemme est merveilleuse. —
La paille est longue.

IV

Le médecin est plus grand que l'agriculteur. — Le
diamant est plus beau que le cristal de roche. — L'arbre
est plus haut que la maison. — Le coton est plus blanc
que la soie. — La femme est plus méchante que l'homme.
— L'impératrice est plus petite que l'enfant. — La cerise
est plus rouge que la fleur. — La natte est plus longue
que le lit. — Le frère est plus méchant que la sœur. — La
fille de l'empereur est plus belle que la plante de la vallée. — Le vautour est très méchant. — Le chien est très
noir. — Le riz du Japon est très bon. — Le pin de la
montagne est très haut. — L'encre du marchand chinois
est très noire. — Le papier du savant français est très
blanc. — Le vin du vieux voyageur est très fort. — Le cigare du Français est très long. — Le vin du marchand
français est plus rouge que le vin de l'agriculteur japonais.

V[1]

Un jour. — Deux jours. — Cinq jours. — Dix jours. — Une nuit. — Deux nuits. — Sept nuits. — Un homme. — Deux hommes. — Quatre hommes. — Huit hommes. — Un mois. — Trois mois. — Neuf mois. — Onze mois. — Une année. — Trois années. — Quatre années. — Une fois. — Deux fois. — Quatre fois. — Quinze fois. — Une femme. — Deux femmes. — Quatre femmes. — Un enfant. — Cinq enfants. — Un ours. — Deux bœufs. — Trois moutons. — Quatre chevaux. — Six veaux. — Cent vaches. — Cinq oiseaux. — Six vers à soie. — Sept poissons. — Un vaisseau. — Deux vaisseaux. — Trois vaisseaux. — Dix vaisseaux. — Une tasse de thé. — Deux tasses de vin. — Trois tasses de bière. — Dix tasses d'eau. — Une pièce d'étoffe — Trois pièces de soie. — Dix pièces de coton. — Un arbre. — Deux arbres. — Trois arbres. — Six arbres. — Dix arbres. — Cent arbres. — Un livre. — Deux livres. — Trois livres. — Six livres. — Dix livres. — Une parole. — Deux paroles. — Cinq paroles. — Un royaume. — Deux royaumes. — Trois royaumes. — Quatre royaumes. — Une feuille d'arbre. — Deux feuilles. — Trois feuilles. — Quatre

---

1. Les noms de nombre sinico-japonais subissent quelques modifications lorsqu'ils sont combinés avec certains substantifs empruntés à la langue chinoise, qui, par suite de leurs nombreux homophones, pourraient causer des erreurs à l'audition. On dira de la sorte : *yo-nin* « quatre hommes » et non pas *si-nin* qui voudrait dire « un homme mort » ; *yo-tabi* « quatre fois » et non pas *si-tabi*, qui signifierait « du fer qui décroît », etc. (Voy. la *Grammaire*). On devra s'attacher tout particulièrement à éviter les erreurs de ce genre que peut causer l'emploi contraire à l'usage des noms de nombres sinico-japonais.

feuilles. — Six feuilles. — Une livre (poids). — Deux livres. — Trois livres. — Six livres. — Dix livres. — Cent livres. — Un pied (mesure). — Deux pieds. — Trois pieds. — Quatre pieds. — Six pieds. — Dix pieds.

VI

Deux oiseaux[1]. — Quatre bœufs. — Cinq vaisseaux. — Six pins. — Huit grains de riz. — Neuf pinceaux. — Dix pinceaux. — Trois drogues. — Sept voitures. — Huit portes de maison. — Quatre portes de château. — Deux drapeaux. — Quatre couteaux. — Trois fleurs. — Cinq roses. — Huit sacs de riz. — Neuf boîtes de thé. — Quatre diamants. — Sept vieilles femmes. — Une jeune mère. — Six petites filles. — Trois soldats. — Quatre mains de papier. — Neuf vaisseaux. — Sept poules. — Trois coqs. — Quatre femmes. — Dix femmes. — Cinq servantes. — Dix-sept domestiques. — Quatre marchands. — Deux étudiants. — Sept savants.

VII

La deuxième maison. — Le cinquième arbre. — Le huitième marchand. — La cinquième natte. — Le onzième empereur. — Le septième rocher de la vallée. — Le neuvième livre de la bibliothèque. — Le douzième rasoir du barbier. — La première rivière du royaume. — La centième gemme du joaillier. — J'ai le troisième

---

1. On devra faire usage, dans cet exercice, des « déterminatifs spécifiques » dont l'emploi est expliqué dans la *Grammaire*, et qui jouent un rôle important dans la phraséologie japonaise.

poisson de la mer. — Avez-vous le sixième dragon de l'empereur? — J'ai le vingt-deuxième cheval du voyageur. — Avez-vous la trente-cinquième caisse de l'ambassadeur? — J'ai le dixième pinceau de l'interprète. — La moitié du pays. — Avez vous la moitié du papier? — J'ai la moitié du dictionnaire japonais. — Avez-vous les trois quarts[1] du royaume? — J'ai les deux tiers de la capitale. — Avez-vous les cinq sixièmes de la vallée? — J'ai les sept neuvièmes de l'île. — J'ai le double. — J'ai le triple.

<h2 style="text-align:center">VIII</h2>

J'ai le riz. — Tu as l'œuf. — Il a le tabac. — Elle a la fleur. — Nous avons le poisson. — Vous avez l'argent. — Ils ont le cheval. — J'ai le mouton. — Avez-vous le pinceau? — J'ai le dictionnaire. — A-t-elle le savon? — Elle a le miroir. — A-t-il le coq du marchand? — Il a la poule de l'agriculteur. — J'ai le chat du papetier. — Ont-ils le couteau? — Ils ont les rasoirs. — Elle a le sang du méchant tigre. — A-t-elle le grand dictionnaire de l'interprète? — Elle a la gemme rouge du joaillier. — Avez-vous le traversin épais du lit long? — J'ai les deux matelas du libraire. — Mon chapeau. — Votre pantalon. — Avez-vous ma chemise? — J'ai votre gant. — Avez-vous le faisan de l'île? — J'ai le singe de votre maison. — A-t-elle mon papier? — Elle a son pinceau. — La fille du charpentier a-t-elle ton couteau? — Le frère du serrurier a mon fer. — Le lion a-t-il la viande de mon lièvre? — Le vautour a la souris de votre chambre. — Avez-vous ce livre? — J'ai cette carte géographique. — Ces hommes

---

1. Pour la formation des nombres fractionnaires, voy. la *Grammaire*.

ont-ils mon habit de soie? — Ces femmes ont mon pantalon de coton. — Avez-vous la bière de ce marchand? — J'ai le mercure de ce médecin. — Ai-je l'œuf de cette poule? — Vous avez le fruit de ce paysan. — Ont-elles le fil fin de la belle impératrice? — Elles ont l'éventail du frère aîné de ce peintre. — Avez-vous la force du bœuf? — J'ai la longueur du serpent.

IX

J'ai le rasoir. — Tu bois le thé. — Il mange le riz. — Aimez-vous le poisson? — Je bats le chien. — Appelez-vous le cocher? — Je crains l'ours. — Tu dépenses ton argent. — Connaissez-vous la route de la capitale? — J'interroge le voyageur. — Tu noircis le papier de l'astronome. — Il oublie la science du savant. — Nettoyez-vous la chambre de votre frère aîné? — Elle nourrit les vers à soie de l'agriculteur. — Parlez-vous la langue du Japon? — Oui, je parle la langue des marchands japonais. — Je présente le livre au savant. — Prenez-vous l'œuf à la poule? — J'achète la soie au marchand. — Je tue le tigre du voyageur. — Vous mangez la cerise de l'agriculteur. — Elle vend l'habit de son père au barbier. — Je rembourse l'argent au marin. — Je montre la boutique à la mère de l'ambassadeur. — Avez-vous la fourchette du vieillard? — J'ai la cuiller du serrurier. — Je prends ce fruit dans le jardin de l'agriculteur japonais. — Quel livre montrez-vous à l'interprète de l'empereur? — Je montre la carte géographique à l'héritier présomptif du trône. — La montagne du Japon est plus haute que la montagne de la Chine. — Cette viande est très bonne. — Avez-vous le peigne de la femme? — J'ai le peigne de la fille du soldat.

X

Voyez-vous la pipe du marchand de tabac? — Je vois la couleur rouge du peintre. — Je viens de Yédo. — Je vais à Paris. — La pluie tombe du nuage. — Je vois l'étoile au ciel. — Le charpentier bâtit une maison de bois. — Apprenez-vous la langue japonaise? — J'apprends la langue japonaise avec votre dictionnaire. — Je noircis le papier avec de l'encre. — L'homme est venu avec le chien. — Il entre dans la maison de mon père avec son frère. — Le marchand mêle son vin avec de l'eau. — Le libraire imprime le livre avec de l'encre rouge. — L'empereur récompense le marchand avec de l'argent. — L'enfant s'amuse avec le singe. — Le soldat japonais mange la viande avec le riz. — Prenez-vous le lit de votre père avec le matelas? — Non, je prends le lit de mon frère avec le traversin. — Elle écrit une lettre au gouverneur avec de l'encre jaune. — Je coupe le bois du pin avec mon couteau. — Je fais une table de bois. — Le serrurier fait la boîte avec du fer. — L'astronome étudie le vent et la pluie avec le livre du savant.

XI

J'avais le rasoir du soldat. — Il avait le cœur de la femme. — J'aimais le thé japonais. — J'ai été deux fois au Japon. — Aujourd'hui, je vais à la maison de mon père. — Hier, j'ai été au jardin de ma mère. — J'ai combattu les soldats de l'empereur de Chine. — Hier, je mangeais le riz; aujourd'hui, je bois le thé. — J'ai fumé du tabac japonais. — Le tabac japonais est très bon. — Quel tabac aimez-vous? — J'aimais mieux le tabac français que le tabac japonais; maintenant j'aime mieux le tabac japonais. — J'ai couché dans le vaisseau du marin. — Je craignais le tigre et le vautour; maintenant, je crains le serpent. — J'ai lu le livre du savant français. — J'ai oublié la langue japonaise. — J'ai effacé le nom du médecin. — J'ai gagné l'argent du riche marchand. — J'ai habité deux années l'île du gouverneur. — Avez-vous interrogé l'astronome? — Il méprise les paroles du marchand de tabac. — Paie-t-il la bière du cocher? — J'ai perdu l'almanach de l'armurier. — Avez-vous semé les graines du mûrier? — J'ai planté les fleurs du voyageur dans le jardin de ma sœur cadette. — Voyez-vous la noirceur du nuage?

XII

J'irai demain à Nagasaki. — J'ai été hier à Miyako. — Prendrez-vous avec vous l'enfant de ma sœur? — Je tuerai demain les petits du porc. — La femme nettoiera tous les mois la chambre de votre maison. — Le papetier aura-t-il le bon papier français? — L'empereur achètera le grand diamant du voyageur. — Le vieillard fumera le tabac; l'enfant mangera l'abricot du jardin. — J'avais hier le cuivre de l'île; demain, j'aurai le plomb de la montagne. — L'impératrice récompensera la fille du médecin. — Le marin évitera les roches de la mer. — Le voyageur a oublié la route du long cap. — Le savant présentera le livre du domestique à l'ambassadeur. — J'ai toussé bien des fois hier. — Buvez le vin rouge du port. — Lisez le livre du savant. — Remboursez-moi mon argent. — Aimer le vin est mauvais. — Coucher dans le jardin est bon. — Vous mentez souvent (bien des fois). — Je punirai l'ennemi de l'empereur. — Elle rendra l'argent du médecin. — Envoyer des vaisseaux au port est bon. — Achetez la grande maison du petit maçon. — Sauvez l'enfant de votre méchant ennemi. — Mettez le bois à brûler dans le poêle. — Hier, j'ai mangé les huîtres de la mer, demain, je mangerai les petits poissons de la rivière. — Achetez-moi un bon dictionnaire japonais et un bon dictionnaire chinois.

XIII

Avez-vous la chaise de la maison? — Non, je n'ai pas le paravent de la chambre. — Aimez-vous le parfum de l'ail? — Non, je n'aime pas le goût de la carotte. — Teignez-vous les cheveux de votre sœur? — Oui, je noircis les dents de ma fille. — Parlez-vous la langue japonaise? — Je ne doute pas de vos paroles. — Imprimez-vous le livre du savant? — Non, je plante la fleur bleue du médecin. — N'avez-vous pas l'écorce du saule de la vallée? — Non, j'ai la graine du melon vert. — Hier, je n'avais pas l'argent du joaillier; aujourd'hui, j'ai l'étain du charpentier. — N'aviez-vous pas hier le portrait de la femme? — Non, j'aurai demain le sang de mon ennemi. — Mon père n'aura pas le chapeau du ministre. — Ma femme ne mangera pas le raisin de mon jardin. — Mon fils ne boira pas la bière de l'agriculteur. — Ne saluez pas cet homme. — Ne trompez pas l'armurier. — Ne tuez pas le petit ver de l'arbre. — Ne pas oublier la langue japonaise est bon. — Si j'avais le livre du savant, je lirais. — Si je voyais l'empereur, j'irais à Yédo. — Si je combats mon ennemi, je mourrai. — Si j'étudie la langue japonaise, j'aiderai l'interprète. — Si vous m'aimez, je vous aimerai. — S'il me questionne, je dirai la vérité. — Si cet homme vient, je partirai. — Si vous ne me montrez pas votre soie, je ne puis pas l'acheter. — Si vous n'entrez pas, je sors. — Qu'avez-vous? — Je n'ai rien. — Donnez-moi quelque chose. — Je ne vous donnerai rien. — Si vous habitez ma maison, je coucherai avec mon chien. — Qu'a-t-il dit? — Il n'a rien dit. — Quand vous irez à Yédo, venez dans ma boutique. — J'irai à Yédo, quand l'ambassadeur viendra me voir. — Si j'avais de l'argent, j'achèterais un diamant. — Si je savais la langue française, je vendrais mon dictionnaire. — Si vous n'aimez pas les plantes, moi je n'aime pas les animaux. — Si vous mentez, je ne vous aime plus.

XIV

Aujourd'hui, je sème du blé. — Hier, il plantait des légumes. — Demain, la femme du marchand achètera du soufre. — Avant-hier, l'empereur a ordonné la guerre. — Après-demain, venez dans la maison de mon frère. — Je n'irai jamais. — La sœur de votre barbier est toujours dans sa maison. — Vous êtes tous les jours dans mon jardin. — Maintenant, je partage mon riz. — Jadis, quand l'empereur est mort, j'ai tué mon chat. — J'ai lu entièrement votre livre. — J'apprendrai ultérieurement la langue chinoise. — Il faut souvent parler avec vos amis japonais. — Venez ici. — Allez là-bas. — Le marin est allé sur la montagne. — Le serrurier habite sous le rocher. — Le poisson vit dans la mer. — Sa maison est devant la boutique du libraire. — Il plante un bambou derrière le saule. — Au milieu de ma table, il y a un grand miroir. — Près du miroir, il y a un chandelier. — En dehors de ma maison, j'ai un petit jardin. — Demain soir, j'irai à Yokohama, et de là j'irai le matin suivant à Yédo. — Aimez-vous la bière? — Oui, je l'aime beaucoup. — Donnez-moi un peu de tabac. — Vous êtes très riche. — Je suis fort pauvre. — Le fer japonais est comme le fer français. — Le fer chinois est presque la même chose.

XV

Avez-vous assez de viande? — J'en ai trop. — Je n'ai pas assez de riz. — J'aime moins les pommes que les oranges. — J'aime encore mieux les pêches. — Mangez d'abord la viande, vous mangerez ensuite les légumes. — J'aime mieux manger la viande et les légumes ensemble. — Quand vous aurez bu votre vin, vous boirez une tasse de thé. — Ensuite, je fumerai peut-être un peu de tabac. — Battez doucement votre enfant. — Le diamant réjouit bien la femme. — Allez vite à Tô-kyau, et revenez ici de bonne heure. — Ce maçon a mal fait cette maison. — Cela est vraiment merveilleux. — Venez exactement à neuf heures chez mon frère. — Quand vous coucherez-vous? — Je me couche tard. — Il mange le riz de bonne heure. — J'aime à dire la vérité aux hommes. — Allons ensemble dans ma chambre. — Quel habit avez-vous? — De qui avez-vous les gants? — Je n'ai les gants de personne. — Qui est venu hier dans ma maison? — Personne n'est venu hier dans votre maison. — A qui donnerez-vous ce livre? — A qui montrerai-je ma tortue? — Combien cette pendule? — C'est

trop cher. — Au contraire, c'est trop bon marché. —
Pourquoi oubliez-vous les mots japonais? — Parce que
j'ai une mauvaise tête. — Où semez-vous les graines de
melon? — Je les sème dans mon jardin ou dans celui
du peintre. — Où irez-vous ce soir? — J'irai au théâtre
avec mon père, ma mère et ma sœur. — Où demeurez-
vous? — Voici mon nom et mon adresse; mais je ne suis
jamais à la maison.

XVI

Le chien est sur la montagne. — Au bas du long cap,
l'agriculteur a planté des mûriers. — J'étudie suivant
mon idée. — L'homme a tué le vautour, puis la femme
a tué le canard. — La femme a aussi tué le pigeon. —
Avez-vous la poire ou l'abricot? — Je n'ai ni la prune, ni
l'orange. — Je viens ici pour voir votre cheval. — Quoique vous ayez tué mon chat, je vous donnerai un oignon. — Quoique le marchand ait vendu beaucoup de
soie, il n'a pas gagné d'argent. — Puisque vous ne
comprenez pas le français, je parlerai japonais. — Alors
je vous comprendrai aisément. — Il vient ici parce
que son père l'a battu. — Certes, il a bien mérité cela.
— Il ne dort pas à cause de vous. — En plus, il ne
mange pas; mais il boit du matin au soir beaucoup
d'eau. — C'est pourquoi votre ami est si faible. — Hélas!
je n'avais pas deviné cela.

SECONDE PARTIE

XVII

J'aime la belle soie du Japon. — Ai-je le sabre du vieux soldat? — Vous avez le cigare du voyageur français. — Avez-vous le vin du marchand de Tô-kyau? — Il enseigne l'astronomie à ses enfants. — A-t-il lu la lettre de votre père? — Je n'ai pas vu le cheval de l'empereur. — N'ai-je pas répondu à votre lettre? — Vous n'avez pas coupé le bois de l'arbre avec votre sabre. — N'avez-vous pas tué le chat de votre sœur aînée avec votre pistolet? — Il n'a pas compris les paroles de l'ambassadeur. — N'a-t-il pas habité la capitale de la Chine? — Je me tue parce que ma femme l'a ordonné. — Je vous bats parce que vous m'avez dit un mensonge. — Vous le payez, bien qu'il vous ait vendu du mauvais riz. — Nous nous aimons mutuellement. — Nous sommes bons, eux sont méchants. — Nous étudions les livres japonais, eux se promènent. — Vous travaillez du matin au soir, elles dorment le jour et la nuit. — Elles nettoient votre habit et vous le noircissez. — Ils ne me donnent rien, et moi je leur donne de la nourriture. — Aiment-elles le vent ou la pluie? — Elles n'aiment pas le mauvais temps. — Il n'aime que soi. — Je me trompe souvent, mais je ne dis de mensonge à personne. — Il se punit, parce qu'il n'a pas dit la vérité. — Elle se lave les mains dans l'eau de la rivière. — Nous nous écrivons de longues lettres tous les mois. — Ces soldats se lancent-ils des flèches ? — Ces femmes doutent-elles de nos paroles ? — Elles ne doutent pas de nos paroles parce qu'elles nous aiment ?

XVIII

Mon chien. — Ton diamant. — Son miroir. — L'enfant a mon bon tabac. — Le serpent a ton petit oiseau. — Le serrurier a son mauvais charbon de terre. — Le barbier a-t-il le vieux rasoir de mon médecin ? — Il ne l'a pas. — A-t-il son pantalon blanc ? — Il l'a. — A-t-il son papier blanc ? — Il ne l'a pas. — Avez-vous le fruit de la forêt ou celui de mon jardin ? — Je n'ai ni celui de votre jardin ni celui de la forêt. — Aimez-vous le vin français ? — J'aime mieux le vin français que celui du Japon. — Avez-vous mon peigne ? — J'ai le mien et le vôtre. — Avez-vous le sien ? — Je n'ai pas le sien, mais j'ai celui de votre sœur cadette. — Avez-vous les sabres des soldats ? — Non, je n'ai pas leurs sabres, mais j'ai leurs lances et celles des ennemis. — Mangez-vous cette viande-ci ou bien celle-là ? — Je ne mange ni celle-ci, ni celle-là. — Apportez-moi ceci, mais ne m'apportez pas cela. — Prenez-vous ceci ou bien cela ? — Je déteste également ceci et cela. — Ce château-ci est plus grand que celui-là. — Votre éventail est plus joli que le mien et il est plus grand que celui de votre mère. — La neige est blanche mais la soie de ma femme est encore plus blanche. — Le serpent a mangé l'oiseau de la forêt et celui de la montagne.

XIX

L'homme qui est venu. — La viande que j'ai mangée. — La parole qui a été dite. — Le dragon que je crains. — La maison que j'habite. — Le savant que vous interrogez. — Le singe que nourrit la fille de votre ami. — La soie que vend le marchand. — La pluie qui tombe. — Le sucre que donne le voyageur. — La soie que vous avez achetée. — La science que néglige le marin. — La maison que nettoie la femme. — Les flèches que le sauvage a perdues. — La méchanceté des ennemis que les soldats méprisent. — L'endroit d'où il vient. — La montagne que j'ai vue. — La lettre que j'ai écrite. — Il a pris beaucoup de fruits qui étaient dans le jardin. — Le fils du marchand que tu as tué était extrêmement riche. — Ce que je sais. — Ce que fait le charpentier. — Il a dit beaucoup de choses — Toutes les choses qu'il a dites. — Le vaisseau qui se rend à Nagasaki. — J'ai appris que les soldats sont autour de Tó-kyau et dans les montagnes. — Le premier qui fut roi fut un fort chasseur. — Qui est cet homme? — C'est le gouverneur du Yamato. — L'amitié est un cœur qui habite deux corps. — L'interprète qui parle la langue japonaise ne comprend pas les paysans de la province de Satsouma. — L'affaire dont vous me parlez est celle que mon père vous a expliquée. — Le sabre que vous avez est celui de l'empereur. — Il n'y a ici que nous deux qui comprenions la langue japonaise — N'êtes-vous pas l'interprètre qui a traduit le dictionnaire du savant Chinois? — Non, mais je suis l'astronome qui a deviné la pensée des ennemis.

XX

Je n'ai que du riz. — Le libraire n'a que cinq livres.
— Ma femme n'a que cinq filles et trois garçons. —
J'ignore ce à quoi il pense. — Savez-vous à quoi il travaille? — C'est à quoi je perds mon argent. — Voilà de
quoi s'amuser tous les soirs. — Prenez un peu de ce
plat-ci? — Merci, je n'ai pas faim. — Qu'avez-vous ce
matin? — Je n'ai rien, mais je crains que vous ne soyez
souffrant. — Et moi je crains que vous ne soyez en colère. — Comprenez-vous ce qu'il écrit? — Il n'y a rien
que je ne comprenne. — En vérité, vous êtes un grand savant. — Tous les jours j'étudie pendant sept heures. —
Il a de quoi acheter un palais. — La lettre dont vous
avez perdu l'enveloppe. — La femme que vous avez vue
hier. — Le pinceau avec lequel vous écrivez. — Le
cheval que vous voyez. — Le tigre que vous avez tué.
— La poule que vous avez mangée. — Le miroir que
vous avez caché. — L'enfant que vous avez battu. — Le
domestique que vous avez appelé. — Le soufre que le
marchand a acheté. — La montagne sur laquelle nous
habitons. — Le voyageur que j'interroge. — Où allez-
vous? — Je vais chez moi. — Où est votre maison? —
Elle est dans le milieu de la forêt. — Le palais d'où je
sors est celui de l'empereur. — Il a acheté des graines
au marchand de Sen-daï, et il les sème dans son jardin.
— J'ai donné du sucre à mon chat, qui le cache sous la
table. — Cette femme a vu hier son ami, mais elle n'a pas
osé lui parler. — Je ne suis contente de personne; je ne
le suis pas même de moi. — Prenez ce miroir et portez-
le dans la chambre de ma fille. — Vous êtes très méchant; mais moi, je ne le suis pas. — Pensez-vous à

moi? — J'y pense. — Travaillez-vous à mon jardin? — J'y travaille.

XXI

On aime la guerre. — On dépense beaucoup d'argent à Miyako. — On ne vous comprend pas. — On mange plus de riz au Japon qu'en France. — Quelqu'un est venu pour vous voir. — Qui est venu pour me voir? — Votre père et votre mère sont venus; l'un et l'autre étaient très fatigués. — Quelqu'un sait-il la langue anglaise? — Personne ne la sait. — Quiconque tuera un oiseau dans mon jardin sera battu. — Chacun aime à s'amuser. — Personne n'aime à tousser. — Qui a vu le faucon de la montagne? — Personne ne l'a vu. — On dit que les agriculteurs ont perdu leurs vers à soie. — On dit qu'on a vu un lion dans la forêt. — Quelqu'un a dit que l'enfant de l'ambassadeur avait trouvé un diamant noir. — Chacun parle ici le japonais. — Quelqu'un parle-t-il le chinois? — Personne ne parle ni le chinois, ni le français. — Tous les hommes n'aiment pas le vin. — Les uns aiment la bière, les autres aiment le thé. — Ces enfants se détestent l'un l'autre; aussi personne ne les aime. — Un tel devine toutes vos pensées. — Une telle dépense tout l'argent de son mari. — Tel qu'un tigre, ce soldat effraie le peuple des campagnes. — Chaque ambassadeur a deux sabres et un chapeau. — Chaque femme a un miroir et un éventail. — Avec un dictionnaire japonais quelconque, je pourrai traduire votre lettre. — Donnez-moi un fruit quelconque et mangez les autres.

XXII

Avez-vous un dictionnaire français ou un dictionnaire anglais? — Je n'en ai aucun. — Qui est venu hier dans la maison de votre père? — Nul n'y est venu, ni hier, ni aujourd'hui. — Avez-vous le livre de mon médecin? — Je n'ai pas le même livre. — Quel homme avez-vous vu chez le savant? — J'ai vu le même homme que j'avais vu deux fois chez vous. — Les Japonais et les Chinois n'ont pas les mêmes talents, mais ils étudient de même les livres de Confucius. — A qui avez-vous donné le sabre du soldat? — Je l'ai donné à vous-même. — Vous ne l'avez pas donné à moi-même, mais à mon domestique. — Aimez-vous mieux le tabac du charpentier ou celui du papetier? — C'est la même chose pour moi. — Aimez tous les hommes, même les méchants. — Les anciens bouddhistes ne tuaient point les animaux, pas même les insectes. — Avez-vous un bon rasoir? — J'en ai plusieurs, mais ils sont tous mauvais. — Beaucoup de Japonais aiment l'étude et tous désirent apprendre les langues étrangères. — Avez-vous mangé tout le riz? — Je n'ai pas mangé le riz, mais vos chats l'ont mangé. — Tout Japonais aime son pays. — J'avais beaucoup de vin, ma femme l'a tout bu. — Je donnerai ma fille à tout autre qu'à vous. — Je ne mangerai pas de viande, mais je mangerai tout autre chose. — Le riz est tout aussi nourrissant que le pain. — Cet homme m'effraie; il est toujours en colère.

XXIII

Avez-vous quelque chose? — J'ai quelques fleurs. — Quelques hommes sont venus dans la maison du paysan et ils ont tué sa femme. — Il n'aime pas l'étude. — C'est quelque chose de très mauvais. — Quelque haute que soit la montagne de votre pays, j'en ai vu de plus élevées dans le mien. — L'empereur désire un astronome tel que vous. — Je dormirai dans les bois ou dans quelque lieu que ce soit. — Donnez-moi quoi que ce soit, je serai content. — Quoique vous soyez fort, vous n'ouvrirez pas cette porte. — J'ouvrirai une porte quelconque avec mon grand sabre. — Le courage est une grande vertu, mais la bonté du cœur est encore meilleure. — Rien n'est tel que l'étude pour un homme quelconque. — J'aime mieux quoi que ce soit que la guerre. — Aidez-moi à faire quelque chose d'utile. — Donnez-moi une fleur quelconque de votre jardin. — Je n'en donnerai à qui que ce soit. — J'ai un beau chapeau. — Tu as une petite table. — Il a un méchant enfant. — Elle a une jolie figure. — Nous avons la même pensée. — Vous avez tous des sabres. — Ils ont un arc quelconque et des flèches. — J'avais un petit chien; je l'ai perdu dans la forêt. — Tu avais un dictionnaire japonais, tu l'as vendu. — Il avait mon bon cheval, il l'a tué. — J'aurai de l'argent quand j'irai à Yoko-hama. — Vous aurez un bel habit quand vous verrez l'empereur. — Elles auront des fleurs sur la tête, quand l'impératrice viendra dans ce pays. — Si j'avais de l'argent, j'achéterais du plomb. — Avoir de la patience est très utile quand on étudie une langue étrangère. — Le fils du médecin, ayant perdu ses pinceaux, s'amuse avec le chien du paysan. — Je suis pauvre. — Tu es riche. — Il est fort. — Elle est aimable. — Vous étiez malade. — Ils étaient neuf dans la maison du libraire. — Je serai demain matin à Miyako. — Vous serez ce soir chez votre frère aîné. — Dans un

mois, ils seront dans leur pays. — Soyez doux pour tout
le monde. — Être savant est difficile. — J'ai vu un
homme qui, étant soldat, n'a jamais tué personne.

XXIV

Demain j'irai voir le marchand de Kobé. — Allez chez
votre frère. — Il est allé faire des emplettes. — Allons
nous promener dans la forêt. — Où est allée votre sœur
cadette? — Elle est allée voir les musiciens de l'empereur. — Je vais dîner à la campagne. — Envoyez-moi
votre dictionnaire japonais. — Donnez-moi le rasoir de
votre père. — Je vous donne du papier, de l'encre et
des pinceaux. — L'ambassadeur a donné le sabre au fils
du médecin. — Il m'a donné des leçons de français. —
Si vous me donnez des conseils, j'apprendrai vite l'astronomie. — Apportez-moi des porcelaines de Nagasaki.
— Portez cet habit chez mon tailleur. — Il porte tous
les jours le même chapeau. — Emportez ce poisson, il a
mauvaise odeur. — Donnez à votre femme les fleurs que
j'ai apportées de mon jardin. — Je les lui ai données.
— L'empereur a donné des canons aux soldats. — J'em-
porte avec moi vos souliers et votre pantalon. — Apportez ici l'éventail de ma femme et celui de votre fille.
— Elles ont emporté leurs miroirs dans la boutique du
marchand. — Où avez-vous mis le charbon de terre? — Je
l'ai mis dans le poêle. — Mettez le drapeau japonais sur
votre maison. — Apportez-moi une chaise et une table
dans ma chambre. — Mettez ma chemise et mon manteau
dans la boîte et portez-la chez l'ambassadeur. — Je l'ai
déjà portée chez l'ambassadeur, mais j'y ai mis seulement votre manteau.

XXV

Avez-vous mon beau diamant? — Non, je ne l'ai pas. — Je n'aime pas le vin, mais j'aime la bière. — Je n'irai pas à Kauyto, mais j'irai à Nagasaki. — Avez-vous mangé le riz du marchand? — Je ne l'ai pas mangé. — Habitez-vous dans le village? — Non, je n'y habite pas. — Battez-vous votre fille? — Non, je ne la bats pas. — Je confondais votre pinceau et le mien. — Craignez-vous le tigre? — Je ne crains pas les animaux, mais je crains les hommes. — Me détestez-vous? — Je ne vous déteste pas. — Je n'effacerai point ce que j'ai écrit. — La promenade me fatiguait; maintenant elle ne me fatigue plus. — Avez-vous fini? — Je n'ai pas fini. — Qu'avez-vous? — Je n'ai rien. — Qui interrogez-vous? — Je n'interroge personne. — Que mangez-vous? — Je ne mange rien; je bois du vin japonais. — N'oubliez pas mes paroles. — Ne venez pas demain chez moi. — Ne mentez point. — Si je ne vous punis point, vous me tuerez. — Comme je n'ai pas d'argent, je ne puis acheter votre livre. — Comme j'ignore qui il est, je ne puis vous dire son nom. — Quoique je n'aie pas de dictionnaire, je comprendrai votre lettre. — Ne viendrez-vous pas me voir ce soir? — Je ne viendrai pas vous voir, ni ce soir ni demain soir. — Pourquoi rit-il? — Il ne rit pas. — Ne riez jamais quand un homme bat une femme. — Que voyez-vous? — Je ne vois rien.

XXVI

Il faut que je sorte. — Où allez-vous? — J'ai besoin d'aller voir l'ambassadeur. — Je dois écrire demain à

mon libraire, que voulez-vous lui dire? — Je voudrais
lui demander des livres japonais et des pinceaux chinois. — Avez-vous besoin de pinceaux aujourd'hui? —
Aujourd'hui je n'ai besoin de rien, mais demain, il faut
que j'écrive au Japon. — Voulez-vous ce fruit ou cette
fleur? — Je n'ai besoin ni de l'un ni de l'autre; mais ma
femme voudrait avoir le fruit. — Voulez-vous m'écrire
votre nom et votre adresse sur ce papier? — J'ai besoin
de sortir pour acheter de la soie. — Voulez-vous que je
sorte avec vous? — Merci, j'ai besoin de sortir seul. —
Avez-vous besoin de quelque chose? — Je n'ai besoin
de rien, mais je dois étudier ma leçon. — Faut-il que
j'achète un almanach? — Comme vous voudrez. — Voulez-vous venir me voir demain? — Je ne le puis pas. —
Pouvez-vous lire les caractères japonais? — Je puis les
lire, mais je ne sais pas bien les écrire. — Il faut copier
beaucoup de livres japonais, et ensuite vous pourrez
écrire tout ce que vous voudrez. — Il faudrait manger
avant de monter sur la montagne. — Il faut apprendre
à lire l'écriture Kata-kana, quand on veut commencer
l'étude du japonais.

XXVII

J'aime à vous entendre parler. — J'appelle mon fils
pour aller avec vous à la rivière. — J'ai mangé tout ce
que j'avais. — J'habite huit mois la ville et quatre mois
la campagne. — Il habite dans le palais de l'empereur.
— Je pense à vous. — A quoi pensez-vous? — Je pense
qu'il faut que j'étudie ma leçon. — Elle ne pense à rien.
— Je désire vous voir demain et après-demain. — J'écris
tous les jours des lettres au savant de Ka-go-sima. —

J'achète autant de livres japonais que je puis. — Qu'avez-vous acheté? — J'ai acheté toutes sortes de choses. — Je m'amuse avec mes enfants. — Je lis l'histoire du Japon pour m'amuser. — Rien ne m'amuse quand vous n'êtes pas avec moi. — Je vous apporte tous les livres japonais que j'ai pu acheter en voyageant. — Approuvez-vous mon idée? — Je l'approuve complètement, mais ma femme ne l'approuve pas du tout. — Avouez la vérité. — Je ne puis pas avouer ce que je ne sais pas. — Je bats mon fils parce qu'il est méchant. — Il ne faut jamais battre les enfants. — Je blâme la guerre. — Buvez-vous beaucoup de thé quand il fait très chaud? — Je ne bois jamais de vin, mais je bois souvent de la bière. — J'ai caché mon sabre dans votre boîte. — Où avez-vous caché mon pinceau et mon encre? — Je ne les ai cachés nulle part. — Cessez de parler français, car je ne vous comprends pas. — Je cesserai puisque vous le désirez, mais je crains de mal parler le japonais. — L'ami de votre frère a changé deux fois d'habit aujourd'hui.

XXVIII

Je combats les ennemis de mon pays. — Pourquoi combattez-vous les insurgés? — Parce que l'empereur me l'a commandé. — Que vous a commandé l'ambassadeur? — Je ne le sais, car je confonds ses paroles avec celles de l'empereur. — Où couchez-vous ce soir? — Je couche sous un grand arbre dans la montagne. — Courez au palais de l'impératrice, car il y a des voleurs. — Je crains les voleurs, parce qu'ils sont plus forts que moi. — Pourquoi les craignez-vous, puisque vous avez

un sabre et deux pistolets? — J'ai dépensé tout mon
argent. — Pour qui avez-vous dépensé tout votre argent? — Pour un homme que je déteste. — Pourquoi
détestez-vous cet homme? — Ne le devinez-vous pas?—
Je ne devine pas aisément votre idée. — J'ai différé de
venir vous voir, parce que ma femme était malade. —
Alors ne différez pas de retourner près d'elle. — Que
dites-vous? — Je dis que vous ne m'aimez pas. —
Pourquoi doutez-vous de mon amitié? — J'en doute,
parce que vous ne me dites jamais la vérité. — Effacez
tout ce que vous avez écrit. — Je l'ai déjà effacé. — Le
sage est toujours au-dessus des autres hommes. — Entrez! — Je ne puis entrer, puisque vous avez fermé la
porte. — Alors, entrez par la fenêtre. — J'éviterai d'entrer par ce côté, car je crains de tomber. — Excusez-moi
donc, car je suis obligé de vous laisser dehors. — Si
vous ne m'ouvrez pas votre porte, je me fâcherai. — Je
me fatigue pour vous ouvrir, mais je ne le puis. — Fi-
nissez donc de parler ainsi. — Je finirai de suite, si
vous le désirez, mais vous ne gagnerez pas mon argent.
— Il grave une carte de géographie sur du bois de poi-
rier. — Où habitez-vous en ce moment? — J'habite dans
la maison du joaillier. — Ignorez-vous mon adresse?—
J'ignore ce que votre père vous a dit. — Le savant imprime un livre avec des lettres de bois. — Indiquez-
moi la route pour aller à la capitale? — Je ne le puis;
mais interrogez le barbier, il vous l'indiquera. — Je ne
veux pas l'interroger, parce qu'il invente toujours des
mensonges. — Invitez-le à boire quelques tasses de vin
avec vous, et ensuite il vous dira certainement la vérité.
— Il y a un homme qui se tient dans le coin de cette
chambre.

XXIX

Le soldat a lancé une flèche au vautour, mais il n'a pu le tuer. — Que lavez-vous dans la rivière? — Je lave les chemises de ma femme. — A quelle heure vous levez-vous? — Je me lève très tard, quand je n'ai rien à faire. — Quand j'ai à étudier ma leçon, je me lève le matin de très bonne heure. — Il faut lier les bambous ensemble, et les mettre dans le vaisseau. — Ne louez pas les hommes méchants. — Je ne loue que les hommes qui le méritent. — Vous mentez, car vous méprisez toutes les femmes et vous les louez constamment. — Où montez-vous? — Je monte sur la montagne pour manger du riz avec mes amis. — Ne mangez pas quand vous n'avez pas faim. — Je ne mange jamais quand je n'ai pas faim, mais je bois quelquefois quand je n'ai pas soif. — Montre-moi ton éventail? — Si on multiplie trente-sept par vingt-deux, combien cela fait-il? — Donnez-moi un abaque et je vous le dirai. — Cela fait huit cent quatorze. — C'est très bien. — Si vous négligez de regarder la boussole, vous perdrez votre route. — Ne négligez pas de regarder aussi le baromètre pour savoir quel temps il fera demain, mais le thermomètre montre qu'il fait moins chaud que vous croyez. — Nettoie tes lunettes, et regarde de nouveau le thermomètre, tu ne nieras plus qu'il fait très chaud.

XXX

Il faut noircir mon papier avec de l'encre. — Comment se nomme-t-il? — Je ne sais pas comment il se nomme. — Nourrissez-vous des vers à soie? — Non, mais je nourris un singe et une tortue. — L'empereur ordonne aux soldats de rester près des canons. — Restez encore un moment avec moi. — Combien vous reste-t-il d'argent? — Il me reste encore la moitié de ce que j'avais. — J'ai oublié beaucoup de mots japonais. — Il ne faut pas oublier sa leçon. — Oubliez-moi, car je vais en Europe. — Parlez-vous japonais? — Je le parle un peu, mais je ne le comprends pas quand on parle vite. — Eh bien! je vous parlerai doucement. — Mon fils partage ses gâteaux avec ses amis. — Voulez-vous partager votre tabac avec moi? — Je partagerai mon tabac avec vous, si vous voulez également partager votre argent avec nous. — Je ne le puis, car il faut que je paie mon marchand de vin. — Pensez-vous au fabricant de panier? — Non, mais je pense quelquefois au fabricant de porcelaine. — J'ai perdu ma montre sur le vaisseau. — Cet homme a perdu sa réputation. — Je prends sa fille avec moi. — Prenez plutôt son fils, car il est malade. — Je présente un livre d'astronomie au ministre. — Que me proposez-vous? — Je vous propose d'aller à la promenade. — Je ne le puis, parce que mon frère aîné a été puni par mon père et que je veux rester ici avec lui.

XXXI

Un bon professeur doit questionner souvent ses élèves. — Questionnez-moi en langue japonaise. — La courtisane m'a raconté tout ce que lui avait dit son amant. — L'empereur a récompensé le pêcheur. — Le prêtre regrette de n'avoir pas eu le bambou. — La danseuse se réjouit d'entendre les musiciens. — L'orfèvre m'a remboursé mon argent, mais il ne m'a pas rendu ma montre. — Rendez-moi le diamant que je vous ai donné. — Elle ne rend rien de ce qu'on lui donne. — Il rit du matin au soir. — Pourquoi riez-vous? — Je ris parce que votre femme a sali la voile du vaisseau avec de l'huile. — Le peuple a salué l'héritier présomptif. — Le pêcheur a sauvé votre enfant. — Sauvez-vous vite. — Savez-vous ce qu'il dit? — Il dit qu'il a secouru le voyageur qui était tombé dans la mer. — Savez-vous semer la graine d'oignons? — A quoi sert ce soufre? — Il sert à fabriquer de la poudre. — Suspendez votre arc au mât du vaisseau. — Le marchand de Yoko-hama teint la soie de toutes les couleurs. — Dites-lui de teindre en bleu mon habit de coton. — La courtisane du village tourmente toujours son amant. — C'est pour cela qu'il tousse toute la journée. — Alors donnez-lui du sucre pour l'empêcher de tousser. — Vous vous trompez, le sucre le fera tousser davantage. — Le paysan a tué un faucon et deux perdrix, et il les a vendus au voyageur. —Quand les a-t-il vendus? — Il les a vendus lorsque vous m'avez versé à boire du vin japonais dans votre boutique. — Votre beau chien vit-il encore?—Il y a plus de six mois qu'il ne vit plus. — Vit-on longtemps dans les petites îles du Japon? — Que voyez-vous? — Je vois beaucoup de nuages au-dessus de la vallée. — Faites-moi voir le cachet que vous a donné l'empereur? — Je ne puis vous le faire voir, le peintre me l'a volé.

VOCABULAIRE

FRANÇAIS-JAPONAIS

des mots renfermés dans les Thèmes

A

Abaque, s. m., *soroban*.

Abeille, s. f., *hati*.

Abord (d'), adv., *mae-ni, saki-ni*.

Abricot, s. m., *anzŭ*.

A cause de, *yŭye-ni, yotte*.

Acclamer, v. a., *homeru, koyewo agete homeru*.

Accompagner, v. a., *is-syo-ni yuku, tŭreru*. || Veuillez m' —, *watakŭsiwo o tŭre nasai-masi*. || Le gouverneur est — par trois soldats, *bu-gyau-va san nin no hei-sotŭwo tŭre-masŭ* (à l'actif, on ne peut pas dire *tŭrare-masŭ*).

Acheter, v. a., *ka'u*. || — bon marché, *yasŭku ka'u*.

Adresse, s. f., *tokoro-gaki*.

Affaire, s. f., *koto, si-goto*.

Afin que, *tame-ni, yŭye-ni*.

Agneau, s. m., *ko men-yau* (litt. « petit mouton »).

Agriculteur, s. m., *hyakŭ-syau**.

Aider, v. a., *tasŭku*.

Ail, s. f., *nin-niku*.

Aimable, adj., *airasŭ*.

Aimer, v. a., *konomu, sŭku, aï-sŭru*.

Ainsi, c., *ka-yau-ni*.

Aisément, adv., *tayasŭku, yokŭ, yasasiu*.

Aller, v. n., *ikŭ* (pour *yukŭ*), *yukŭ, mairu*.

Allumette, s. f., *matti, haya-tŭke-gi*.

Almanach, s. m., *ko-yomi*.

Alors, adv., *sono toki* (à ce moment); — *sa-yau-naraba* (s'il en est ainsi).

Amant, s. m., amante, s. f., *koihito*.

Ambassadeur, s. m., *si-setŭ, si-sya* (chinois 使).

Ami, s. m., *tomo-dati, hŏ-yŭ**.

Amuser (s'), v. pr., *nagusamu*. = v. a., — un enfant, *kodomowo nagusameru*.

Ane, s., m., *ro-ba*, usagi-mŭma*.

Animal, s. m., *kedamono*.

Année, s. f., *tosi, nen**.

Appeler, v. a., *yobu*. || Comment vous appelez-vous? *Anata-no o-na-wa nan-to ossyai-masŭ ka?*

Apporter, v. a., *motte-kuru*.

Apprendre, v. a., *manabu*. || — une leçon, *nik-k'a-wo manabu*, || — des nouvelles, *otodŭre-wo siru*. || — à ses dépens, *gakŭ-mon-ni naru*.

Après, adv., *noti*.

Après-demain, adv., *myau-go-niti*.

Approuver, v. a., *yosi-to-sŭ*. || — un traité, *dyŏ-yakŭ-wo yosi to sŭ*.

Arbre, s. m., *ki*.

Arc, s. m., *yŭmi*.

Argent (métal), s. m., *gin* (monnaie), *kane*. || (Petite monnaie), *zeni*.

Armurier, s. m., *bu-gu-ya**, *bu-gu-si**.

Assez, adv., *zyŭ-bun*. || — de riz, *zyŭ-bun-no kome*.

Astronome, s. m., *ten-mon-sya*.

Astronomie, s., *ten-mon-gakŭ*.

Attendre, v. a., *matŭ*. || Il s'attend à partir, *syŭt-tatŭ-wo matŭ*.

Aucun, pr., *dare-mo*, avec un verbe négatif.

Aujourd'hui, adv., *kon-niti*.

Aussi, c., *mo, narabini*. || J'en ai —, *watakasi-mo motte masŭ*. || Il est — grand que moi, *kare-wa ano hito-to onazi kurai ohoki*.

Automne, s. m., *aki*.

Autre, pr., *hoka, betŭ**.

Avant, adv., *mae*.

Avant-hier, adv., *is-sakŭ-zitŭ*.

Avoir, v. a., *motŭ*.

Avouer, v. a., (volontairement), *sange-sŭru*; (de force), *hakŭ-zyau sŭru*.

B

Balai, s. m., *hŏ-ki**.

Bambou, s. m., *take*.

Barbe, s. f., *hige*.

Barbier, s. m., (coiffeur), *kami-yui*.

Baromètre, s. m., *sei-u-kei**.

Bas, *sita*. || Au —, *sita-ni*. || Parler —, *sidŭka-ni hanasŭ*. || Du haut en — de l'arbre, *ki-no sita-kara uye-ni*. || Regarder quelqu'un de haut en —, *ana-dori-miru*.

Bâtir, v. a., *tateru*.

Bâtonnets (pour prendre les aliments), s., *hasi*.

Battre, v. a., *utŭ*.

Beau, adj., *utŭkusii*.

Beaucoup, adv., *takŭ-san**, *oho-kŭ, yoppodo; sikiri-ni* (constamment).

Besoin, s. m., *iri-yŏ*. || Il est dans le —, *bim-bŏ de gozai-masŭ*. || Je n'ai pas — de dire cela, *wa-takŭsi-wa sore-wo i'u-ni-wa oyoba-nai*.

Bibliothèque, s. f., *bun-ko**.

Bien, adv., *yokŭ*. || Il faut faire le —, *yoki koto-wo seneba naranŭ*.

|| Ce n'est pas —, *sore-wa yokŭ-nai.* || Bien que, Voy. Quoique.

Bière, s. f., *Birŭ, mugi-sake.*

Blâmer, v. a., *togameru.* || — la guerre, *ikusa-wo yokŭ-nai to omŏ.* || — les actions du soldat, *hei-sotŭ-no okonai-wo togameru.*

Blanc, adj., *siroi.*

Blancheur, s., *sirosa.*

Blé (orge), s. m., *mugi.*

Bleu, adj., *asa-gi, sora-iro.*

Bœuf, s. m., *usi;* — viande de bœuf, *usi-no nikŭ.*

Boire, v. a., *nomu.*

Boîte, s. f., *kako.* || — à thé, *tya-bako.*

Bois, s. m., *ki.* || Une planche de —, *ita.*

Bois à brûler, s. m., *maki, taki-gi.*

Bon, adj., *yoi.*

Bonté, s. f., *sin-setŭ*, *zin** (humanité). || De grâce, ayez la — de m'expliquer le sens de ce mot, *nani-tozo, watakŭsi-ni kono kotoba-no imi-wo tŏki-akasite kudasai-masi.*

Bord, s. m., *waki.* || Le — d'un fleuve, *kawa-no kisi.* || Sur le — de la table, *tŭkuye-no waki-ni.*

Bouche, s. f., *kuti.*

Bouddha, s. m., *Hotoke, Butŭ.*

Bouddhiste, s. m., *Butŭ-kyau-sin-zya.*

Boussole, s. f., *zi-syakŭ**.

Bout de (au), *owari-ni, uti-ni.* || —d'une année, *iti nen-no noti-ni.*

Bouteille, s. f., *tokuri,* || — de vin japonais, *saka-dokuri* (prononcez : *saka-dokkuri*).

Boutique, s. f., *mise.*

Bras, s. f., *ude.*

C

Cacher, v. a., *kakŭsu.* || v. pr., se —, *kakŭreru.* || Cette fille se cache de son père, *kono musŭme-wa oya-di-ni kakŭre-masŭ.*

Cachet, s. m., *in-gyau**, *han**.

Caisse, s. f., *hako.*

Campagne, s. f., *inaka.* || Maison de —, *bes-sau**.

Canard, s. m., *a'iru.*

Canon, s. m., *isibiya* (pour envoyer des pierres); *oho-dŭtŭ.*

Cap., s. m., *saki.*

Capitale, s. f., *miyako, kyau-to**.

Caractère (de l'écriture), s. m., *kana* (japonais); *zi** (chinois 字). || — (d'une personne), *sei-sitŭ.* || Mauvais —, *warui sei-sitŭ.*

Carotte, s. f., *nin-zin**.

Carpe, s. f., *koi.*

Carte géographique, s. f., *ye-dŭ, ti-dŭ.*

Cause, s. f., *yŭye.* || A —, *yŭye-ni.*

Ce, cet, cette, pr., *kono, sono, ano.* || Ce à quoi, ceci, cela, pr., *kore, sore, are.*

Cela, *sore-wa.*

Cent, n., *hyakŭ**.

Cerise, s. f., *sakura-no mi.*

Certes, certainement, *tasika-ni*.

Cesser, v. a., *yameru*. || — de parler, *hanasi-wo yameru*. || — de vivre, *sinuru*.

Chair, s. f., *niku* (viande).

Chaise, tabouret, s. f., *isü, kyokü-rokü**, *kosi-kake*.

Chambre, s. f., *ke-ya*. || — à coucher, *ne-ma*.

Champ, s. m., *hata*. || — de bataille, *sen-dyau**. || — de mûriers, *küwa-bata*.

Chandelier, s. m., *syokü-dai**.

Changer, v. a., *kayeru*. || — de l'argent, *kane-wo kayeru*. || — de mine, *iro-wo kayeru*. || — de route, *mi-tiwo kayeru*. || — d'opinion, *kan-gai-wo kayeru*. || — de maison, *iye-wo kayeru*.

Chanson, s. f., *uta*.

Chapeau, s. m., *bau-si**.

Charbon de bois, s. m., *sümi*.

Charbon de terre, s. m., *seki-tan**.

Charmé (être), v. p., *mitoreru*. || Charmer un serpent, *ebi-wo narasü*. || Les femmes sont charmées de me voir, *onna-wa wataküsi-ni mitorete ori-masü*.

Charpentier, s. m., *dai-ku*.

Chat, s. m., *neko*. || Chatte, *me-neko*.

Chemin, s. m., *miti*.

Chemise, s. f., *syü-ban**.

Cher, adj., (coûteux), *takaï*.

Cheval, s. m., *müma* || monter à —, *müma-ni noru*.

Cheveu, s. m., *ke, kami-no ke*.

Chèvre, s. f., *hitüzi*.

Chez, pp., *uti-ni*.

Chien, s. m., *inu*. || Chienne, *me-inu*.

Chine, s. f., *Sina, Kara, Moro-kosi*.

Chose, s. f., *koto, mono* (voy. Affaire). || Ce n'est pas grand' —, *ohokina koto de-va naï*. || J'ai bien des — à vous dire, *wataküsi-va anata-ni iro-iro mausi-agetai koto-ga gozai-masü*.

Ciel, s. m., *ten** — *sora* (firmament); *ten-ki** (l'air, la température).

Cigare, s. m., *maki-tabako*.

Cinq, n., *go**, *itütü*.

Clair, adj., *kira*. || Une chambre —, *akarui ke-ya*. || Vos paroles ne sont pas —, *anata-no kanasi-va wakaranaï* (je ne vous comprends pas).

Cocher, s. m., *gyo-sya**.

Cœur, s. m., *kokoro*. || Mal de —, *sin-no zau-no byau-ki*.

Coin, s. m., *sümi*.

Colère, s. f., *ikari*. || Être en —, *ikaru*.

Combattre, v. a., *tataka'u, kassen-süru*.

Combien, adv. || Voy. la Grammaire.

Commander, v. a., *ii-tükeru, sa-sidü-wo süru*.

Comme, *tôri-ni, gotokü, yau-ni*.

Comprendre, v. a., *wakaru*.

Connaître (quelqu'un), v. a., *siru*. || — (quelque chose), *kokoro-*

yeru. || — un délit, zai-ka-wo
sagasü. || — de vue, mi-siru.

Conseil, s. m., süsüme. || Bon —,
yoki süsüme.

Construire, v. a., tateru. || Faire
—, tükaraseru.

Content (être), yorokobu. || Con-
tenter quelqu'un, hito-wo yoro-
kobasü.

Contraire (au), adv., atira kotira.

Copier, v. a., utüsü.

Coq, s. m., on-dori.

Coton, s. m., mo-men.

Coucher (se), v. pr., neru (se
mettre au lit); coucher un enfant, kodomo-wo nekasü.

Coucou, s. m., hototo-gisü.

Couleur, s. f., iro.

Couper, v. a., kiru. || — court à
une conversation, hanasi-wo
kaeru (passer à un autre sujet).

Courant, s. m., nagare-kawa. ||
Au haut du —, kawa kami-ni.
|| Dans le — du jour, hi-no uti-
ni.

Courir, v. n., hasiru.

Courtisane, s. f., zyo-rau* (prononcez : djo-rau).

Couteau, s. m., ko-gatana.

Craindre, v. a., osoreru. || Je
crains de vous ennuyer, wataküsi-wa anata-ga tai-kutü darô
to omoi-masü.

Cristal de roche, s. m., sui-syau.

Cuiller, s. f., zasi.

Cuirasse, s. f., mune-ate, yoroi
(couvrant le corps).

Cuivre, s. m., aka-gane.

D

Damas, s. m. (étoffe de soie),
donsü.

Dans, adv., ni, naka-ni, uti-ni.

Danseur, s. m., odori-si.

Danseuse, s. f., odori-ko.

Davantage, adv., yo-kei, ri-yeki. ||
Donnez-m'en —, yo-kei-ni kudasai.

Dehors, adv., soto-ni.

Demain, adv., myau-niti*.

Demi, han*. || Une demie, han-
ban*. || Une heure et demie, iti-
zi-han.

Demeurer, v. n., süma'u.

Dent, s. f. m., ha.

Dépenser, v. a., tüiyasü. || —
ses forces, tikara-wo tükusü.

Derrière, adv., usiro-ni.

Désaltérer, v. a., kawaki-wo to-
meru.

Désirer, v. a., nega'u, hossü,
taku-omó.

Dessus, adv., kami-ni.

Détester, v. a., nikümu, kira'u.

Deux, n. d. n., ni*, fütatü.

Devant, adv., mae-ni.

Devenir, v. a., okosü, naru. || —
grand, sei-tyau süru. || Je ne
sais pas ce qu'il devient,
wataküsi-wa ano hito-wa dô-
naru ka siri-masenü.

Deviner, v. a., atete-miru. || — à
l'aide des auspices, urana'u.

Dévouer, v. pr., être dévoué au
souverain, tiugi-wo tükusü; —

à ses parents, *kô-kô-wo tûkusû*; en général, *sin-zitûwo tûkusû*.

Diamant, s. m., *kon-gau-seki*.

Dictionnaire, s. m., *zi-biki**, *zi-syo***.

Différer, *tiga'u*.

Dire, v. a., *hanasû, danziru, i'u, mausû*. || Je ne sais que —, *watakusi-wa nanto itte yoi-ka siri-masenû*. || A vrai —, *makoto-ni* (en vérité).

Distribuer, v. a., *hodokosû*.

Dix, n. d. n., *zyû**, *towo*.

Doigt, s. m., *yûbi*. || A deux — de la mort, *sinuru magi-wa*.

Domestique, s. m., *ke-rai**.

Donner, v. a., *yaru, atayeru, kureru, ageru, kudazaru*. || Un décret donné cette année, *ko-tosi-no go-sata*.

Dormir, v. n., *nemuru*. || Endormir, *nemurasû*.

Dos, s. m., *senaka*.

Double, *futa-ye, futa-tôri, ni-bai**.

Doublure, *ura*.

Doucement, adv., *sotto, sidûka-ni*.

Douter, v. q., *utaga'u*.

Doux, adj., *yawaraka*.

Dragon, s. m., *tatû, riu**.

Drapeau, s. m., *hata*.

Drogue, s. m., *kusûri*.

E

Eau, s. f., *midû*.

Ecorce, s. f., *kawa*.

Ecrire, v. a., *kaku*.

Ecriture, s. f., *kaki-mono, kaki-tûke*.

Effacer, v. a., *kesû*.

Effrayer, v. a., *osoreru*.

Egalement, adv., *mo*.

Eh bien! *son naraba*.

Elégance, s. f., *bi-rei**.

Elève, s. m., *de-si, syau-sei**.

Elle, pr. f., *ano onna*.

Empêcher, v. a., *fusegu, samata-geru*.

Empereur, s. m., *mikado, ten-si**.

Empire, s. m., *ten-ka**.

Emplettes, s. f., *kai-mono*.

En, pr., *sore-wo*.

Encore, adv., *mada, nawo, mo*.

Encre, s. f., *sûmi*.

Enfant, s. m., *ko-domo*.

Ennemi, s. m., *teki*.

Enseigner, v. a., *osiyeru*.

Ensemble, adv., *tomo-ni, is-syo-ni*.

Ensuite, adv., *sore-kara*.

Entendre, v. a., *kiku*.

Entièrement, adv., *mattaku*.

Entrer, v. n., *iru, hairu, agaru*.

Enveloppe de lettre, *syo-kan bukuro*.

Envoyer, v. a., *yaru, tûkawasû*. || — à la recherche de quelqu'un, *aru hito-wo sagasi-ni yaru*. || — acheter de la soie, *kinu-wo kai-ni yaru*.

Epais, adj., *atûi, sigei, futoi*.

Epaisseur, s. f., *atûsa*.

Epaule, s. m., *kata*.

Epoque, s. m., *toki*.

Estomac, s. m., *i-bukuro*.

Et, c., *to*, *mata* (en plus, en outre).

Etain, s. m., *sūdū*.

Eté, s. m., *natū*.

Etoile, s. f., *hosi* || Vous êtes
ma bonne —, *anata-wa watakūsi-no fukū-no kami-de gozai-
masū* (loc. pop.).

Etranger, s. m., *gai-kokū-zin**.

Être, v. s., *aru*, *gozaru*; (demeurer), *oru*.

Etroit, adj., *semai*. || Il a un es-
prit —, *semai ryo-ken-wo moti-
masū*.

Etude, s. f., *manabi*, *ket-ko**.

Etudier, v. a., *manabu*, *nara*u*.

Eventail, s. m., *ōgi*.

Eviter, v. a., *sakeru*. || J'évite de
parler français, *watakūsi-wa
fūransū go de hanasū-koto-wo
sake-masū*.

Exactement, adv., *tyau-do**, *kitto*.

Excuser, v. a., *yurusū*. || Excu-
sez-moi, *go-men kudasai*.

Expliquer, v. a., *ge-sūru*.

Extrèmement, adv., *hanahada*,
si-gokū, *iti-ban* (au plus haut
degré).

Eux, pr. m., *ano hito-tati*.

Etudiant, *syo-sei*.

F

Fabricant de paniers, *zaruwo
kosirayeru hito*.

Fabricant de porcelaine, *seto-
mono-si*.

Fabriquer, *tūkuru*, *kosirayeru*.

Fâcher (se), v. pr., *ikara*. || Est-
il fâché? *kare-wa okotte ori-
masū-ka?*

Faible, adj., *yowai*.

Faim, s. f., *himo-zi* (affamé). ||
J'ai —, *watakūsi-wa hi-mo-zyū
gozai-masū*.

Faire, v. a., *tūkuru*, *kosirayeru*,
sūru, *itasū*. || — une maison,
iye-wo tatū.

Faisan, s. m., *kizi*.

Falloir, v. irr., se rend à l'aide du
mot *ze-hi* (oui ou non) et un double négatif (Voy. la Grammaire).

Falsifier, *mazeru* (mélanger).

Fatiguer, v. a., *tūkasarū*. || Être
fatigué, *tūkareru*. || — quel-
qu'un, *hito-wo tūkarasū*.

Faucon, s. m., *taka*.

Flèche, s. f., *ya*.

Femme, s. f., *onna*, *nyo-bo*. || —
épouse, *tūma*. || Une dame, *okū-
sama*.

Fenêtre, s. f., *syau-zi**, *mado*. ||
Jeter par la —, *mado-kara
nageru*.

Fer, s. m., *tetū**.

Fermer, v. a., *simeru*, *tateru*,
todiru. || — les issues, *de-guti-
wo fusagu*.

Feuille d'arbre, s. f., *ha*, *ki-no ha*.

Fil, s. m., *ito*. || Le — du dis-
cours, *hanasi-no tūdūki*.

Fille, s. f., *musūme*. || — de joie,
dyo-rau.

Fils, s. m., *musū-ko*.

Fin, adj., *hosoi*, *komaka*. || Pluie
fine, *komaka ame*.

Finir, v. a., *owaru, sima'u*.|| Il
faut en —, avec l'ennemi, *teki-
wo minagorosi-ni seneba na-
ranu* (exterminer).

Fleur, s. f., *hána*.|| Cette jeune
fille est la — de son village,
*kono musùme-wa sono mura-no
hána da*, ou *hána de gozai-
masù*.

Fois, s. f., *tabi*. — Une fois, *hito
tabi*.

Foule, s. f., *tai-zei*, oho-zei*.||
Les marchands viennent en —,
*akindo-wa oho-zei de mairi-
masù*.

Force, s. f., *tùyosa, tikara*.

Forêt, s. f., *mori*.

Fort, adj., *tùyoi*.|| Ce n'est pas
—, *medùrasii mono de gozai-
masenù*.

Fort, adv., *hanahada* (extrêmement).

Fortement, adv., *tùyokù*.

Fou, s. m., *bakà, sire-mono*.

Fourchette (bâtonnets), *nikùsasi,
hoko*.

France, s. f., *Fùransù-no kuni*.

Frère aîné, s. m., *ani*.

Frère cadet, s. m., *otôto*.

Frères, s. m., *kyau-dai* (litt.
« frère aîné et frère cadet »;
chinois 兄弟).

Fruit, s. m., *kudamono*.|| Étudier
sans —, *mu-yeki-ni manabu*.

Fumer le tabac, v. a., *tabako-wo
nomu*.

Fusil, s. m., *tep-pau*.

G

Gagner, v. a., *mokeru*.|| J'ai ga-
gné une partie, *watakùsi-wa
hito syô-bu kati-masita*.|| J'ai
gagné beaucoup d'argent, *watakùsi-wa takù-san kane-wo
môke-masita*.

Gant, s. m., *te-bukuro*.

Gâteau, s. m., *moti*.

Gemme, s. f., *tama*.

Gloire, s. f., *kô-myau**.

Goût (homme de), s. m., *adiwai-
no aru hito*.

Gouverneur, s. m., *bu-gyau**.

Grain, s. m., *tùbu*.

Graine, s. f., *tane*.

Grand, adj., *ohoki*.

Grandeur, s. f., *ohokisa*.

Graver, v. a., *horu*.|| Se — dans
la mémoire, *oboyete-iru*.

Guerre, s. f., *ikùsa*.

H

Habit, s. m., *ki-mono*.

Habiter, v. a., *oru, sùma'u*.|| Il
habite cette maison, *kono iye-
ni sùmai-masù*.

Haricots, s. m., *in-gin mame* (prononcez *in-gèn mame*).

Haut, adj., *takai*.|| Il me regarde
du — de sa grandeur, *ano
hito-wa watakùsi-wo sita-ni mi-
masù*. || Au — du courant,
kawa-kami-ni.

Hauteur, s. f., *takasa*.

Hélas! int., *sate*.

Héritier présomptif du trône, s. m., *tai-si**.

Heure, s. f., *toki*, *zi** (chinois 時). || De bonne —, *hayakŭ*.

Hier, adv., *sakŭ-zitŭ**.

Histoire, s. f., *reki-si**, *monoga-tari*.

Hiver, s. m., *fuyu*.

Homme, s. m., *hito*, *otoko*.

Huile, s. f., *abŭra*.

Huit, n., *hati*. || 8 fois 8 font 64, *hap-pa rokŭ-zyŭ-si**.

Huître, s. f., *kaki*.

Humble, adj., *ken-son-na*. || Dans mon — opinion, *watakŭsi-no tŭtanai ryô-ken-ni*.

I

Ici, adv., *koko-ni*.

Idée, s. f., *omoi*, *kan-gai*. || Une mauvaise —, *warui kan-gai*. || Un homme sans —, *ryô-ken-no nai hito?* || Quelle — avez-vous? *dŭ i'u ryô-ken-wo o-moti nazaru ka?*

Ignorer, v. a., *siranu* (ne pas savoir); —*wakaranu* (ne pas comprendre).

Ile, s. f., *sima*.

Impératrice, s. f., *kisaki*.

Imprimer, v. a., *han-ni okosŭ*, *han-ni sŭru*, *sŭru*.

Indiquer, v. a., *miserŭ*, *siraseru*, *yŭbi-sasŭ*. || Indiquez-moi la route, *miti-wo osiyete kudasai*.

Insurgé, s. m., *mu-hon nin*.

Intérieur, s. m., *uti*.

Interprète, s. m., *tŭ-zi**.

Interroger, v. a., *tô*, *tadŭneru*.

Inventer, v. a., *takumŭ*, *kufu-sŭru*. || Il a inventé une nouvelle étoffe, *ano hito-wa atarasii kire-wo kufu-si-masita*.

Inviter, v. a., *yobu*, *syau-dai sŭru*. || Être invité, *yobareru*. || Il m'a invité à dîner chez lui, *watakŭsi-wo kare-no uti-ni syokŭ-zi-ni yobi masita*.

J

Jadis, adv., *inisiye*.

Jamais, adv., *kessite*.

Jambe, s. f., *asi*.

Japon, s. m., *Nip-pon*, *Nip-pon-kokŭ*, *Yamato-no kuni*.

Japonais, s. m., *Nip-pon-no hito*.

Jardin, s. m., *sono*, *niwa*.

Jaune, s. m., *ki-iro*.

Jeter, v. a., *nageru*. || — par la fenêtre, *mado-kara nageru*.

Jeune, adj., *wakai*; enfant, *osa-nai*, *itokenai*.

Joaillier, s. m., *kazari-ya*, *tama-ya*, *tama-zai-kŭ-ya*, *tama-zai-kŭ-si*.

Joli, adj., *kirei*, *utŭkusii*.

Jour, s. m., *hi*, *niti*. || Un certain —, *aru hi*. || Bon —, *kon-niti-wa*. || Tous les —, *niti-niti*. || Chaque — *mai-niti*. || Le point du —, *yo-wake*.

Jusque, adv., *made*.

L

Là, adv., *soko*. || De —, *soko-kara*.

Laine, s. f., *ke-ori*.

Lampe (espèce de veilleuse économique), s. f., *andon* || — européenne, *rampŭ*.

Lance, s. f., *yari*.

Lancer, *nageru*. || — une flèche, *ya-wo iru*. || — une pierre, *isi-wo nageru* (jeter).

Langue, s. f. || Voy. Langage.

Langage, s. m., *kotoba, go**.

Large, adj., *hiroi*. || Prendre le — (en mer), *umi-ni deru*.

Laver, v. a., *ara'u*. || C'est une faute dont il n'a pas pu se —, *sore-wa nawosŭ koto-no dekinai ayamati da*.

Leçon, s. f., *nik-k'a**.

Légume, s. m., *awo-mono, yasai*.

Lettre (billet), *te-gami*.

Leur, pr., *ano hito-tati-no*.

Libraire, s. m., *hon-ya*.

Lier, v. a., *maku*. || Il est lié d'amitié avec moi, *kare-wa watakŭsi-to hanahada nengoro de gozai-masŭ*.

Lieu, s. m., *tokoro*. || — d'aisance, *setŭ-in* (sets'in), ben-zyo**.

Lièvre, s. m., *usagi*.

Lion, s. m., *sisi*.

Lire, v. a., *yomu*.

Lit, s. m., *ne-doko*.

Livre, s. m., *syo-motŭ*, hon**.

Livre, s. f., *kin**.

Long, adj., *nagai*.

Longueur, s. f., *nagasa*.

Longtemps, adv., *hisasiku**.

Louer (faire l'éloge), v. a., *homeru*. || — le courage, *yŭ-ki-wo homeru*.

Loup, s. m., *oho-kami*.

Lui, pr., *ano hito*.

Lune, s. f., *tŭki, getŭ**.

Lunettes, s. f., *me-gane*.

M

Maçon, s. m., *isi-ya*. || — Voy. Charpentier.

Main, s. f., *te*.

Main de papier (une), s. f., *iti dyau-no kami*.

Maintenant, adv., *ima, tada-ima*.

Mais, conj., *sikasi, tada, tadasi*.

Maison, s. f., *uti, iye*.

Mal, s. m., *warŭ*.

Mal, s. m., *warui-koto, byau-ki** (maladie). || J'ai — à la tête, *watakŭsi-wa dŭ-tu-ga itasimasŭ*.

Malade, adj., *fu-k'ai*, byau-ki**.

Maladie, s. f., *byau-ki*, yamai*. || Symptômes d'une —, *byau-syau**.

Malheureux, adj., *fu-sai-wai*.

Manger, v. a., *taberu, kŭ, kura'u, syokŭ-sŭru*.

Manteau, s. m., *uwagi*.

Marchand, s. m., *akindo, syau-nin**.

Marchand de vin, s. m., *saka-ya*.

Marin, s. m., *sen-dŏ*, sui-fu**.

Mât (de vaisseau), s. m., *haba-sira*.

Matelas, s. m., *futon*.

Matériel de guerre, s. m., *ba-ki**, *bu-gu**.

Matin, s. m., *asa*.

Mauvais, adj. || Voy. Méchant.

Méchant, adj., *warui*.

Méchanceté, s. f., *warusa*.

Médecin, s. m., *i-sya**, *i-si**.

Meilleur, adj., ... *yori yoi*. || Voy. la *Grammaire*.

Melon, s. m., *ma-kuwa-uri*.

Mêler, v. a., *maseru*.

Même, pr., *si-sin**; moi-même, *watakūsi zi-sin**; le même (semblable), *onazi-koto*; même (encore), *mo*.

Mémoire, s. f., *oboye*.

Mensonge, s. m., *uso, itūwari*.

Mentir, v. n., *uso-wo tūku, uso-wo i'u, itūwaru*.

Mépriser, v. a., *iyasimeru, ana-doru*.

Mer, s. f., *umi*. || La pleine —, *oki*.

Merci, *ari-gatau*.

Mercure, s. m., *midū-kane*.

Mère, s. f., *haha*. || Grand' —, *so-bo**.

Merveilleuse, adj., *medūrasii*.

Mesure, s. f., *mono-sasi*.

Métal, s. m., *kane*.

Mettre, v. a., *oku, ateru*. || — en garde, *aku*. || — de l'attention, *nen-wo ireru*. || — une personne dans l'embarras, *hito-wo ko-mara-seru*. || Ne mettez pas le nez dans mes affaires, *anata-no deru maku de-va nai*. || Je me suis mis dans mon tort, *watakūsi-no sita-koto-wa muri da*. || Je mets ce livre à sa place, *watakūsi-wa kare-no kawari-ni kono hon-wo oki-masū*.

Meubles, s. m., *kazai*.

Microscope, s. m., *kem-bi-kyau**.

Miel, s. m., *mitū*.

Mieux, adv., *nawo yokū*. || Encore —, *mottomo*.

Milieu, s. m., *naka*.

Mille, n., *sen*.

Mince, adj., *hosoi*.

Mine (apparence, aspect), s. f., *kao*.

Ministre, s. m., *dai-zin, minis-torū*.

Miroir, s. m., *kagami*.

Moi, pr., *watakūsi*.

Moins que, adv., ... *yori sūkunai*. || Être inférieur, *otoru*.

Mois, s. m., *tūki, getū**.

Moitié, s. f., *han-bun**. || Voy. Demi.

Moment, s. m., *kata-toki, hen-si**.

Mon (mien), pr., *watakūsi-no*.

Montagne, s. f., *yama*.

Monter, v. n., *agaru, noboru*.

Montre (horloge), s. f., *tokei*. || — (d'une boutique), *mise*.

Montrer, v. a., *miseru*. || Montrez-moi, *misete-kudasai* || — (pour exciter l'envie), *mise-birakasū*. || Ordonner de —, *mise-simeru*.

Mourir, v. n., *sinuru*. || — de peur, *odoroki-sinuru*.

Moutarde, s. f. (préparée), *ka-rasi*.

Mouton, s. m., *men-yau** . — Viande de —, *men-yau-no nikü*.

Multiplier, v. a., *masü, fuyasü*.

Mûrier, s. m., *kuva, kuva-no ki*.

Musicien, s. m., *hayasi-kata*.

Mutuellement (réciproquement), adv., *tagai-ni*.

N

Naître, v. n. || Voy. Né.

Natte, s. f., *musiro* (— grossière de paille); *tatami* (— fine qui se superpose sur la précédente).

Navet, s. m., *kabüra*.

Né (être), v. p., *umareru*.

Nécessaire, *kan-yau** . || Une chose —, *kan-yau-na mono*.

Négliger, v., *okotaru, yu-dan**-*wo sûru*.

Nettoyer, v. a., *sau-di-wo sûru*.

Neuf, n., *kiu** , *kokonotü*.

Nez, s. m., *hana*.

Noirceur, s. f., *kurosa*.

Noir, adj., *kuroi*.

Noircir, v. a., *kuromeru, kurokü-sûru*.

Nom, s. m., *na, namaye, nanori*.

Nommer, v. a., *nadükuru, na-wo tükuru*.

Non, c., *iiye*.

Nôtre, pr., *wataküsi-domo-no*.

Nourriture, s. f., *tabe-mono, syokü-ryau** .

Nourrir, v. a., *ka'u, tabesaseru*.

Nous, pr., *wataküsi-domo*.

Nouveau (de), *ni-do-me, futa-tabi* (deux fois).

Nuage, s. m., *kumo*.

Nuit, s. f., *yoru*.

Nul, *dare-mo*, avec un négatif.

O

Occidental, adj., *nisi-no, sai-kokü-no** .

Odeur, s. f., *niwoi*.

Œil, s. m., *me, manako*. || Devant les yeux, *me-no maë-ni*.

Œuf, s. m., *tamago*. || Jaune d' —, *tamago-no kimi*. || Blanc d' —, *tamago-no siromi*.

Ognon, s. m., *negi*.

Oiseau, s. m., *tori*.

Ongle, s. m., *tüme*.

Onze, *zyû-iti** .

Or, s. m., *kin** .

Orange, s. f., *mi-kan** .

Ordonner, v. a., *mei-dûru, ii-tü-keru*.

Oreille, s. f., *mimi*.

Orfèvre, s. m., *kin-zai-ku-nin** .

Orgueilleux, adj., *zi-man** . || Être —, *zi-man* sûru*. || Devenir —, *zi-man*-wo okösü*.

Ou, c., *ka, arui-wa, mata-wa*.

Où, adv., *doko-ni*.

Oublier, v. a., *wasûreru*.

Oui, *hëi, sa-yau** .

Ours, s. m., *kuma*.

Outre. || En —, *mata*.

Ouvrir, v. a., *hiraku, akeru*.

P

Paille, s. f., *wara*.

Paix, s. f., *tai-hei*".

Pantalon, s. m. — étroit, *momo-hiki*. — large, *hakama*.

Papier, s. m., *kami*.

Papetier, s. m., *kami-ya*.

Paravent, s. m., *byau-bu*".

Parce que, c., *ni yotte, kara, yttye-ni*.

Parcourir, v. a., *tôru, mawaru*. || — un pays, *kuni-wo mawaru*. || — un livre, *syo-motü-wo yomi-tosü*.

Pardessus, s. m., *uwa-gi*.

Parfum, s. m., *nivoi, kaori, nivô-mono*.

Parfumer, v. a., *kaoru*.

Parfumé, part., *nivotta*. || Fleur —, *nivô-hána*.

Parler, v. a., *hanasü, dan-sürn*.

Parole, s. f., *kotoba, hanasi*. || Il m'a donné sa —, *kare-wa wata-küsi-ni yakü-sokü si-masi-ta*. || Un honnme sans —, *ituwaru-hito*.

Partager, v. a., *wakeru, wakatü*.

Partir, v. n., *syüt-tatü"-suru*. || — avec quelqu'un, *aru hito-to ideru*.

Patience, s. f., *kan-nin", sim-bau"*.

Pauvre, s. m., *bim-bô-nin"*.

Pauvre, adj., *wabisii, madüsii*.

Payer, v. a., *hara'u*. || — comptant, *gen-kin-ni hara'u*. || Une dette, *syak-kinwo hara'u*.

Pays, s. m., *kuni*.

Paysan, s. m., *hyak-syau", nô-min"*.

Pêche (fruit), s. f., *momo*.

Pêcheur (de poissons), s. m., *türi-si*.

Peintre, s. m., *e-si"*.

Peigne, s. m., *kusi*.

Pendule, s. f., *oki-tokei*.

Pensée, s. f., *mono-omoi, obosi-mesi"*.

Penser, v. a., *omô, kangayeru, obosimesü*. || Je pense à vous, *anato-wo omoi-masü*. || — constamment, *kokoro-dükü*. || Il ne pense à rien, *kare-wa nani-mo kangai nai*.

Perdre, v. a., *naku-nasü*. || Il a perdu la tête (c'est un imbécile), *kare-wa baka da*. || —, courage, *tikara-wo otosü*.

Père, s. m., *titi*.

Perdrix, s. f., *sigi*.

Personne, *dare-mo*, avec un verbe négatif.

Petit (enfant), s., *ko, kodomo*.

Petit, adj., *tiisai*.

Peu. || Un —, *sükosi*.

Peuple, s. m., *tami*.

Peut-être, adv., *ta-bun"*.

Pièce d'étoffe, s. f., *tam-mono*.

Pied, s. m., *asi*.

Pied (mesure), s. m., *syakü"*.

Pierre, s. m., *isi*. || Rocher. *iwa*.

Pigeon, s. m., *hato*.

Pin, s. m., *matü*.

Pinceau, s. m., *fude*.

Pipe, s. f., *kiseru*.

Pistolet, s. m., *tane-ga-sima*, *pis-torü*.

Plaintif, adj., *kanasii*.

Plante, s. f., *kusa*. || La — du pied, *asi-no ura*.

Planter, v. a., *uyeru*.

Plat, s. m., *sara*.

Plomb, s. m., *namari*.

Pluie, s. f., *ame*. || Il pleut, *ame-ga furu*.

Plus (encore), *nawo mada*. || Plus (le), *iti-ban**. || En —, *sono uye*. || Je n'aime — cela, *wataküsi-wa kore-wo mo sükanai*. || Un peu —, *mo sükosi*. || D'autant —, *ivan-ya*. || Deux fois —, *ni-ban**.

Plus que, *yori ohoi*.

Poêle, s. m., *hi-bati* (brasier japonais), *rô**.

Poids, s. m., *me-kata*.

Poire, s. f., *nasi*.

Poîrier, s. m., *nasi-no ki*.

Poisson, s. m., *sakana*, *awo*.

Poitrine, s. f., *mune*.

Pomme, s. f., *ringo*.

Pomme de terre, s. f., *zyagatara-imo*.

Porc, s. m., *buta*. || Viande de —, *buta-no-niku*.

Port, s. m., *minato*.

Porte, f., *to*, *mon**.

Porter, v. a., *motü*. || — à la main, *sagerü*. || — sur l'épaule, *ka-tügu*. || — sur le dos, *nina'u*. || — dans le sein, *daku*.

Portrait, s. m., *sya-sin**.

Poule, s. f., *men-dori*.

Pour, *tame*, *tame-ni*.

Pourquoi? *naze?* — C'est pour-quoi, *kare-ga yüye-ni*.

Pouvoir, v. a., *de-kiru*.

Premier, n., *dai-iti*.

Prendre, v. a., *tora*. || — congé, *itomagoi-süru*. || Prenez garde, *abunai*. || — part à une affaire, *nakama-ni naru*. || — plaisir à une lecture, *yonde nagusamu*. || — un loup pour un chien (par inadvertance), *oho-kami-wo inu-to matiga'u*. || — l'avis de son père, *titi-no i-ken-wo kiku*. || — les ordres de l'empereur, *mikado-no gau-rei-wo kiku*. || — un enfant avec soi, *kodomo-wo is-syo-ni türete kuru*. || — parti pour son prince, *dai-myau-no mikata-wo süru*. || Il prend un gros intérêt (grand bénéfice), *kare-wa tai-ri-wo toru*. || Ce vaisseau prend le large, *kono fune-wa umi-ni deru*.

Près, adv., *tikaku*, *soba-ni*.

Presque, adv., *tai-tei**.

Présenter, v. a., *ageru*. || — quel-qu'un à une personne, *hiki-awaseru*.

Présenter (se), v. pr., *ideru* (sur-gir).

Presser (hâter), v. a., *hayameru*.

Presser, v. a., *osü*, *osi-tükeru*.

Prêtre (bouddhiste), s. m., *bôzü* (bonze).

Preuve, s. f., *syô-ko**.

Printemps, s. m., *haru*.

Professeur, s. m., *sen-sei* * (*antea natus*).

Profondément, adv., *fukakŭ*.

Promener (se), v. p., *syau-yau* * *sŭru, araku*.

Proposer, v. a., *kiku*. || Je vous propose de venir avec moi, *watakŭsi-wa anata-ni watakŭsi to o ide nazaruka-wo, o-tadŭne mausi-masŭ*.

Prune, s. f., *mŭme*.

Proverbe, s. m., *kotowasa, tatoye*.

Puis, c., *sau-site, sore-kara*.

Punir, v. a., *tŭmi-sŭru, korasu*.

Q

Quand, adv., *itŭ*.

Quatre, n., si, *yotŭ*.

Quel, quelle, pr., *dono*.

Quelconque, adj., *nan-de-mo* (pour les choses); *dare-de-mo* (pour les personnes).

Quelque chose, s. m., *aru-mono, aru-koto*.

Questionner, v. a., *tŏ, tadŭneru*.

Qui? *dare? do-no hito?*

Quiconque, pr., *dare-de-mo*.

Quinze, n., *zyŭ-go* *.

Quoi? pr., *nani?*

Quoique, c., *tatoi, kere-domo, to iye-domo*.

R

Raconter, v. a., *noberu, kataru*.

Raisin, s. m., *bu-dou* *.

Raison, s. f., *yŭye* (cause); *dau-ri* * (raisonnement). || Un homme sans —, *dau-ri-no nai hito*.

Rasoir, s. m., *kamisori* (vulg. *kamizŭri*).

Récompenser, v. a., *homeru, hobiseru*.

Reconnaître, v. a., *yokŭ-siru*.

Regard, s. m., *go-ran* (employé sous la forme verbale). || Regardez, *go-ran nasai*.

Régent, s. m., *go-tai-rau* *.

Regarder, v. a., *miru*. || — en étant charmé, *myau-ritŭ*. (Voy. Regard.)

Regretter, v. a., (se repentir), *koyamu*. || Je regrette le temps que j'ai passé avec vous, *watakŭsi-wa anata to hima-wo tŭbusita-koto-wo koyami-masŭ*.

Réjouir, v. a., *yorokobasŭ*.

Réjouir (se), v. pr., *yorokobu*.

Rembourser, v. a., *kai-sŭ*.)

Remercier, v. a., *sya* *-sŭru, rei* *-wo i'u*.

Remettre, v. a., déposer entre les mains, *watasŭ*. || — en place, *modosŭ*.

Renard, s. m., *kitŭne*.

Rencontrer, v. a., *de-a'u*.

Rendre, v. a., *kayesŭ*. || — l'argent, *kane-wo kayesŭ*. || — réponse, *hen-zi-wo sŭru*.

Renommé, adj., *na-dakaki*.

Répondre, v. a., *kotayeru, hen-zi-wo sŭru*.

Réputation, s. f., *hyau-ban* *.

Rester, v. n., *todomaru*.

Retour, s. m., *modori, kaeri*.

Retourner, v. n., *modoru, kaeru*.

Revenir, v. n., *futa-tabi maeru*. || Voy. Retourner.

Riche, adj., *kane-moti-no*. || Un homme riche, *kanemoti-no hito*.

Richesses, s. f., || De grandes —, *amata-no kane* (beaucoup d'argent).

Rien, *nani-mo* (avec un verbe négatif).

Rire, v. n., *waraʻu*. || — de quelqu'un, *hito-wo waraʻu*.

Rivière, s. f., *kawa*.

Riz, s. m., riz en grain, *kome*. — Riz cuit, *mesi*.

Roi, s. m., *wau** (chinois 王), *kokŭ-wau**, *mikado*.

Rocher, s. m., *iwa*.

Rose, s. f., *bara, bara-no hána*.

Rôti (le), s. m., *yaki-niku*.

Route, s. f., *miti*. || Au bout de la —, *miti-no hadure-ni*. || Sur le côté de la —, *miti-no hotori-ni*. || La première — à droite, *migi-no dai-iti-ban-me-no miti*. || Il a fait fausse —, *kare-wa moti-gai-masita* (Il se fourvoie).

Royaume, s. m., *kuni*.

S

Sabre, s. m., *katana, oko-katana*.

Sac, s. m., *fukuro*. || — de riz, *kome-bukuro*.

Sage, s. m., *hiziri, sei-zin**. || Un —, *iti-nin-no ti-sya**.

Salir, v. a., *yogosŭ*.

Saluer, v. a., *hai-sŭru*.

Sang, s. m., *ti*.

Sardine, s. f., *iwasi*.

Satin, s. m., *syu-sŭ**.

Saule, s., m., *yanagi*.

Sauvage, s. m., *yebisŭ*.

Sauver, v. a., *tasŭkeru*. || — la vie, *inoti-wo tasŭkeru*.

Sauver (se), v. pr., *nigeru*.

Savant, s. m., *gakŭ-sya*.

Savoir, v. a., *siru*.

Savon, s. m., *sabon*.

Science, s. f., *waza, zyutŭ**.

Secourir, v. a., *tasŭkeru*.

Seigneur, s. m., *sama, kimi, dai-myau**.

Sel, s. m., *siwo*.

Semer, v. a., *maku*.

Sept, n., *siti*, nanatŭ*.

Serpent, s. m., *yebi* (prononcez *zebi*).

Serrurier, s. m., *kazi-ya*.

Servante, s. f., *ge-dyo*.

Servir, v. a., *tŭkayeru*. || — l'empereur, *mikado-ni tŭkayeru*.

Servir (se), v. pr., *motiyuru*.

Si, c., *mosi*.

Singe, s. m., *saru*.

Six, n., *rokŭ*, mutŭ*.

Sœurs, s. f., *ane-imoto*. || Sœur aînée, *ane*. || Sœur cadette, *imoto*.

Soie, s. f., *kinu*.

Soir, s. m., *yoru*. || Ce —, *konban** (chinois 今晩).

Soldat, s. m., *hei-sotŭ**.

Sole, s. f., *hirame*.

Soleil, s. m., *hi.* || Rayons de —, *hikari.*

Son, s., *ne, oto.* || Le —, du tambour, *tai-kô-no oto.*

Son, pr., *ano hito-no* (pour les hommes), *ano onna-no* (pour les femmes).

Songer, v. n., *omô, kokoro-dûku* (caresser une idée), *yume-wo miru* (rêver). || Je songe à vous, *anata-wo omo'i-masû.*

Sortes, *iro, sina.* || De toutes —, *iro-iro, sina-zina.*

Sortir, v. n., *deru.*

Soufre, s. m., *i-wau.*

Soulier, s. m., *kutû.*

Souris, s. f., *nezûmi.*

Sous, adv., *sita-ni.*

Souvent, adv., *tabi-tabi.*

Sucre, s. m., *sa-tau*.*

Sujet (serviteur), s. m., *ke-rai*.*

Suivant, pr., *tôri-ni.*

Suivant, adj., *tûgi-no.* || L'année —, *tûgi-no tosi.* || Le jour —, *yokû-zitû.* || Le soir —, *yokû-ban.* || Le matin —, *yokû-tyau.*

Sur (au-dessus), adv., *uye-ni.*

T

Tabac, s. m., *tabako.* — Fumer du tabac, *tabako-wo nomu.*

Table, s. f., *tûkuye.* || — pour manger, *han-dai.*

Tambour, s. m., *tai-kô*.*

Tard, adv., *osokû.*

Tasse, s. f., *wan*.* || — à thé, *tya-wan*.*

Teindre, v. a., *someru.*

Temps, s. m., *toki;* — *hima* (loisir); *ten-ki** (température). || Mauvais —, *warui ten-ki*.*

Terre, s. f., *tûti* 地 *ti*.*

Tête, s. f., *atama, kubi, kasira.* || Mal à la —, *du-tû.* || Trancher la —, *kubi-wo kiru.* || Mauvaise —, *oboe-ga warui.* || Voy. Mémoire.

Thé, s. m., *tya*.* || Tasse à —, *tya-wan*.* || Boîte à —, *tya-bako.* || L'arbre à —, *tya-no ki.* || Maison de — (sorte de café japonais), *tya-ya.*

Théâtre, s. m., *si-bai*.*

Thermomètre, s. m., *kan-dan-kei*.*

Tigre, s. m., *tora.*

Toi, pr., *anata, omae.*

Tomber, v. n., *otosû, otiru.* || Il tombe de la pluie, *ume-ga furu.*

Ton, pr., *anata-no, omae-no.*

Tortue, s. f., *kame.*

Toujours, adv., *tûne.*

Tourmenter, v. a., *kurusimeru.*

Tous, *mina, nokorazû.*

Tousser, v. n., *seki-wo sûru.*

Traduire, v. a., *yakû-sûru.*

Travailler, v. n., *hatarakû, sai-ku sûru, si-goto-wo sûru* (s'occuper d'affaires).

Traversin, s. m., *makûra.*

Très, *ohokû, hanahada, sîgokû.*

Triple, *san-bai*.*

Trois, n., *san*, mitû.*

Tromper, v. a., *damasû.* || — la confiance de l'empereur, *mikado-wo damasû.*

Tromper (se), v. pr., *ayamaru, matiga'u.*

Trop, adv., *amari, sûgiru, yoke.*

Troubler, v. a., *nigosû.*

Tu, pr., *anata, omaě, temaě.*

Tuer, v. a., *korosû.*

Tuer (se), v. pr., *zi-gai-sûru* (se suicider).

U

Un, n., *iti*, hitotû.*

Ultérieurement, adv., *noti-ni.*

V

Vaisseau (marine), s. m., *fune.* || — de guerre, *ikusa-no fune.*

Vallée, s. f., *tani.*

Vautour, s. m., *oho-taka.*

Veau, s. m., *ko-usi.* || Viande de ||, *ko-usi-no niku.*

Velours, s. m., *birôdo* (mot d'origine portugaise).

Vendre, v. a., *uru.* || — en gros, *orosû.* || — en détail, *ko-uri-ni uru.*

Venir, v. a., *kitaru, mairu;* — *agaru* (en montant); *kudaru* (en descendant); *iru* (en entrant); *deru* (en sortant).

Vent, s. m., *kaze.*

Ventre, s. m., *hara.* || J'ai mal au —, *watakûsi-wa hara-ga itai.*

Ver de terre, s. m., *musi.*

Ver-à-soie, s. m., *kaiko.*

Vert, adj., *midori, moegi, awoi.*

Vérité, s. f., *ma-koto.*

Verser, v. a., *tareru.* || — des larmes, *namida-wo tarasû.*

Vertu, s. f., *toku*.*

Viande, s. f., *niku.*

Vie, s. f., *inoti, mei*.* || Longue —, *naga-iki, tyau-mei*.* || Courte —, *hayazini, tam-mei*.* || La fin de la —, *inoti-no kagiri.* || Sauver la —, *inoti-wo tasûkeru.* || Risquer sa —, *inoti-wo kakeru.* || Accorder la —, *inoti-wo tasûkeru.*

Vieillard, s. m., *tosiyori.*

Vieux, adj., *tosiyori; furui* (ancien).

Vin, s. m., *sake* (vin japonais); — *syu** (vin chinois 酒).

Vinaigre, s. m., *sû.*

Vingt, n., *ni-zyû*.*

Violet, adj., *murasaki-no.*

Visage, s. m., *kawo, kawo katati.* || Changer de —, *iro-wo kayeru.*

Vite, adv., *hayakû.*

Vivre, v. n., *ikiru.* — *kurasû* (subsister), *suma'u* (habiter).

Voile de vaisseau, s. f., *fune-no ho.*

Voir, v. a., *miru.* || Voyez, *go-rannasai*, vulg. *mi-yo, mi-ro.*

Voiture, s. f., *kuruma, ba-sya*.*

Voler, v. n., *tobu, haneru.*

Voler, v. a., *nusûmu.*

Voleur, s. m., *dorobô, nusû-bito.*

Vôtre, pr., *anata-no, omae-no.*

Vouloir, v. a., (désirer), *hossûru, nozomu, nega'u.*

Vous, pr., *anata, omae.*

Voyageur, s. m., *tabi-bito.*

Vraiment, adv., *ma-koto-ni.*

APPENDICE A LA TROISIÈME PARTIE

DES NEN-GAU

ou

DÉSIGNATIONS HONORIFIQUES DES DIFFÉRENTES PÉRIODES D'ANNÉES

Dans l'Appendice à la seconde partie de ce volume, nous avons dit que les Japonais, pour indiquer les différentes époques de leur histoire nationale, employaient un certain nombre de « mots doubles » ou locutions appelés 年號 *Nen-gau* « Désignations honorifiques d'années ». Ce mode de notation des dates, emprunté à l'empire chinois, est encore de nos jours en usage dans l'archipel de l'Extrême-Orient, ainsi que dans plusieurs pays de l'Asie, notamment en Corée, au Tongkinh et dans les autres parties de l'Annam ou Cochinchine.

Le nombre des Nen-gau depuis l'origine de la monarchie japonaise jusqu'à nos jours, est trop considérable pour qu'on puisse en conserver la mémoire exacte celle des années correspondantes dans l'ère chrétienne ; mais il est nécessaire, lorsqu'ils sont mentionnés par les indigènes de l'empire du Soleil-Levant, soit dans leurs documents écrits, soit dans la conversation, d'avoir le moyen d'en préciser la valeur chronologique. C'est dans ce but que nous avons inséré ci-après une liste de ces noms d'années que nous croyons utile de faire précéder par quelques explications philologiques sur la manière dont ils sont composés.

Les Nen-gau du Japon sont tous invariablement formés à l'aide de deux mots d'origine chinoise que l'on prononce suivant le mode adopté dans l'empire du Nippon. Si l'on possède la connaissance du premier de ces deux mots, il est facile de trouver leur équivalent dans les calendriers composés suivant le système adopté en Europe et en Amérique. Comme ces mots sont peu nombreux, nous en donnerons ici la liste, en y joignant les caractères qui les représentent dans l'écriture idéographique et nous y ajouterons leur signification la plus habituelle, ce qui permettra aux commençants d'augmenter peu à peu la connaissance des signes qu'il leur sera bientôt indispensable d'apprendre pour le succès de leurs études.

Voici la liste de ces caractères idéographiques :

安 *an* « paix, tranquillité ».

文 *bun* « littérature ».

太 *dai* « grand, supérieur ».

治 *di* « gouvernement ».

元 *gen* « origine, chef, supérieur, grand ».

白 *hakû* « blanc, clair, pur ».

保 *hau* « garder, protéger, garantir, favoriser, prêter assistance ».

寶 *hau* « précieux, estimé, noble, honorable » (caractère à la clef 40).

平 *hei* « paix, calme, tranquillité ».

嘉 *ka* « bon, excellent, réjouissant » (caractère à la clef 30).

康 *kau* « pacifique, tranquille, joyeux, excellent, béni ».

享 *kau* « offrir, gratifier, faire jouir de » (caractère à la clef 8).

慶 *kei* « féliciter, admirer, excellent » (caractère à la clef 61).

乾 *ken* « ciel, impérial, fort » (caractère à la clef 5).

久 *kiu* « longtemps, durable ».

興 *kô* « élevé, florissant, prospère ».

弘 *kô* « grand, étendu, élargi ».

寬 *kwan* « large, aimable, libéral ».

萬 *man* « dix-mille, nombreux, innombrable ».

明 *mei (myau)* « brillant, resplendissant ».

仁 *nin* « humanité, bienveillance, charité ».

靈 *rei* « lumineux, intellectuel, qui possède une puissance suprême, extraordinaire, surnaturelle ».

曆 *reki* « les cieux, le firmament » (caractère à la clef 72).

正 *sei (syau)* « droiture, justice ».

至 *si* « suprême, qui atteint au but, parfait ».

昌 *syau* « florissant, abondant » (caractère à la clef 72).

朱 *syu* « vermillon » (caractère à la clef 75).

貞 *tei (dyau)* « vertu, bons principes, honnêteté ».

天　*ten* « ciel, céleste ».

德　*tokú* « vertu, bonté, vigueur, énergie, bonne éducation ».

和　*wa* « concorde, harmonieux, conciliant, le Japon ou pays de Yamato » (caractère à la clef 3o).

應　*wô* « qui répond aux besoins, qui donne satisfaction ».

永　*yei* « perpétuel, constant, éternel ».

養　*yau* « élever, nourrir, faire croître, améliorer ».

延　*yen* « avancé, étendu, long, propagé, répandu ».

神　*zin* « esprit, divinisé, divin, immatériel ».

壽　*zyu* « longévité ».

Un certain nombre d'empereurs du Japon, à l'instar des souverains de la Chine, ont parfois jugé à propos de changer le nom du *nen-gau* qu'ils avaient adopté en montant sur le trône, ce qui n'a pas été sans introduire des complications d'une utilité assez douteuse dans le système chronologique des îles de l'Extrême-Orient. Le Mikado actuel paraît avoir renoncé à ce système et une seule ère est en usage depuis le commencement de son règne.

CYCLE SEXAGÉNAL

Nous avons donné plus haut des explications rudimentaires au sujet de la notation des années par les Japonais à l'aide du cycle sexagénal. Afin de faciliter aux étudiants l'intelligence de ce cycle, nous donnerons d'abord une table de concordance des premières années de ces cycles depuis l'an 717 avant notre ère, et ensuite une liste des années qui composent le LXXVI⁴ cycle ou cycle actuel de la chronologie des divers pays de l'Asie orientale.

TABLE

DE CONCORDANCE DES PREMIÈRES ANNÉES DES CYCLES

DEPUIS LA FONDATION DE LA MONARCHIE JAPONAISE

La 1ʳᵉ année du cycle	XXXIII correspond à l'an		717	avant notre ère.
—	XXXIV	—	657	—
—	XXXV	—	597	—
—	XXXVI	—	537	—
—	XXXVII	—	477	—
—	XXXVIII	—	417	—
—	XXXIX	—	357	—
—	XL	—	297	—
—	XLI	—	237	—
—	XLII	—	177	—
—	XLIII	—	117	—
—	XLIV	—	57	—
—	XLV	—	4 apr. n. ère.	
—	XLVI	—	64	—
—	XLVII	—	124	—
—	XLVIII	—	184	—
—	XLIX	—	244	—
—	L	—	304	—
—	LI	—	364	—
—	LII	—	424	—

La 1ʳᵉ année du cycle	LIII	correspond à l'an	484	après notre ère.
—	LIV	—	544	—
—	LV	—	604	—
—	LVI	—	664	—
—	LVII	—	724	—
—	LVIII	—	784	—
—	LIX	—	844	—
—	LX	—	904	—
—	LXI	—	964	—
—	LXII	—	1024	—
—	LXIII	—	1084	—
—	LXIV	—	1144	—
—	LXV	—	1204	—
—	LXVI	—	1264	—
—	LXVII	—	1324	—
—	LXVIII	—	1384	—
—	LXIX	—	1444	—
—	LXX	—	1504	—
—	LXXI	—	1564	—
—	LXXII	—	1624	—
—	LXXIII	—	1684	—
—	LXXIV	—	1744	—
—	LXXV	—	1804	—
—	LXXVI	—	1864	—
—	LXXVII	—	1924	—

ANNÉES COMPOSANT LE LXXVIᵉ CYCLE

La 1ʳᵉ année (甲子) correspond à l'année   1864

2ᵉ   —   —   1865

La 3ᵉ année correspond à l'année 1866
  4ᵉ   —   —   1867
  5ᵉ   —   —   1868 (1ʳᵉ année du Mikado
                                            actuel¹ régnant.)

LISTE DES 年號 NEN-GAU

OU NOMS D'ANNÉES DES EMPEREURS JAPONAIS[1]

安 An.

An-gen. — 1175 (règne de Taka-
    kura).
— *tei.* — 1227 (— de Go Hori-
    kava ou Hori-kava II).
— *wa.* — 968 (— de Rei-zen).
— *yei.* — 1772 (— de Go Momo-
    zono).

文 Bun.

Bun-an. — 1444 (règne de Go
    Hana-zono).
— *di.* — 1185 (— de Go Toba).
— *ki.* — 1501 (— de Go Ka-
    siva-bara).
— *kwa.* — 1804 (— de Kwau-
    kakü).
— *mei.* — 1469 (— de Go Tuti-
    mikado).

Bun-pau. — 1317 (règne de Hana-
    zono).
— *reki.* — 1234 (— de Si-deô).
— *rokü.* — 1592 (— de Go
    Yô-zei).
— *sei* ou *syô* 正. — 1466 (—
    de Go Tüti-mikado).
— *sei* 政. — 1818 (— de Zin-
    kau).
— *tyu.* — 1372 (— de Tyau-
    hei.
— *wa.* — 1352 (— de Go
    Kwau-gou).
— *wô.* — 1260 (— de Ki-zan).
— *yei.* — 1264 (— de Ki-zan).

太 Dai.

Dai-bau. — 701 (règne de Mon-mu).
— *di.* — 1126 (— de Siu-tokü).

---

1. On trouvera une table de ces noms d'années figurés en signes
chinois, tels que les emploient les Japonais, dans mon *Dictionnaire
des signes idéographiques*, p. 205 et suiv. — Dans la présente liste,
les noms sont écrits suivant le système philologique de transcription
des sons japonais adopté par le Congrès international des Orientalistes.

Dai-kwa. — 645 (règne de Kau-tokŭ).
— *tô.* — 806 (— de Hei-zei).
— *yei.* — 1521 (— de Go Ka-siva-bara).

冶 Di.

Di-an. — 1021 (règne de Go Iti-deô).
— *rekĭ.* — 1065 (— de Go Rei-zen).
— *syô.* — 1177 (— de Taka-kura).

元 Gen.

Gen-bun. — 1736 (règne de Sa-kura-mati).
— *kei.* — 877 (— de Yau-zei).
— *ki.* — 1570 (— de Oho-ki-mati).
— *kiu.* — 1204 (— de Tŭti-mikado).
— *kau.* — 1321 (— de Go Dai-go).
— *kô.* — 1331 (— de Go Dai-go).
— *nin.* — 1224 (— de Go Hori-kawa).
— *rei.* — 1184 (— de Go Tô-ba).
— *rokŭ.* — 1688 (— de Tô-san).
— *tokŭ.* — 1329 (— de Go Dai-go).
— *tya.* — 1384 (— de Go Kame-yama).

Gen-wa. — 1615 (règne de Go Midŭ-no-wo).
— *wo.* — 1329 (— de Go Dai-go).
— *yei.* — 1118 (— de Toba).

白 Hakŭ.

Hakŭ-hô. — 672 (règne de Ten-bu).
— *ti.* — 650 (— de Kau-tokŭ).

保 Hau.

Hau-an. — 1120 (règne de To-ba).
— *gen.* — 1156 (— de Go Sira-Kava).
— *yen.* — 1135 (— de Siu-tokŭ).

寶 Hau.

Hau-di. — 1247 (règne de Go Fuka-kusa).
— *ki.* — 770 (— de Kwau-nin).
— *rekĭ.* — 1751 (— de Momo-zono).
— *tokŭ.* — 1449 (— de Go Hana-zono).
— *yei.* — 1704 (— de Tô-san).

平 Hei.

Hei-di. — 1159 (règne de Ni-dêo).

嘉 Ka.

Ka-gen. — 1303 (règne de Go
   Ni-deô).
— *hau.* — 1094 (— de Hori-kava).
— *kei.* — 1387 (— de Go Ko-
   matu).
— *kitu.* — 1441 (— de Go Hana-
   zono).
— *reki.* — 1326 (— de Go Dai-
   go).
— *roku.* — 1225 (— de Go Hori-
   kava).
— *syau.* — 848 (— de Nin-myau).
— *syô.* — 1106 (— de Hori-kava).
— *tei.* — 1235 (— de Si-deô).
— *wô.* — 1169 (— de Taka-kura).

慶 Kei.

Kei-an. — 1648 (règne de Go
   Kwau-myau).
— *un.* — 704 (— de Mon-mu).
— *tyau.* — 1596 (— de Go Yô-zei).

建 Ken.

Ken-bu. — 1334 (règne de Go
   Dai-go).
— *di.* — 1275 (— de Go Uda).
— *gen.* — 1302 (— de Go Ni-
   deô).
— *hau.* — 1213 (— de Zyu-
   toku).
— *kiu.* — 1190 (— de Go To-
   ba).

Ken-mu. (Voyez *Ken-bu.*)
— *nin.* — 1201 (règne de Tuti-
   mikado).
— *reki.* — 1211 (— de Zyun-
   toku).
— *toku.* — 1370 (— de Go Kame-
   yama).
— *tyau.* — 1249 (— de Go
   Fuka-kusa).
— *yei.* — 1206 (— de Tuti-
   mikado).

乾 Ken.

Ken-gen. — 1303 (— règne de
   Go Ni-deô).

久 Kiu.

Kiu-an. — 1145 (règne de Kono-
   ye).
— *ziu.* — 1154 (— de Kono-ye).

享 Kyau.

Kyau-hau. — 1716 (règne de
   Naka-mikado).
— *wa.* — 1801 (— de Kwau-
   koku).

康 Kau.

Kau-an. — 1361 (règne de Go
   Kwau-gon).
— *di.* — 1142 (— de Kono-ye).
— *hei.* — 1058 (— de Go Rei-
   zen).

Kau-hau. — 964 (règne de Mura-kami).

— *gen.* — 1256 (— de Go Fuka-kusa).

— *kwa.* — 1099 (— de Hori-kava).

— *reki.* — 1379 (— de Go Yen-yô).

— *sei* ou *syau.* — 1455 (— de Go Hana-zono).

— *wa.* — 1099 (— de Hori-kava).

— *wô.* — 1389 (— de Go Ko-matü).

— *yei.* — 1342 (— de Kwau-myau).

守 Kau.

Kau-rokü. — 1528 (règne de Go Nara).

— *tokü.* — 1452 (— de Go Hana-zono).

典 Kô.

Kô-kokü. — 1340 (règne de Kwau-myau).

弘 Kô.

Ko-an. — 1278 (règne de Go Uda).

— *di.* — 1555 (— de Go Nara).

— *nin.* — 810 (— de Saga).

— *tyau.* — 1261 (— de Kame-yama (Ki-zan).

Ko-wa.* — 1381 (règne de Go Kame-yama).

寛 Kwan.

Kwan-bun. — 1661 (règne de Go Sai).

— *di.* — 1087 (— de Hori-kava).

— *het.* — 889 (— de Uda).

— *hau.* — 1741 (— de Sakura-mati).

— *gen.* — 1243 (— de Go Saga).

— *ki.* — 1229 (— de Go Hori-kava).

— *kô.* — 1004 (— de Iti-deô).

— *nin.* — 1017 (— de Go Iti-deô).

— *sei* 政. — 1789 (— de Kwau-kakü).

— *sei* 正 ou *syau.* — 1460 (— de Go Hana-zono).

— *syau.* — Voy. *Kwan-sei* (1460).

— *tokü.* — 1044 (— de Go Syu-zyakü).

— *wa.* — 985 (— de Kwa-san).

— *wô.* — 1350 (— de Sô-kwau).

— *yei.* — 1624 (— de Go Midü-no-wo).

— *yen.* — 1748 (— de Momo-sono).

萬 Man ou Ban.

Man-di. — 1658 (règne de Go Saï).
— *zyu*. — 1024 (— de Go Iti-
deô).
— *yen*. — 1860.

明 Meï ou Myau.

Mei-di. — 1868 (règne de l'empereur actuellement régnant).
— *reki*. — 1655 (— de Go Saï).
— *toku*. — 1390 (— de Go Ko-
matü).
— *wa* ou *kwa*. — 1764 (— de
Go Sakura-mati).
— *wô*. — 1492 (— de Go Tüti-
mikado).

仁 Nin.

Nin-an. — 1166 (règne de Rokü-
deô).
— *di*. — 1240 (— de Si-teô).
— *hei*. — 1151 (— de Kono-ye).
— *wa*. — 885 (— de Kwau-kau).
— *zyu*. — 851 (— de Bun-tokü).

靈 Rei.

Rei-ki. — 715 (règne de Gen-syau,
impératrice).

曆 Reki.

Reki-nin. — 1238 (règne de Si-deô).

Reki-wô. — 1338 (règne de Kwau-
myau).

齊 Seï.

Seï-kau. — 854 (règne de Bun-
tokü).

正 Sei ou Syau.

Sei-an. — 1299 (règne de Go
Fusi-mi).
— *di*. — 1199 (— de Tüti-mikado).
— *hei*. — 1346 (— de Kwau-
myau).
— *hau*. — 1644 (— de Go Kwau-
myau).
— *gen*. — 1259 (— de Go Fuka-
kusa).
— *ka*. — 1257 (— de Go Fuka-
kusa).
— *kei*. — 1332 (— de Kwau-gon).
— *reki*. — 990 (— de Iti-teô).
— *tokü*. — 1711 (— de Naka-
mikado).
— *tyau*. — 1428 (— de Seô-kwau).
— *tiu*. — 1324 (— de Go Dai-
go).
— *wa*. — 1312 (— de Hana-
zono).
— *wô*. — 1288 (— de Fusi-mi).

至 Si.

Si-tokü. — 1384 (règne de Go
Ko-matü).

承 Syô.

Syô-an. — 1171 (règne de Taka-kura).
— *hei*. — 931 (— de Syu-zyakü).
— *hau*. — 1074 (— de Sira-kava).
— *gen*. — 1207 (— de Tüti-mikado).
— *kiu*. — 1219 (— de Zyun-tokü).
— *reki*. — 1077 (— de Sira-kava).
— *tokü*. — 1097 (— de Hori-kava).
— *wa*. — 834 (— de Nin-myau).
— *yau*. — 1552 (— de Go Kwan-myau).

昌 Syâu.

Syau-tai. — 898 (règne de Daï-go).

朱 Syu.

Syu-teô. — 686 (règne de Ten-bu).

貞 Teï.

Tei-di. — 1362 (règne de Go Kwau-gon).
— *gen*. — 976 (— de Yen-yu).
— *kau*. — 1684 (— de Rei-gen).
— *kwan*. — 859 (— de Sei-wa).
— *wa*. — 1345 (— de Kwau-myau).

Tei-wô. — 1222 (règne de Go Hori-kava).
— *yei*. — 1232 (— de Go Hori-kava).

天 Ten.

Ten-an. — 857 (règne de Bun-tokü).
— *bun*. — 1532 (— de Go Nara).
— *di*. — 1124 (— de Siu-tokü).
— *hei*. — 729 (— de Syau-mu).
— *hei-hau-zi*. — 757 (— de Kau-ken).
— *hei-syô-hau*. — 749 (— de Kau-ken).
— *hei-zin-go*. — 765 (— de Syô-tokü, impératrice).
— *fukü*. — 1233 (— de Si-deô).
— *gen*. — 978 (— de Yen-yu).
— *gi*. — 1053 (— de Go Rei-zen).
— *kei*. — 938 (— de Syu-zyakü).
— *mei* ou *myau*. — 1781 (— de Kwan-kakü).
— *nin*. — 1108 (— de To-ba).
— *pau*. — 1830 (— de Zin-kau).
— *reki*. — 947 (— de Mura-kami).
— *rokü*. — 970 (— de Yen-yu).
— *sei*. — 1573 (— de Ohô-ki-mati).
— *syô*. — 1131 (— de Siu-tokü).
— *syu**. — 1375 (— de Go Kame-yama).

Ten-tokū. — 957 (règne de Mura-kami).
— *tyau.* — 824 (— de Syun-wa).
— *wa.* — 1681 (— de Hei-zen).
— *wô.* — 781 (— de Kwau-nin).
— *yei.* — 1110 (— de To-ba).
— *yen.* — 973 (— de Yen-yu).
— *yau.* — 1144 (— de Kono-ye).

德 Tokū.

Tokū-di. — 1306 (règne de Go Ni deô).

長 Tyau.

Tyau-di. — 1104 (règne de Hori-kava).
— *hau.* — 999 (— de Iti-deô).
— *gen.* — 1028 (— de Go Iti-deô).
— *kau.* — 1487 (— de Go Tūti-mikado).
— *kiu.* — 1040 (— de Go Siu-zyakū).
— *kwan.* — 1163 (— de Ni-deô).
— *reki.* — 1037 (— de Go Syu-zyakū).
— *rokū.* — 1457 (— de Go Hana-zono).
— *syô.* — 1132 (— de Sin-tokū).
— *tokū.* — 995 (— de Iti-deô).
— *wa.* — 1012 (— de San-deô).

和 Wa.

Wa-dô. — 708 (règne de Gen-myau, impératrice).

應 Wau.

Wau-an. — 1368 (règne de Go Kwau-gon).
— *hau.* — 1161 (— de Ni-deô).
— *yei.* — 1394 (— de Go Ko-matu).
— *nin.* — 1467 (— de Go Tūti-mikado).
— *tokū.* — 1084 (— de Sira-kava).
— *tyau.* — 1311 (— de Hana-zono).
— *wa.* — 961 (— de Mura-kami).

永 Yeï.

Yei-di. — 1141 (règne de Siu-tokū).
— *hau.* — 1081 (— de Sira-kava).
— *kiu.* — 1113 (— de To-ba).
— *kau.* — 1429 (— de Go Hana-zono).
— *kwan.* — 983 (— de Yen-yu).
— *man.* — 1165 (— de Ni-deô).
— *nin.* — 1293 (— de Fusi-mi).
— *reki.* — 1160 (— de Ni-deô).
— *rokū.* — 1558 (— de Oho-ki-mati).
— *sei* ou *syau.* — 1504 (— de Go Kasiva-bara).

Yei-syô. — 1046 (règne de Go Kei-zen).

— *so*. — 989 (— de Iti-deô).

— *tokû*. — 1381 (— de Go Yen-yu).

— *tyau*. — 1096 (— de Hori-kava).

— *wa*. — 1375 (— de Go Yen-yu).

— *yen*. — 987 (— de Iti-deô).

延 Yen.

Yen-bau. — 1673 (règne de Rei-gen).

— *bun*. — 1356 (— de Go Kwau-gon).

— *gen*. — 1336 (— de Go Dai-go).

— *gi*. — 901 (— de Dai-go).

— *kei*. — 1308 (— de Hana-zono).

— *kiu*. — 1069 (— de Go San-deô).

— *kau*. — 1744 (— de Sakura-mati).

Yen-reki. — 782 (règne de Kwan-mu).

— *tyau*. — 923 (— de Dai-go).

— *tokû*. — 1489 (— de Go Tuti-mikado).

— *wô*. — 1239 (— de Si-deô).

養 Yau.

Yau-rau. — 717 (règne de Gen-syau, impératrice).

— *wa*. — 1181 (— de An-tokû).

神 Zin.

Zin-ki. — 724 (règne de Syau-mu).

— *go-kei-un*. — 767 (— de Syô-tokû, impératrice).

壽 Zyu.

Zyu-yei. — 1182 (règne de An-tokû).

IV

PREMIÈRES NOTIONS

DE LANGUE ÉCRITE

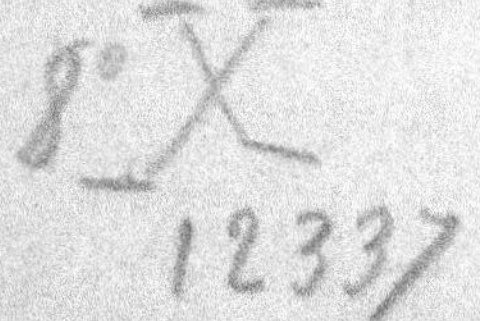

IV

PREMIÈRES NOTIONS

DE LANGUE ÉCRITE

Ainsi qu'il en a été dit quelques mots au début de ce volume, les Japonais font usage, pour écrire leur langue, de plusieurs systèmes graphiques très distincts les uns des autres. Outre les lettres des différents syllabaires, dont on a déjà donné dans cet ouvrage le tableau des deux plus communément usités au Nippon, ils intercalent sans cesse dans leurs textes des signes empruntés à l'écriture des Chinois et les combinent avec leurs caractères syllabiques d'une façon sur laquelle il est nécessaire d'appeler tout particulièrement l'attention.

Il y a donc lieu de nous occuper ici de l'écriture chinoise et de son mode de combinaison avec les caractères syllabiques des Japonais [1].

---

1. Une partie des indications qui suivent sont extraites et traduites du livre que j'ai publié sous le titre de *First Elements of the Chinese Grammar*, a new Method for learning the Chinese Keys. A second edition, London, 1887, in-8. — Les étudiants qui comprennent l'anglais trouveront avantage à prendre connaissance de ce petit volume.

Les Chinois ne font pas usage de lettres proprement dites, mais de signes figurant des objets ou représentant conventionnellement des idées. On a donné à ces signes le nom de « caractères idéographiques ». Un certain nombre d'entre eux étaient, à l'origine, des images plus ou moins exactes des objets qu'ils avaient à représenter dans l'écriture. C'est ainsi que le signe

〰 signifiait « le Ciel (la voûte du firmament) » ; — ⊙ « le Soleil » ; — ☽ « la Lune » ; — 𠚤 « un Enfant (avec les jambes emmaillotées) » ; — ⊃ « un Arc » ; — 🐘 « un Éléphant » ; — 🐕 « un Chien » ; — 🐗 « un Rhinocéros » ; — 🐟 « un Poisson » ; — ⋀ « une Montagne » ; — ⊻ « un Arbre » ; — ⊻ « des Plantes » ; — ⻗ « la Pluie » ; — ♡ « le Cœur » ; — ◈ « l'Œil » ; etc. D'autres signes étaient employés pour rappeler des idées conformément à certaines conventions. Par exemple, pour exprimer le mot « homme », les Chinois écrivaient le signe Ⴔ qui représentait les deux jambes, emblème de l'activité vitale ; le même signe renversé ⊃ signifiait par opposition « un cadavre ». De la même manière ils écrivaient ⊨ pour désigner « la main gauche » et ⊨ pour « la main droite » ; ∸ pour exprimer « le haut » et ⊤ pour « le bas ».

Parfois différents signes élémentaires étaient réunis de façon à exprimer les significations complexes ou dérivées. Le groupe ⋀, composé du signe « homme » au-dessus du signe « montagne », représentait le mot « ermite » ou « homme des montagnes ». — Le groupe ⊚, composé du signe « soleil » à côté du signe « lune », formait le mot « lumière ». — Le groupe 🐦, composé du signe « oiseau » et du signe « bouche » signifiait le « chant ». — Le groupe 🚪, figurant une oreille entre deux battants de porte, voulait dire « entendre »; — 帚 « une femme avec un balai à la main » signifiait « une femme mariée »; — 🌊 « un ruisseau » avec un œil avait le sens de « larmes »; — deux arbres accolés 林 avaient la valeur de « forêt »; — etc.

Les Chinois ont imaginé plusieurs systèmes de classement de leurs signes pour en faciliter la recherche dans les dictionnaires. Les deux systèmes les plus communément en usage sont :

1° Le système des *Clefs*; 2° Le système des *Phonétiques*.

Des Clefs. — On entend par *Clefs* (字部 *zi-bu* « classes de caractères ») certains signes qui entrent dans la composition des caractères idéographiques et qui ont été choisis pour les grouper en plusieurs séries distinctes et permettre, comme nous venons de le dire, de les trouver aisément dans les dictionnaires.

Le nombre des Clefs usitées d'ordinaire au Japon est, comme en Chine, de 214.

Parmi ces clefs, il en est quelques-unes qui ont, pour les étudiants, une importance exceptionnelle, en raison de la grande quantité de signes dont ils sont l'élément

classificateur; d'autres, au contraire, sont d'un usage
assez rare dans les textes, de sorte qu'il n'y a pas lieu
d'en recommander l'étude immédiate aux commençants.
Pour rendre moins pénible la connaissance de ces
images graphiques, il conviendra de les étudier par
séries, comme il est indiqué ci-après :

PREMIÈRE SÉRIE (10 CLEFS)

1.	人 « homme » (clef 9).	6.	耳 « oreille » (clef 128).
2.	女 « femme » (— 38).	7.	心 « cœur » (— 61).
3.	子 « enfant » (— 39).	8.	手 « main » (— 64).
4.	口 « bouche » (— 30).	9.	足 « pied » (— 157).
5.	目 « œil » (— 109).	10.	肉 « chair » (— 130).

SECONDE SÉRIE (20 CLEFS)

11.	日 « soleil » (clef 72).	21.	囗 « enclos » (clef 31).
12.	月 « lune » (— 74).	22.	冂 « limite extrême »(—13).
13.	土 « terre » (— 32).	23.	凵 « réceptacle » (— 17).
14.	山 « montagne » (— 46).	24.	宀 « toiture » (— 40).
15.	谷 « vallée » (— 150).	25.	广 « couverture » (—53).
16.	田 « champ » (— 102).	26.	穴 « caverne » (— 116).
17.	水 « eau » (— 85).	27.	巛 « rivière, courant »(-47)
18.	火 « feu » (— 86).	28.	气 « air, vapeur » (— 84).
19.	冫 « glace » (— 15).	29.	雨 « pluie » (— 173).
20.	一 « couverture » (— 14).	30.	風 « vent » (— 182).

TROISIÈME SÉRIE (30 CLEFS)

31.	犬	« chien » (clef 94).	46.	木	« arbre » (clef 75).
32.	牛	« bœuf » (— 93).	47.	艸	« plantes » (— 140).
33.	羊	« mouton » (— 123).	48.	禾	« riz » (— 115).
34.	馬	« cheval » (— 187).	49.	麥	« blé » (— 199).
35.	豕	« porc, sanglier » (-152)	50.	瓜	« courge » (— 97).
36.	虍	« tigre » (— 141).	51.	豆	« haricot » (— 151).
37.	鳥	« oiseau » (— 196).	52.	韭	« ail » (— 179).
38.	隹	« oiseau à queue courte » (— 172).	53.	麻	« chanvre » (— 200).
39.	魚	« poisson » (— 195).	54.	糸	« soie » (— 120).
40.	龍	« dragon » (— 212).	55.	支	« branche » (— 65).
41.	黽	« grenouille » (— 205).	56.	金	« métal, or » (— 167).
42.	鹿	« cerf » (— 198).	57.	石	« pierre » (— 112).
43.	虫	« reptile, insecte » (-142).	58.	玉	« jade, gemme (— 96).
44.	豸	« ver, animal sans pieds » (— 153).	59.	鹵	« sel » (— 197).
45.	貝	« coquillage » (— 154).	60.	色	« couleur » (— 139).

Pour arriver à apprendre rapidement les 214 clefs chinoises, le meilleur procédé consiste à en faire de nombreuses copies que l'on dispose suivant toutes sortes de systèmes différents : clefs les plus simples de forme, clefs les plus compliquées, clefs les plus im-

portantes, clefs ayant des significations d'un même
ordre (animaux, végétaux, minéraux, parties du corps,
couleurs), clefs répondant à des verbes, clefs ayant la
valeur d'adjectifs ou d'adverbes, etc. Enfin il sera bon de
rapprocher celles qui offrent des ressemblances dans
leur tracé et peuvent être aisément confondues, comme
口 « bouche » et 囗 « enclos »; — 日 « soleil » et
曰 « dire »; 木 « arbre », 禾 « riz » et 采 « diviser »;
— 皿 « vase » et 血 « sang »; — 爪 « ongles » et 瓜
« courges »; — 子 « fils » et 矛 « lance »; — etc.

Nous ne reproduirons pas ici la liste des 214 clefs qui
se trouve d'ailleurs insérée dans un grand nombre de
grammaires chinoises et d'ouvrages de paléographie.
Il y aurait eu sans doute quelque avantage à reproduire
cette liste dans ce volume, surtout en y ajoutant la prononciation japonaise de chacun des signes qu'elle renferme; mais une telle reproduction aurait entraîné fort
au delà des limites assignées à cette quatrième partie
du Cours de 1ʳᵉ année, et cela d'autant plus que d'autres
explications sur le mode d'emploi des caractères figuratifs de la Chine sont ici nécessaires.

Les clefs peuvent être considérées presque toutes
comme représentant des mots usités dans les textes des
idiomes de l'Asie orientale, et notamment dans ceux des
Japonais; mais elles sont loin de constituer l'ensemble
des signes graphiques qui composent l'écriture communément en usage dans ces divers pays. Sans entrer
dans de longues explications à cet égard, et pour bien
faire comprendre néanmoins le rôle et la place qu'elles
occupent dans la lexicographie de l'Extrême-Orient, je

me bornerai à dire qu'elles figurent au même titre que les lettres de nos alphabets européens, lorsqu'elles servent, comme initiales, au classement des mots dans nos Dictionnaires.

De même que les mots de nos langues se composent en général de plusieurs lettres, les caractères chinois sont formés à l'aide de plusieurs groupes de traits constitutifs, à savoir : d'une clef et d'un autre groupe de traits servant à en déterminer la signification. Il en résulte que, pour trouver la valeur d'un caractère dans un lexique, il faut tout d'abord reconnaître la clef à laquelle il se rattache et compter ensuite le nombre de traits qui y ont été ajoutés.

Les deux exemples qui suivent suffiront pour le moment. — Je suppose qu'on veuille chercher dans un Dictionnaire le sens des deux signes suivants : 旦 et 古 . Il faudra reconnaître que le premier appartient à la clef 日 « soleil », avec 1 trait complémentaire (—), et le second à la clef 口 « bouche », avec 2 traits complémentaires (十). Dès lors, on trouvera aussitôt, dans une lexique quelconque que l'un signifie « l'aube du jour, le lever du soleil » ; — l'autre « l'antiquité, les temps anciens ».

La manière de compter les traits constitutifs des signes chinois ne présente pas de grandes difficultés. Il est cependant opportun de tenir compte des procédés calligraphiques en usage pour en accomplir le tracé, procédés qui résultent surtout de l'usage du pinceau, au lieu et place de la plume, pour écrire, chez les peuples de l'Extrême-Orient. C'est ainsi que 了 tracé d'un seul coup de pinceau (⺂), ne compte que pour 1 trait; par la même raison, 口 ne compte que pour 3 traits (丨 ㇕ ―).

Les personnes qui voudraient de plus amples renseignements sur ce sujet pourront recourir à l'introduction placée en tête du *Dictionnaire Chinois* du P. Basile, publié par Deguignes. Ajoutons toutefois que l'usage est seul bon guide en cette matière.

Il y a un autre genre de travail de mémoire que les commençants auraient grand tort de négliger, quelque fastidieux qu'il puisse leur paraître au premier abord. Je veux parler de l'ordre numérique attribué par un long usage traditionnel aux 214 clefs chinoises. On comprend, en effet, l'embarras qu'éprouverait quelqu'un voulant apprendre la langue hellénique, lorsqu'il aurait à chercher un mot dans un dictionnaire de cette langue, s'il ne connaissait pas le mode habituel de succession des lettres dans l'alphabet grec, — s'il ne savait pas, par exemple, que le Γ y occupe la 3ᵉ place, immédiatement après le B. — Le même besoin de se rappeler sans cesse l'ordre conventionnel usité dans le syllabaire japonais a fait imaginer aux indigènes, comme on l'a vu plus haut[1], une chanson dont le souvenir suffit pour éviter toutes les incertitudes qui pourraient se produire dans l'esprit au sujet de la place relative de telle ou telle syllabe.

Rappelant l'exemple donné ci-dessus, à propos de la manière de compter les traits, je dirai qu'il est possible de trouver dans un dictionnaire les signes 且 et 古 du

---

1. *Cours pratique de Japonais*, 1ʳᵉ partie, p. 8.

moment où l'on a reconnu que le premier était à la clef
du « Soleil » avec un trait complémentaire, et le second
à la clef de la « Bouche » avec deux traits additionnels;
mais encore faut-il, pour ne pas perdre du temps,
savoir à quel endroit se trouvent placées ces deux clefs
dans le volume que l'on désire consulter. L'embarras
disparaît aussitôt, si l'on se souvient que l'une porte le
numéro 72 et l'autre le numéro 30.

Malheureusement, au lieu d'une quarantaine de
lettres, souvent moins, que renferme la plupart des alphabets occidentaux (le syllabaire japonais comprend
47 syllabes), on se trouve en présence de 214 numéros
pour les clefs chinoises. Il en résulte qu'une longue
pratique est presque toujours le seul moyen de se
mettre en tête un pareil numérotage. Quelques-uns de
mes auditeurs ont cependant imaginé plusieurs procédés mnémoniques à l'aide desquels ils sont parvenus,
dans cette voie, à des résultats aussi rapides que satisfaisants [1].

---

1. L'un d'eux a réussi à faire connaître les numéros des 214 clefs
au moyen d'un jeu de loto préparé en conséquence. Un autre, feu
Bourgoint-Lagrange, a imaginé à son tour de composer pour les clefs
chinoises quelque chose d'analogue au « Jardin des Racines Grec-
ques ». Il n'a malheureusement fait paraître qu'un spécimen de son
curieux travail et j'ignore ce qu'est devenu l'ensemble du manuscrit
qu'il avait apporté plusieurs fois à mon cours. — Voici néanmoins un
échantillon des vers mnémoniques qu'il avait imaginés dans son « Jardin des Racines Chinoises ». Pour 人 « homme », qui se prononce
en chinois *jin* et se trouve à la clef 9 : « HOMME, abstiens-toi de GIN,
pour rester longtemps NEUF »; — pour 土 « Terre », qui se prononce en chinois *tou* et se trouve à la clef 32 : « A TERRE, TOUT marin
revêt son TRENTE-DEUX ». (Voy. dans les *Mémoires du Comité Sinico-
Japonais* de la Société d'Ethnographie de Paris, 1896, t. XX, p. 71.)

Je dois ajouter enfin que les clefs qui entrent dans la composition des caractères idéographiques de la Chine y occupent souvent des places différentes, ce qui complique un peu le moyen de les reconnaître. Il en est quelques-unes, il est vrai, qui sont toujours placées au même endroit, comme la clef des plantes, ainsi qu'on peut le voir dans l'exemple suivant :

艹 芋 芦 芫 茜 苘 葡 藥

Il en est d'autres, au contraire, qui occupent successivement toutes les positions imaginables. Telle est la clef 山 « montagne », ainsi qu'on en peut juger par la série de signes ci-dessous :

峈 舳 崇 岳 岡 幽

EXEMPLE

pour servir à la recherche des caractères idéographiques dans les dictionnaires rangés par ordre de Clefs.

La phrase suivante est à traduire en français :

1 書   2 中   3 有   4 金   5 玉。

Pour trouver la signification de ces cinq signes, il faut d'abord reconnaître la clef à laquelle se rattache chacun d'eux. — Ces clefs sont :

1 日   2 丨   3 月   4 金   5 玉

Clef 73   Clef 2   Clef 74   Clef 167   Clef 95[1]

Il faut ensuite chercher les caractères dont on ignore

---

1. Dans les dictionnaires publiés en Chine la clef 玉 porte le plus souvent le numéro 96.

la signification dans un Dictionnaire, après avoir
compté le nombre de traits à ajouter à la clef. S'il n'y a
aucun trait d'ajouté, c'est que le caractère est une clef
lui-même, et alors il doit être traduit simplement par la
signification donnée à cette clef.

GLOSSAIRE

Clef   2 (avec 3 traits) :   中   « milieu, dans » ;

—   73 (avec 6 traits) :   書   « livres, écrits » ;

—   74 (avec 2 traits) :   有   « avoir » ;

—   95 (la clef seule) :   玉   « jade, pierre précieuse » ;

—   167 (la clef seule) :   金   « or, métal ».

Voici une version libre de cette phrase dont les
étudiants devront chercher à faire la traduction litté-
rale, en attribuant à chaque mot son rôle précis et la
catégorie grammaticale qu'il convient de lui attribuer :

« On rencontre dans les livres des enseignements
précieux ».

DES PHONÉTIQUES. — On désigne sous le nom de
« signes phonétiques chinois » certains groupes de
traits servant à faire connaître les prononciations affec-
tées aux caractères, alors que les « clefs » passent pour
indiquer la catégorie à laquelle appartiennent les mots
représentés dans l'écriture idéographique.

Les deux exemples suivants suffiront pour expliquer
ce système de notation des sons :

Le caractère 馬, qui signifie « cheval », se prononce
en chinois *ma*, syllabe dont le son a été modifié par les
Japonais en ハ *ba*. — Si l'on ajoute ce caractère à cer-

taines clefs, pour exprimer différentes idées, on forme une série de signes qui se prononcent tous également *ba*, comme ceux qui sont donnés ci-après :

PHONÉTIQUE 馬 *ba*.

瑪 *ba* « agate, gemme de couleur » (*iro-no tama*).

隖 *ba* « avantageux, bon marché » (*yasŭ*).

傌 *ba* » insulter, déshonorer » (*hadŭkasimeru*).

禡 *ba* « sacrifice au Dieu de la Guerre » (*ikusa-no matŭri*).

鷌 *ba* « mollusque, coquillage » (*mate*).

嗎 ou 駡 *ba* « gronder, injurier, invectiver » (*noru, nonosiru*).

獁 *ba* « animal à poil » (*ke-mono*).

PHONÉTIQUE 方 *hau*.

房 *hau* « habitation, chambre » (*iye, heya*).

芳 *hau* « odoriférant, parfumé » (*kaubasii*).

防 *hau* « s'opposer, faire de la résistance » (*fusegu*).

坊 *hau* « rue, passage, carrefour » (*timata*).

放 *hau* « disperser, laisser aller, rejeter » (*tirasŭ, saru*).

昉 *hau* « commencement, brillant » (*hazime, akiraka*).

肪 *hau* « graisse » (*abura*).

訪 *hau* « mesurer, consulter, aller à une audience » (*hakaru, mamiyuru*).

仿 *hau* « ressembler, c'est tout à fait semblable » (*samo-nitari*).

妨 *hau* « être embarrassé, injurier » (*sibudu, sokonau*).

彷 *hau* « s'arrêter indécis » (*tati-yasŭrau, tatazŭmu*).

Le système phonétique de l'écriture chinoise admet de nombreuses exceptions : un même groupe de traits destiné à indiquer le son est souvent l'objet de prononciations différentes, suivant la clef à laquelle il est joint. La phonétique 丁, pour ne citer ici qu'un seul exemple de ces exceptions, a la valeur de テイ *tei*, qu'elle donne au caractère 釘 *tei* « clou » (*kugi*); tandis qu'avec la clef de la main (扌) elle forme le signe 打 « frapper, battre » (*utŭ*) qui se prononce en sinico-japonais タ *ta*[1].

DU MODE D'EMPLOI

DES CARACTÈRES IDÉOGRAPHIQUES AU JAPON

On a vu que les Japonais faisaient simultanément usage des signes idéographiques de la Chine et de caractères syllabiques dérivés de ces mêmes signes, les premiers pour exprimer les mots proprement dits, les

---

1. Les commençants qui voudront se livrer à l'étude des phonétiques sinico-japonaises, étude assez pénible mais qui leur rendra de sérieux services, pourront consulter la brochure que j'ai fait paraître sous le titre de *Tableau des principales phonétiques chinoises disposées suivant une nouvelle méthode* (Paris, 1858, in-8. — 2 fr. 50).

seconds pour leur adjoindre certaines désinences ou, en d'autres termes, ce qui constitue les formes grammaticales. Quelques explications rudimentaires à cet égard trouveront ici leur place, afin de préparer les étudiants à bien comprendre le système de composition des divers genres de textes employés par les insulaires du Nippon.

Si quelqu'un s'avisait, pour écrire, d'employer *une couronne* dans le sens de « roi », — *un cœur* dans le sens de « aimer », — *un arc et une flèche* dans le sens de « guerre », en traçant les signes suivants :

  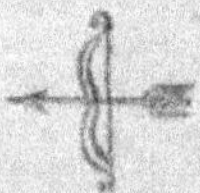

il ferait usage d'une écriture idéographique analogue à celle des Chinois et des Japonais, et les trois signes ci-dessus signifieraient : « Le roi aime la guerre ».

Si, ensuite, pour se faciliter les moyens de noter les formes grammaticales de sa langue, il ajoutait les désinences des substantifs et des verbes au moyen de lettres alphabétiques,

comme :

<table>
<tr><td>moi
♡
me } j'aime</td><td>moi
♡
mais } j'aimais</td><td>moi
♡
merai } j'aimerai</td></tr>
</table>

il composerait des textes absolument analogues aux textes japonais.

Or, le pronom de la 1re personne « je » ou « moi » est, en japonais, *wataküsi*, mot qui s'indique en écriture idéographique à l'aide du caractère chinois 私. S'il se présente comme sujet d'une phrase, on doit le faire suivre de la postposition ハ *va* qui sert à marquer le nominatif. Quant à l'idée d' « aimer », elle se note au moyen du signe 好 dont la lecture est *sŭki*. En conséquence, on écrira :

私ハ好マス *watakŭsi* moi — *va* (nom.) — *sŭki* aim- — *masŭ* -e. } j'aime

私ハ好マッタ *watakŭsi* moi — *va* (nom.). — *sŭki* aim- — *masita* -ais. } j'aimais

私ハ好マッヤウ *watakŭsi* moi — *va* (nom.). — *sŭki* aim- — *masyau* -erai. } j'aimerai

On a vu que la phraséologie japonaise présentait généralement un caractère inverse de la nôtre. Il en résulte que, pour la déclinaison, par exemple, au lieu de faire usage, comme chez nous, de prépositions, on emploie des postpositions. On écrira de la sorte :

人ハ 人ノ 人ニ 人ヘ 人ヲ 人カラ 人等

hito-va — *hito-no* — *hito-ni* — *hito-ye* — *hito-wo* — *hito-kara* — *hito-tati*

homme-le — homme de l' — homme-à l' — homme-vers l' — homme-l' (accusatif) — l'homme-provenant de — homme-les

Ajoutons que pour la formation du pluriel dont on trouvera le système exposé en détails dans la *Grammaire*, on fait généralement usage de postpositions indiquant la quantité, et parfois de la répétition du substantif, comme par exemple 人人, (écrit 人〻), et lu par euphonie *hito-bito* « homme-homme », pour « les hommes ».

DES SIGNES DE NUMÉRATION

Les signes employés pour la numération chez les Japonais, et qui sont communs aux différents peuples de l'Asie Orientale, se présentent sous deux formes différentes. La première, et la plus communément en usage, est d'une grande simplicité de tracé et peut être apprise en quelques instants. Les trois premiers nombres sont figurés par de simples traits horizontaux tracés, 1, 2 ou 3 fois. Parmi les autres, il en est plusieurs que l'on peut apprendre aisément par un procédé mnémonique : par exemple, une partie du signe 四 « quatre » rappelle le chiffre européen 4 par ses traits de droite (ᄕ); de même, on peut voir dans le signe 五 « cinq », une certaine ressemblance avec notre chiffre 5 (5); et dans le signe 七 « sept », une légère addition à notre 7 (7).

La seconde forme des signes de numération est la forme archaïque : elle se présente sous des formes beaucoup plus compliquées que la première. Bien qu'elle soit moins usitée que celle-ci, il est utile de la connaître, d'autant plus qu'aujourd'hui elle est d'un usage obligatoire au Japon, quand il s'agit d'indiquer par écrit des nombres pour lesquels la notation vulgaire psésente des inconvénients, en ce sens qu'elle prête aisément à des falsifications numériques. Les chiffres 一, 二, 三, par exemple, peuvent être transformés, par l'addition facile d'un ou deux traits en chiffres 十 « 10 », 三 « 3 », 五 « 5 », etc.

Voici un tableau des deux genres de signes de numération dont il vient d'être dit quelques mots :

CHIFFRES		VALEURS	NOMS	
VULGAIRES	ANCIENS	«	CHINOIS	JAPONAIS
半 一 二 三 四 五 六 七 八 九 十 百 千 萬	壹 貳 參 肆 伍 陸 柒 捌 久 拾 百 阡 万	1/2 1 2 3 4 5 6 7 8 9 10 100 1,000 10,000	pan yih cull san sse ou louh tsih pah kieou chih peh tsien wan	han iti ni san si go rokü siţi haţi ku zyu hyakü sen man

Pour indiquer les unités ajoutées aux dizaines, on

place les signes de ces unités après le chiffre 十 « dix »; et pour indiquer les multiples de dix, de cent, de mille, etc., on place les signes de ces unités *avant* les chiffres 十 « dix », 百 « cent », 千 « mille », etc. Exemple :

二十三。 23 | 五十二。 52 | 六十九。 69 | 二百四。 204 | 六千七。 6007

On écrira les nombres les plus élevés suivant le même système :

一千八百八十四 1884 | 五千六百二 5602 | 六萬二千三百五 62,305

EXERCICES ÉLÉMENTAIRES

D'ÉCRITURE IDÉOGRAPHIQUE

Les commençants traduiront d'abord les phrases suivantes, dans lesquelles on n'a fait usage que de clefs et des signes numératifs donnés plus haut[1] :

三。人。五　女。十　木。二　十　犬。十　八　刀。二　十

三　弓。四　十　四　骨。十　九　大　人。千　二　百　石。

一　黑　犬。大　人　見　黑　舟。女　食　肉。四　十　五

大　刀。六　十　六　魚。萬　竹。萬　二　十　大　鳥。山

水。心　广。三　百　四　十　虫。金　系。人　足。女　手。

人　言。鳥　目。羊　角。大　火。人　衣。車　馬。大　鬼

食　麥。牛　毛。人　髟。田　艸。七　百　二　十　一　豕。

三　十　五　豸。大　風。門　口。

Après avoir étudié le tableau des 214 clefs chinoises et appris à reconnaître les signes qui représentent les chiffres ou noms de nombres dans l'écriture idéographique, les étudiants ne doivent pas éprouver d'embarras pour traduire le petit texte qui précède ; mais ils ne

---

1. Les textes chinois et japonais s'écrivent par colonnes verticales qui se suivent dans la direction de droite à gauche. — Le qualificatif précède toujours l'objet qualifié.

pourront pas encore le lire à haute voix ou, en d'autres termes, savoir quels sons il convient d'attribuer à chacun des caractères qu'il renferme.

Dans certains cas, les Japonais joignent aux signes idéographiques dont ils font usage, la prononciation qui leur est propre et ils l'indiquent à l'aide de l'un de leurs syllabaires. Lorsqu'il en est ainsi, il n'y a pas plus de difficultés à lire les textes écrits dans leur langue que ceux des autres pays du monde. Au contraire, lorsqu'ils négligent ou, pour un motif quelconque, ne jugent pas à propos de noter les prononciations, l'étudiant européen est souvent fort perplexe. Supposons, en effet, qu'on trouve l'image suivante et qu'il faille la rendre par l'énonciation du mot français qu'elle représente : on sera incertain si l'on doit prononcer le mot « navire » ou bien « vaisseau », ou bien « bâtiment », ou bien « bateau », ou bien « barque ».

On trouvera plus loin quelques autres renseignements rudimentaires sur le genre de système en question. En attendant, les élèves devront essayer de traduire les petits textes suivants, textes qui, par suite de leurs différents modes de notation, fournissent des exercices gradués.

Premier texte.

Pour ce premier texte, on a donné en écriture *katakana*, à côté des signes idéographiques qu'il renferme, la prononciation qu'on doit attribuer à ceux-ci ; puis, un peu plus loin la transcription en lettres latines et enfin une traduction française. Quant à la valeur individuelle de chacun des mots, pour la connaître, il y aura lieu de recourir au Glossaire placé à la suite de chacun des différents exercices contenus dans cette IVe partie.

山高キガ故ニ貴カラズ。

樹アルヲ以テ貴トス。

人肥タルガ故ニ貴カラズ。

智アルヲ以テ貴トス。

富ハ是一生ノ財。

身滅スレバ即共滅ス。

智ハ是万代ノ財。

命終レバ即随ヒテ行ク。

TRANSCRIPTIONS EN LETTRES EUROPÉENNES

1. — *Yama takaki-ga yuye-ni tatŭto-karazŭ* ;
2. — *Ki aru-wo motte, tatŭto-si to sŭ* ;
3. — *Hito koyetaru-ga yuye-ni tatŭto-karazŭ* ;
4. — *Ti aru-wo motte, tatŭto-si to sŭ* ;
5. — *Tomi-va kore is-syau-no takara* ;
6. — *Mi messureba, sunavati tomo-ni messŭ* ;
7. — *Ti-va kore ban-dai-no takara* ;
8. — *Inoti ovareba, sŭnavati sitaga'ite yuku.*

TRADUCTION FRANÇAISE

1. — Les montagnes ne sont pas nobles parce qu'elles sont hautes ;
2. — Elles sont nobles, parce qu'elles ont des arbres.
3. — L'homme n'est pas noble, parce qu'il a de l'embonpoint ;
4. — Il est noble, parce qu'il possède la sagesse.
5. — Les richesses sont un trésor pour cette vie seulement ;
6. — Quand la vie est consumée, elles sont consumées avec elle.
7. — La sagesse est un trésor inépuisable ;
8. — Quand la vie est terminée, elle se perpétue (après elle).

GLOSSAIRE

Dans les petits glossaires donnés à la fin de chacun des textes réunis ici, on ne trouvera pas les signes qui ont été déjà expliqués dans le présent volume et dont les élèves feront bien de dresser une copie sur un cahier spécial. Cette copie servira d'ailleurs à leur mettre ces signes dans la mémoire et à les faire retrouver au besoin, pendant la période des premières études.

一 *iti* (*is*) (clef 1, sans aucun trait additionnel). — Un, un seul, tout en un, entier, complet.

不 *zû* (clef 1 + 3 traits). — Pas, ne pas, négation.

以 *motte* (clef 9 + 3 traits). — Parce que, à cause.

共 *tomo* (clef 12 + 4 traits). — Ensemble.

即 *sûnavati* (clef 26 + 11 traits). — Alors, aussitôt.

命 *mei, inoti* (clef 30 + 5 traits). — Vie, mandat du ciel.

富 *tomi* (clef 40 + 9 traits). — Richesse, prospérité, abondance.

故 *yuye* (clef 66 + 5 traits). — A cause, parce que.

是 *si, kore* (clef 72 + 5 traits). — Ce, cet, cela.

智 *ti* (clef 72 + 8 traits). — Intelligence, sagesse, connaissance approfondie.

樹 *ki* (clef 75 + 13 traits). — Arbre.

滅 *messû* (clef 85 + 10 traits). — Éteindre, détruire, anéantir.

肥 *koyeru* (clef 130 + 4 traits). — Être gras, corpulent.

行 *yuku* (clef 144, sans trait additionnel). — Aller.

財 *takara* (clef 154 + 3 traits). — Richesses, trésors.

貴 *tattosi* (cl. 154 + 5 tr.). — Noble, précieux, estimable, excellent.

隨 *sui, sitaga'u* (clef 170 + 13 traits). — Suivre.

Second texte.

Apologue.

或ル一匹ノ驢馬ガ獅子ノ皮ヲ被リテ。數多ノ獸類ニ誇リテ。馳ケ廻リケレバ。皆畏レ奔リテ避ケケレバ。此驢馬殊ニ驕豪ヲ始メ。遂ニ吾ガ固有聲ニテ叫ビテ歡ビ狂ヒケレバ今ハ衆獸モ果シテ僞獅子ナルコトヲ知リ。直チニ之ヲ殺シケリトゾ。若此驢馬能ク其時機ヲ知ッテ。終身叫バザレバ其身ヲ殺スコハナカリシナラン

Nous ne fournirons pas aux étudiants la transcription européenne de ce second texte, parce qu'ils pourront la trouver en se reportant à la seconde partie du présent volume, p. 95; mais nous leur donnerons la traduction, en les engageant à chercher les moyens de se rendre bien compte du mode de composition des phrases qu'il renferme. Ils devront en outre faire une copie de ce

petit texte et y joindre une traduction interlinéaire mot
à mot.

TRADUCTION FRANÇAISE

L'Ane revêtu de la peau du lion.

Un certain âne s'était revêtu de la peau d'un lion et,
très fier devant les autres animaux, il courait de tous
côtés, leur causant une grande frayeur et les faisant
fuir. Cet âne toutefois, qui avait pris dès l'abord une
attitude orgueilleuse, ne tarda pas à se laisser aller à
pousser un cri spontané, en se livrant à des extrava-
gances. On rapporte qu'aussitôt toutes les bêtes recon-
nurent qu'il y avait là en réalité un faux lion et qu'elles
profitèrent d'un moment favorable pour le mettre à
mort. Si cet âne avait bien compris la situation et n'avait
pas crié jusqu'à la fin de sa vie, il est évident qu'il n'aurait pas perdu l'existence.

Troisième texte.

Sur ce troisième texte, on ne verra plus figurée la
lecture des signes idéographiques à l'aide de lettres
juxta-linéaires *kata-kana*; mais, comme on trouvera à
la suite une transcription complète en lettres latines,
les étudiants parviendront à découvrir la prononciation
de chaque caractère chinois, s'ils font attention aux
grosses lettres *kata-kana* qui se rencontrent dans certains endroits entre quelques-uns de ces caractères
chinois. Ils sauront, par exemple, que les trois premiers signes idéographiques qui précèdent la syllabe
ヲ *wo* doivent se lire *Nip-pon kokŭ*, et ils auront à procé-
der de la même manière pour tout le reste du morceau.

日本國ヲ經歷スルコトハむ切要也佛國ヨリ
日本ニ到ルニ蒸氣車及火輪船ノ發明ヨリ僅
二五十日ヲ費ス可シ若旅客能日本語ヲ解シラン
者ニハ緊要ニシテ且愉快ナラシ此ニ反シテ其
語ヲ不解者ハ國人ト交リ不能故ニ諸事ヲ其爲
レ不能而已ナラス其國内及其風俗ヲ遍ク知ルコ甚ク難レ

TRANSCRIPTION EN LETTRES EUROPÉENNES

Nippon kokŭ-wo kei-reki sŭru koto-va mottomo setŭ-yô nari. Futŭ kokŭ-yori Nipp-on-ni itaru-ni zyô-ki-sya oyobi kwa-rin-sen-no hatŭ-mei-yori, wadŭka-ni go-zyu niti-wo tŭiyasŭ besi. Mosi ryo-kakŭ yokŭ Nippon go-wo kai-sitaran mono-ni-va kin-yô-ni site, katŭ yu-kwai naran. Kore-ni han-site, sono go-wo kai-sezaru mono-va, kokŭ-zin to mazivari atavazŭ yŭye-ni syo-zi-wo tomo-ni nasi atavazŭ nomi narazŭ; sono kokŭ-nai oyobi sono fŭ-zokŭ-wo amanekŭ siru-koto hanahada katasi.

TRADUCTION FRANÇAISE

« Les voyages au Japon ont acquis de l'importance. Depuis l'invention des chemins de fer et des bateaux à vapeur, on ne met plus que cinquante jours pour aller de France au Japon. C'est fort intéressant et agréable pour les personnes qui comprennent bien le japonais. Au contraire, les personnes qui ne le comprennent pas, non seulement ne peuvent se mettre en relations avec les habitants du pays et ne peuvent se livrer aux affaires; mais encore il leur est extrêmement difficile d'étudier les mœurs de cette contrée ».

DE LA NOTATION JAPONAISE

DES NOMS PROPRES

Il est d'habitude au Japon d'écrire les noms propres de personnes, comme ceux des localités, en caractères idéographiques chinois qui sont lus tantôt suivant la prononciation qui était en usage dans la Chine ancienne, tantôt en les traduisant dans l'idiome national ou langue de Yamato. Il résulte de l'usage éventuel et sans cesse variable de ces deux genres de lecture certains embarras, non seulement pour les Européens, mais pour les Japonais eux-mêmes. Il n'est pas inutile de faire connaître aux commençants plusieurs particularités relatives au système en usage pour ce genre de notation graphique.

On a vu plus haut que les caractères chinois étaient des signes « figuratifs » ou représentant d'une manière conventionnelle les idées qu'ils avaient à exprimer ; et nous avons dit que de tels signes pouvaient être lus de diverses façons. Lorsque ces signes représentent un nom propre, les incertitudes sont encore plus fréquentes que lorsqu'il s'agit d'indiquer la valeur d'un mot ordinaire ou même celle d'une nuance qui s'y rapporte.

Supposons, par exemple, qu'une personne, pour indiquer son nom sur une carte de visite ou sur un document quelconque, y fasse figurer, plus ou moins grossièrement tracée, l'image suivante : La vue de cette image fera tout d'abord penser qu'il s'agit d'un monsieur qui s'appelle Cheval ; mais il est possible que cette image représente d'autres mots, et que la personne en question se nomme M. Étalon, M. Jument, M. Coursier, M. Rosse, peut-être même M. Pégase.

Eh bien ! une incertitude du même genre pourrait se produire en japonais si le nom d'une personne était représenté par le caractère figuratif 馬 « cheval » que nous avons déjà eu l'occasion de faire connaître aux étudiants.

L'usage a sans doute établi d'une façon précise qu'elle devait être la lecture d'une foule de noms propres communément répandus au Japon ; et, en conséquence, la lecture de ces noms ne laisse aucun embarras dans l'esprit des indigènes qui les voient représentés par des signes chinois. Il est néanmoins certains cas où les insulaires de l'Asie Orientale hésitent sur la manière dont ils doivent lire un nom dont on leur présente la notation écrite. Vers la fin du siècle dernier notamment, habitait à Paris un lettré japonais très distingué dont « le nom de famille » s'écrivait 入江 et « le petit nom » ou « nom personnel » 文郎. Nul de ses compatriotes n'éprouvait d'hésitation pour lire son nom de famille et le prononcer *Iri-yé*; mais, lorsqu'il s'agissait de son petit nom, ils le lisaient généralement *Bun-rau*, lecture contre laquelle ce lettré ne manquait jamais de protester, soutenant, en pareille circonstance, qu'il avait la légitime prétention de bien savoir qu'il s'appelait *Fumi-o* et non pas *Bun-rau*.

Par suite des difficultés que l'on rencontre parfois à lire certains noms propres japonais, on a inséré, dans beaucoup de Dictionnaires, des listes spéciales à l'aide desquelles on arrive à lever le plus souvent, mais non pas toujours, les incertitudes. Les étudiants feront bien de prendre connaissance de ce genre de liste et de s'initier peu à peu aux règles qui ont présidé à leur composition[1].

Il convient de rappeler ici, que, contrairement à ce qui se passe chez nous, les Japonais ont l'habitude, quand ils écrivent un nom propre, d'inscrire tout d'abord « le nom de famille », et ensuite ce qui répond à la dénomination individuelle ou « petit nom ».

En terminant ces indications rudimentaires, il n'est pas inutile de dire quelques mots sur la manière suivant laquelle les Japonais ont coutume d'écrire les noms européens. Au lieu de faire usage pour les étrangers, comme ils le font pour leurs compatriotes, des signes

---

1. Voy. notamment dans mon *Dictionnaire des signes idéographiques*, p. 209 et suiv.

idéographiques chinois, les habitants du Nippon ont adopté un système qui consiste à se servir des lettres du syllabaire *kata-kana*. Une telle notation phonétique doit fournir autant que possible, l'équivalent de nos lettres, de manière à permettre de reconnaître aisément les personnes qu'on a voulu désigner par écrit. Néanmoins plusieurs sons européens, manquant dans l'organisme linguistique des Japonais, il n'est parfois possible de rendre les noms propres en usage dans nos pays que par approximatif. La lettre *l* entre autres, qui n'existe pas dans l'idiome de Tô-kyau, y est nécessairement remplacée par la lettre *r*, et notre *e* muet par la voyelle *ŭ*.

Voici quelques exemples du mode de transcription des noms européens :

トマ	*Toma,*	c'est-à-dire	« Thomas »;
フランツア	*Fŭransoa,*	—	« François »;
オギユスト	*Ogiyusŭto,*	—	« Auguste »;
ウイクトル	*Ŭikŭtorŭ,*	—	« Victor »;
ヱリザ	*Eriza,*	—	« Élisa »;
マリ	*Mari,*	—	« Marie »;
ルイズ	*Ruizŭ,*	—	« Louise ».

Cartes de visite. — Afin de fournir aux élèves l'occasion d'appliquer les principes qui viennent d'être exposés sommairement, nous donnerons ici le modèle d'une Carte de Visite, avec une formule spéciale pour en faire usage à l'occasion du « premier jour de l'an ».

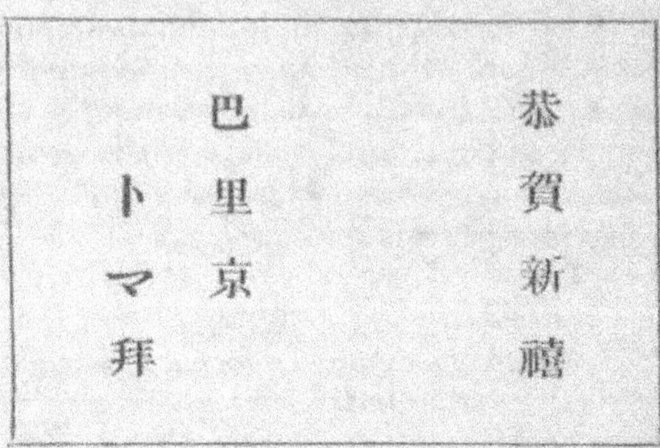

Transcription. — *Sin-ki-wo uya-uyasiku gasû,—Pari-kyau Toma hai-su.*

Traduction. — Respectueuses félicitations pour une nouvelle (période) de bonheur ; — M. Thomas, de la capitale Paris, vous salue.

POÉSIES JAPONAISES

Il n'est pas sans avantage, lorsque l'on veut acquérir la connaissance d'une langue étrangère, de s'imposer le devoir d'apprendre par cœur quelques textes composés dans cette langue. Les poésies sont en général avantageuses pour un pareil exercice, et celles du Japon dites *uta* le sont tout particulièrement, parce qu'elles sont très courtes et consistent dans des sortes de distiques qui n'ont pas plus de 35 syllabes. — Pour les élèves de première année, nous donnerons ci-après quatre pièces de ce genre auxquelles il y aura lieu de joindre la Chanson de l'Alphabet (*I-ro-ha-no uta*) qui a été expliquée dans la 1re partie de ce volume (p. 8 et sv.).

Ces quatre pièces sont écrites ici en signes du syllabaire *kata-kana*, qui est le plus facile à lire pour les commençants. Nous y avons intercalé néanmoins, suivant l'usage des insulaires du Nippon, quelques caractères idéographiques choisis parmi ceux dont on a déjà expliqué la valeur dans le présent volume et dont les élèves doivent en conséquence connaître la signification ou parmi ceux qui sont compris dans la liste insérée plus loin.

Première pièce

composée par l'empereur Ten-dì Téa-wau[1].

(Extraite du *Byakū-nin is-syu*, ou Anthologie des Cent poètes célèbres.)

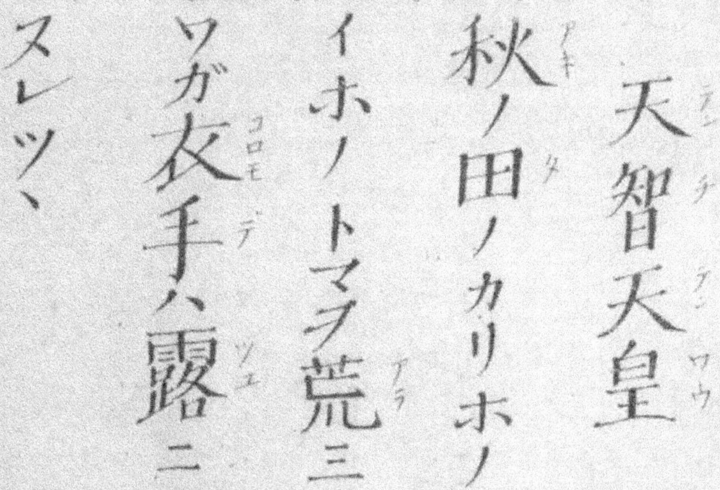

LECTURE. — *Aki-no ta-no kari-hono, ivo-no toma-wo arami, waga koromo-de-va tūyu-ni nure tūtū.*

TRADUCTION

En automne, on fait la moisson dans les champs : la natte (qui

____

1. Vid. suprà, p. 43.

couvre) ma cabane est à claire-voie ; mon vêtement est mouillé par la rosée.

Seconde pièce

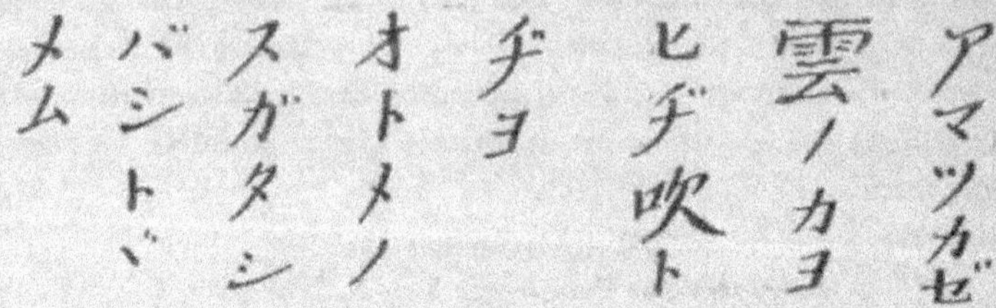

LECTURE. — *Ama-tŭ kaze kumo-no kayo'i di fuki-todi yo! otome-no sŭgata sibasi todomemŭ (todomen).*

TRADUCTION

O vent du Ciel, fermez par votre souffle les éclaircies des nuages, afin que la beauté des vierges demeure encore (quelques instants) parmi nous.

Troisième pièce

LECTURE. — *Yo-no naka-yo miti kosŏ nakere omo'i iru, yama-no oku-ni mo sika zo naku-naru.*

TRADUCTION

Dans ce monde, il n'y a point d'issue...., je songe à me retirer dans les profondeurs des montagnes ; et, là encore, le cerf pleure !

Quatrième pièce

九州弟一ノムメコンヤキ三ガタメ二ヒラクハナノシンギヲシラントホツセバサンコウ月ヲフンデキタレ

LECTURE. — *Kiu-siu dai-iti-no mûme, kon-ya kimi-ga tame-ni hiraku ; hana-no sin-gi-wo siran to hosseba, san-kô tûki-wo funde kitare.*

TRADUCTION

La première fleur de prunier de l'île de Kiou-siou, cette nuit, Seigneur, pour vous s'ouvrira ; si vous désirez que tous les charmes de cette fleur vous soient connus, venez, en vous dandinant au clair de lune, à l'heure de la troisième veille.

EXPLICATION DES SIGNES CHINOIS

CONTENUS DANS LES POÉSIES PRÉCÉDENTES[1].

九 *kiu*, clef v, plus 1 trait. — Voy. p. 24.

吹 *fuku*, clef xxx, plus 4 traits. — Souffler, chasser en soufflant.

天 *ten*, clef xxxvii, plus 1 trait. — Voy. pp. 43, 182.

---

1. Dans la liste qui suit, on a donné la traduction des seuls signes chinois qui n'ont pas encore été expliqués dans les pages précédentes de ce volume. Pour les signes que les étudiants doivent déjà connaître, on s'est borné à indiquer la page où ils ont été traduits pour la première fois.

州 *siu*, clef XLVII, plus 3 traits. — Voy. p. 136.

智 *ti*, clef LXXII, plus 8 traits. — Voy. pp. 43, 215, 216.

田 *ta*, clef CII. — Voy. p. 198.

皇 *wau*, clef CVI, plus 4 traits. — Empereur, impérial, illustre, auguste.

秋 *aki*, clef CXV, plus 4 traits. — Automne.

荒 *arami*, clef CXI., plus 6 traits. — En mauvais état, délabré.

雲 *kumo*, clef CLXXIII, plus 4 traits. — Nuages.

露 *tŭyu*, clef CLXXIII, plus 12 traits. — Rosée.

鹿 *sika*, clef CLXXXVIII. — Voy. p. 39.

DES LIVRES LES PLUS NÉCESSAIRES

POUR L'ÉTUDE DE LA LANGUE JAPONAISE PARLÉE ET ÉCRITE

Les difficultés que présente la reproduction typographique des textes japonais et les dépenses qu'entraîne l'impression des livres où l'on fait usage des divers genres de caractères usités au Japon ont eu pour conséquence non seulement d'attribuer à ces livres un prix presque toujours fort élevé en librairie, mais, ce qui est plus grave, de les faire paraître le plus souvent d'une façon incomplète et à bien des égards insuffisante.

Dans ces conditions, il faut que les débutants n'ignorent pas que les difficultés qu'ils ont à surmonter seront plus ou moins grandes, plus ou moins pénibles, suivant le nombre des instruments de travail qu'ils se seront procurés pour accomplir leur tâche. Un catalogue quelque peu complet des livres qui pourraient leur rendre des services de divers genres occuperait une place qu'il n'y a pas lieu de lui accorder ici. Je me bornerai donc à l'indication sommaire de ce que je crois pouvoir appeler les outils les plus indispensables aux commençants.

En ce qui concerne la langue vulgaire ou parlée, je leur signalerai ma Grammaire[1] et mon Guide de la Conversation[2] qui leur suffiront largement pendant la période des études de première année.

Pour la connaissance de la langue écrite, le nombre des livres les plus nécessaires à se procurer est malheureusement bien plus considérable, d'autant plus que la pratique de cette langue exigeant celle de l'écriture idéographique et, dans une certaine mesure, du style littéraire des Chinois, l'acquisition de certains ouvrages consacrés à cette écriture peut être difficilement évitée.

Avant tout, il est désirable de posséder un Tableau des 214 Clefs chinoises et de le faire coller sur un carton, afin de le consulter aisément et de ne pas risquer à la longue de le mettre en pièces. On évite en outre de fréquentes pertes de temps et l'on facilite les recherches sur ce tableau, en coloriant par des teintes plates et légères, d'une couleur différente, chacune des séries de signes qui s'y rencontrent. On peut même en rendre

---

1. *Éléments de la Grammaire Japonaise* (Langue vulgaire), 2ᵉ édition, Paris, 1897; un vol. in-8.

2. *Guide de la Conversation japonaise*, 3ᵉ édition, Paris, 1883, un vol. in-12. (Il a paru une édition italienne du même livre, publiée par le professeur Ant. Severini, de Florence.)

l'usage encore plus commode en indiquant par une
nuance distincte les clefs les plus importantes que je
n'ai pu distinguer à l'impression qu'en les accompa-
gnant d'une astérique (*).

Après le Tableau des 214 Clefs chinoises, il y a lieu
de posséder une Grammaire de la Langue écrite. Celle
que j'ai publiée[1] est loin d'être complète, ayant dû me
restreindre à ce que je pouvais insérer dans le nombre
de pages mises à ma disposition par l'éditeur. On
pourra avantageusement faire usage de la Grammaire
Japonaise composée en hollandais par Donker Curtius,
de Leide et dont il a paru une traduction française[2].

La grosse affaire pour les étudiants est d'avoir à leur
disposition un Dictionnaire Chinois et un Dictionnaire
Japonais quelque peu satisfaisants. Jusqu'à ce jour, il
n'est pas possible de leur indiquer les moyens de trouver, pour chacun de ces deux genres de livres, un ouvrage qui puisse répondre à lui seul à leurs besoins,
surtout s'ils ne connaissent que la langue française.

Comme Dictionnaire Chinois-Français, celui du P.
Basile de Glemona, assez mal édité sous le nom de
Deguignes[3], est un de ceux qu'on rencontre le plus aisément chez les libraires; mais, outre de nombreuses im-
perfections, il a le défaut d'être d'un format très grand
et très lourd, ce qui en rend l'emploi fort incommode.

---

1. *Introduction à l'étude de la langue Japonaise*. Paris, 1856; un vol.
in-4, avec planches.

2. *Proeve eener Japansche spraakkunst van Japan*, toegelicht, verbe-
terd, etc., door J. Hoffmann. Leyden, 1857; un vol. in-8 (trad. franç.
publiée à Paris, en 1861, par L. Pagès).

3. *Dictionnaire Chinois, Français et Latin*. Paris, 1813; un gros vol.
in-fol.

De bien meilleurs ouvrages de ce genre existent en anglais, en russe et en portugais, mais ils sont d'ordinaire d'un prix élevé.

Quand bien même on aurait acquis plusieurs de ces Dictionnaires Chinois, leur possession ne serait pas suffisante pour les étudiants qui veulent aboutir à des résultats aussi complets que possible, et surtout pour ceux qui étudient l'écriture idéographique de la Chine en vue de comprendre les textes écrits par les Japonais. Une longue expérience m'a démontré que, pour vaincre avec succès les difficultés que l'on rencontre sans cesse sur sa route, le mieux était de composer soi-même un Dictionnaire qu'on doit avoir constamment sous la main. Plusieurs grands sinologues, Abel Rémusat, Klaproth, Stanislas Julien et d'autres, n'ont pas eu d'hésitation à mettre un tel système en pratique. Toutefois, comme le tracé des signes chinois présente parfois des difficultés assez sérieuses pour les débutants, j'ai fait lithographier une liste des signes les plus utiles[1], à l'aide de laquelle les élèves peuvent rédiger eux-mêmes le Dictionnaire en question. Le travail qu'ils accomplissent pour aboutir à ce résultat présente en outre l'avantage de leur mettre en tête bien des signes dont ils sont appelés à rencontrer à chaque instant la figure dans les textes qu'ils ont besoin d'expliquer. Enfin, ce Dictionnaire, composé par les travailleurs eux-mêmes, devient extrê-

---

1. *Dictionnaire des signes idéographiques de la Chine*, avec leur prononciation usitée au Japon; accompagné de la liste des Signes idéographiques particuliers aux Japonais, d'une Table des caractères cycliques et numériques, d'un Index géographique et historique, d'un Glossaire Japonais-Chinois des noms propres de personnes. 2e édition, Paris, 1867; un vol. in-8.

mement précieux lorsqu'ils y inscrivent, sur des feuilles de papier intercalées entre chaque page, les « mots doubles » qui jouent un rôle des plus considérables dans la langue écrite de la Chine, du Japon et des autres pays de l'Asie Orientale.

Vu l'importance des « mots doubles » pour l'étude de tous les idiomes de l'Extrême-Orient, il n'est pas inutile d'ajouter ici quelques indications à ce qui en a été dit dans la première partie de ce volume. On a fait observer que par ce terme « mot double », il fallait entendre, en sinologie et en yamatologie, une grande série de vocables qui, associés deux à deux et dans des cas assez rares trois à trois, acquièrent une signification qui ne semble pas au premier abord résulter des termes choisis pour les former. Il s'agit de composés du genre de ceux qui existent dans toutes les langues, notamment en français, quand l'on dit, par exemple, *œil de bœuf*, pour « petite fenêtre ronde » ; — *pie-grièche*, pour « femme acariâtre » ; — *sac à vin*, pour « ivrogne » ; — *passe-droit*, pour « faveur injuste » ; — *coq à l'âne*, pour « discours désordonné » ; — *chair de poule*, pour « frisson », etc.

Les mots doubles usités au Nippon sont quelquefois composés de vocables purement japonais ; mais, bien plus souvent, ils sont formés de termes qui proviennent de la langue chinoise. Ces expressions sont tellement nombreuses dans les langues de la Chine et du Japon qu'il est bien rare de parcourir quelques lignes d'un texte quelconque écrit dans ces idiomes sans y rencontrer des mots doubles plus ou moins difficilement intelligibles. De telles formules pullulent même dans le style de la conversation.

Dès le début de leurs études, les élèves devront se faire un devoir de noter sur le Dictionnaire composé par eux tous les mots doubles dont ils pourront connaître la valeur exacte ; et, s'ils veulent obtenir une place distinguée dans le domaine de la Yamatologie, ils trouveront avantage à choisir une sorte de « spécialité philologique » dans ce domaine. Il est bien évident que celui qui se propose d'entrer dans la carrière de la diplomatie, du droit, de la médecine, des beaux-arts ou du commerce, pour n'en pas citer d'autres, y gagnera à se préoccuper surtout de la technologie propre aux occupations particulières qu'il aura choisies.

Voici quelques exemples de mots doubles que les étudiants commenceront à reporter sur leur Dictionnaire en choisissant, pour les y inscrire, celui des deux mots constitutifs qui leur semblera le plus caractéristique, le plus important ou le plus difficile à interpréter, lorsque cela leur sera nécessaire.

I. — MOTS DOUBLES

Langage politique et diplomatique

上院 *syau-in*, chambre des Pairs, Sénat.

下院 *ka-in*, chambre des Députés.

會議 *kwai-gi*, discussions des séances.

寄書 *ki-syo*, communiqué.

公報 *kô-hau*, avis officiel.

歲出入 *sai-syutü-nyü*, budget annuel.

使節 *si-setü*, envoyé diplomatique.

領事 *ryau-zi*, consul.

書記官 *syo-ki-kwan*, attaché de légation.

定約 *dyau-yakü*, traité, contrat.

II. — MOTS DOUBLES. — Termes de Droit.

代言人 *dai-gen-nin*, avocat.

呼出 *yobi-dasi*, assignation.

訟廷 *syo-ki*, auditoire, salle d'audience.

自白 *zi-hakŭ*, aveu.

仲裁 *tyu-sai*, arbitrage.

代訴人 *dai-syŏ-nin*, avoué.

倒產 *tau-san*, banqueroute.

詐僞倒產 *sa-gi tau-san*, banqueroute frauduleuse.

極刑 *kyokŭ-kei*, peine capitale.

仕樣帳 *si-yau-tyau*, cahier des charges.

III. — MOTS DOUBLES. — Termes de Médecine.

醫者 *i-sya*, médecin.

刀圭 *tau-kei*, médecine, chirurgie.

病氣 *byau-ki*, maladie.

病症 *byau-syau*, symptômes.

見立 *mi-tate*, diagnostiques.

熟病 *netŭ-byau*, fièvre.

藥種 *yakŭ-syu*, médicament, remède.

丸藥 *gwan-yakŭ*, pilule.

虎列拉 *ko-re-ra*, choléra.

養生 *yau-zyau*, santé, soin de la vie.

IV. — MOTS DOUBLES. — Termes relatifs aux Beaux-Arts.

畫工 *gwa-kô*, peintre.

油繪 *abura-e*, peinture à l'huile.

音藥 *on-gakŭ*, musique.

囃子 *hayasi*, orchestre.

唱哥 *syau-ka*, musique vocale, chant.

影物 *hori-mono*, gravure, sculpture.

銅板 *dô-ban*, gravure sur cuivre (planches).

石摺 *isi-zuri*, lithographie.

石版 *isi-han*, pierre lithographique.

寫眞 *sya-sin*, photographie.

V. — MOTS DOUBLES. — Termes relatifs au Commerce.

買入 *ka'i-ire*, achat.

買主 *ka'i-nusi*, acheteur.

約束手形 *yakŭ-sokŭ te-gata*, billet à ordre.

捺印白紙 *na-in-hakŭ-si*, blanc seing.

物價 *buk-ka*, tarif de marchandises.

銀行 *gin-kau*, banque.

保險 *hau-ken*, assurance.

博覽會 *hakŭ-ran-kai*, exposition.

出品人 *syutŭ-hin-nin*, exposant.

出投 *seru*, vendre à l'enchère.

VOCABULAIRE

SINICO-JAPONAIS-FRANÇAIS

des signes idéographiques les plus usités.

Le nombre des signes idéographiques dont il est nécessaire de connaître la signification pour parvenir à l'intelligence de la langue Japonaise écrite est, comme on l'a vu, beaucoup plus considérable que celui des lettres qu'ont à apprendre les élèves lorsqu'ils veulent se livrer à l'étude d'un idiome qui s'écrit, comme les nôtres, à l'aide de lettres alphabétiques. Afin d'éviter des confusions fréquentes au début, alors qu'on cherche à se rappeler les formes très diverses et souvent fort compliquées des caractères chinois, il est bon de ne s'attacher à les retenir que par séries successives.

Voici donc, à titre d'exercices, plusieurs de ces séries dans lesquelles on rencontrera les signes les plus usités, et notamment ceux qui occupent une place d'une importance toute particulière dans la phraséologie japonaise[1].

---

[1]. Les signes idéographiques chinois compris dans les quatre séries sont susceptibles d'être lus de plusieurs manières différentes (lectures purement japonaises, lectures sinico-japonaises). On se bornera à indiquer ici l'une de leurs prononciations les plus usuelles.

PREMIÈRE SÉRIE (10 SIGNES IDÉOGRAPHIQUES)

者 *va* « pour ce qui est de », marque du nominatif.

之 *no* « de, du, de la » ; marque du génitif.

于 *ni* « à, au, à la » ; marque du datif.

於 *ni* « à, au, à la » ; marque du datif.

上 *uye* « le haut, sur ».

中 *naka* « le milieu, dans, à l'intérieur ».

下 *sita* « le bas, sous ».

前 *maye* « devant, avant ».

後 *noti* « derrière, après ».

不 *zŭ* « pas, négation ».

SECONDE SÉRIE (20 SIGNES IDÉOGRAPHIQUES)

乎 *ka*, est-ce que ? (interrogatif).

亦 *mo*, aussi, même.

以 *matte*, par, au moyen de.

此 *kono*, ce, cet, cela.

何 *nani*, quoi ? interrogatif.

其 *sono*, son, sa, de lui.

甚 *hanahada*, beaucoup, très.

今 *ima*, maintenant.

物 *mono*, chose, objet, individu.

可 *beku*, pouvoir.

有 *aru*, avoir (verbe auxiliaire).

勿 *nakare*, gardez-vous de.

事 *koto*, chose, affaire.

如 *mosi*, comme, pareil, semblable.

皆 *mina*, tous.

只 *tada*, seulement.

因 *yotte*, à cause, parce que.

名 *na*, nom, dénomination.

語 *katoba*, langage, parole, mot.

云 *i'u*, dire.

TROISIÈME SÉRIE (30 SIGNES IDÉOGRAPHIQUES)

然 *sika*, ainsi.

乃 *sŭnavati*, alors.

得 *tokŭ*, obtention (voy. la Grammaire).

方 *ye*, à, vers; — *kata*, côté.

無 *nai*, pas, négation; ne pas avoir.

間 *aida*, dans, à l'intérieur.

吾 *ware*, je, moi.

你 *anata*, toi, vous.

他 *ta*, autre, lui (une autre personne).

私 *watakŭsi*, je, moi (l'intérêt privé, l'égoïsme).

譙 *tare*, *dare*, qui?

靴 *idŭre* (cl. 39), quoi? où?

故 *yŭye*, parce que, par la raison que.

外 *hoka*, autre, dehors.

未 *imada*, pas encore.

由 *yosi*, cause, circonstance, raison.

爲 *sŭru*, faire, être.

能 *yokŭ*, capable.

沈 *ivanya*, beaucoup plus, à plus forte raison.

出 *ideru*, sortir, surgir.

度 *tabi*, fois.

來 *kitaru*, venir.

左 *hidari*, la gauche.

右 *migi*, la droite.

雖 *iyé-domo*, quoique.

尙 *nawo*, plus, davantage, encore.

多 *ohoku*, beaucoup, très.

國 *kuni*, royaume, pays, province.

久 *hisasjku*, longtemps, ancien.

最 *mottomo*, beaucoup, très.

QUATRIÈME SÉRIE (50 SIGNES IDÉOGRAPHIQUES)

常 *tùne*, toujours, ordinaire.

次 *tùgi*, suivant, qui vient ensuite.

餘 *amari*, plus que, au-dessus de, surplus.

衆 *syu*, foule, multitude; marque du pluriel.

第 *dai*, préfixe numérale ordinale.

各 *ono-ono*, chacun.

數 *kazŭ*, nombre.

等 *tati*, marque du pluriel.

別 *betŭ*, séparé, distinct, autre.

遠 *toi*, éloigné, distant.

居 *oru*, demeurer, habiter.

向 *mukai*, en face, opposé.

毎 *mai*, chaque.

年 *tosi*, année.

共 *domo*, quoique.

並 *narabi*, ordre, rang, série; *narabi-ni*, ensemble.

世 *yo*, monde, âge, siècle.

求 *motomeru*, demander, requérir.

歸 *kayeru*, retourner, revenir.

欲 *hossŭ*, désirer.

近 *tikai*, près, récent, approchant.

知 *siru*, savoir.

和 *Yamato*, le Japon.

惡 *warui*, méchant, mauvais.

善 *yoi*, bon, aimable.

當 *ate*, dépendant de.

本 *moto*, base, point de départ.

古 *furui*, vieux, ancien.

持 *motŭ*, avoir, posséder, prendre en mains.

時 *toki*, temps, heure.

合 *awaseru*, réunir, joindre, ajouter, unir.

終 *owari*, fin, acnèvement.

取 *toru*, prendre.

分 *wakaru*, diviser, partager, comprendre.

異 *kotonaru*, être différent, étranger.

致 *itasü*, faire, accomplir.

道 *miti*, route, voie.

難 *katasi*, difficile.

聞 *kiku*, entendu.

同 *onadi*, même, semblable, idem.

成 *naru*, devenir, être, compléter.

到 *itaru*, aller à, parvenir.

盡 *tukusü*, épuiser, achever.

學 *manabu*, étudier, apprendre.

兩 *tyau*, double (anglais : both), taël.

若 *mosi*, dans le cas où, si.

好 *konomu*, aimer, affectionner.

全 *mattakü*, entier, complet.

氣 *ki*, air, température.

讀 *yomu*, lire.

GLOSSAIRE

FRANÇAIS-JAPONAIS

par ordre de matières.

I

Ciel — *Sora* 空.

Étoile — *Hosi* 星.

Soleil — *Hi* 日.

Lune — *Tŭki* 月.

Nuage — *Kumo* 雲.

Vent — *Kaze* 風.

Pluie — *Ame* 雨.

Temps — *Toki* 時.

Terre — *Tŭti* 土.

Mer — *Umi* 海.

II

Rocher — *Iwa* 岩.

Montagne — *Yama* 山.

Rivière — *Kawa* 川.

Pays — *Kuni* 國.

Capitale — *Miyako* 京.

Vallée — *Tani* 谷.

Route — *Miti* 道.

Ile — *Sima* 島.

Cap — *Saki* 崎.

Port — *Minato* 港.

III

Homme (mâle) — *Otoko* 男.

Femme — *Onna* 女.

Vieillard — *Tosiyori* 老人.

Enfant — *Kodomo* 子供.

Père — *Titi* 父.

Mère — *Haha* 母.

Frères — *Kyau-dai* 只弟.

Sœurs — *Si-mai* 姉妹.

Fils — *Musùko* 男.

Fille — *Musùme* 娘.

IV

Corps — *Karada* 體.

Tête — *Kasira* 頭.

Cheveu — *Kami* 髮.

Œil — *Me* 目.

Nez — *Hana* 鼻.

Bouche — *Kuti* 口.

Oreille — *Mimi* 耳.

Dent — *Ha* 齒.

Poitrine — *Mune* 胸.

Bras — *Ude* 腕.

V

Main — *Te* 手.

Doigt — *Yûbi* 指.

Ongle — *Tûme* 爪.

Dos — *Senaka* 背.

Estomac — *I-no-fu* 胃腑.

Ventre — *Hara* 腹.

Jambe, pied — *Asi* 足.

Peau — *Kawa* 皮.

Sang — *Ti* 血.

Cœur — *Kokoro* 心.

VI

Peuple — *Tami* 民.

Empereur — *Mikado* 帝.

Impératrice — *Kisaki* 后.

Héritier présomptif — *Tai-si* 大子.

Seigneur féodal — *Dai-myau* 大名.

Ambassadeur — *Tai-si* 大使; *si-setü* 使節 (envoyé),

Savant — *Gakü-sya* 學者.

Astronome — *Ten-mon-gakü-sya* 天文學者.

Médecin — *I-sya* 醫者.

Poète — *Ka-zin* 歌人 ; *Si-zin* 詩人.

VII

Interprète — *Tû-zi* 通事.

Voyageur — *Tabi-bito* 旅人.

Agriculteur — *Nô-ka* 農家.

Riche — *Kane-moti* 金持.

Pauvre — *Bim-bau-nin* 貧乏人.

Domestique — *Ge-nan* 下男.

Ami — *Hô-yû* 朋友.

Ennemi — *Teki* 敵.

Soldat — *Hei-si* 兵士 ; *hei-sotü* 兵卒.

Marin — *Sui-fu* 水夫.

VIII

Vêtement — *Ki-mono* 着物.

Chapeau — *Bau-si* 帽子.

Pantalon — *Hakama* 袴.

Soulier — *Kutü* 靴.

Gant — *Te-bukuro* 手袋.

Chemise — *Zyu-ban* 襦袢.

Soie, soieries — *Kinu* 絹.

Coton, cotonnade — *Momen* 木綿.

Laine — *Nuno* 布.

Fil, fil de soie — *Ito* 絲.

IX

Maison — *Iye* 家.

Chambre — *He-ya* 部屋.

Meuble — *Dau-gu* 道具.

Lit — *Nédoko* 寝臺床.

Table — *Tükuye* 机.

Chaise — *Isu* 椅子.

Natte — *Musiro* 席 ; *Tatami* 疊.

Matelas — *Futon* 布團.

Traversin — *Makura* 枕.

Paravent — *Byô-bû* 屏風.

X

Bibliothèque — *Bun-ko* 文庫.

Pendule — *Kaké do-kei* 掛時計.

Chandelier — *Syoku-dai* 燭臺.

Lampe — *Ran-pu* 洋燈.

Boîte — *Hako* 箱.

Miroir — *Kagami* 鏡.

Rasoir — *Kamisori* 髮剃.

Peigne — *Kusi* 櫛.

Éventail — *Ogi* 扇子.

Savon — *Sabon* 石礆.

XI

Parfum — *Niwoi* 香.

Poêle (brasier) — *Hi-bati* 火鉢.

Bois (à brûler) — *Maki, Takigi* 新.

Charbon — *Seki-tan* 石炭.

Allumette — *Haya-tŭke-gi* 早付木.

Balai — *Hauki* 箒.

Brosse — *Hake* 刷毛.

Tasse à thé — *Tya-wan* 茶碗.

Théière — *Tya-bin* 茶瓶.

XII

Livre — *Hon* 本; *Syo-motŭ* 書物.

Pinceau — *Fude* 筆.

Crayon — *Em-pitu* 鉛筆.

Papier — *Kami* 紙.

Enveloppe — *Zyau-bukuro* 狀袋.

Cachet — *In-gyau* 印形; *Han* 判.

Lettre — *Te-gami* 手紙.

Encre — *Sŭmi* 墨.

Encrier — *Sŭzŭri* 硯.

Almanach — *Koyomi* 暦.

XIII

Abaque — *Soroban* 算盤.

Boussole — *Zi-syakŭ* 磁石.

Thermomètre — *Kan-dan-kei* 寒暖計.

Baromètre — *Sei-u-kei* 晴雨計.

Microscope — *Kem-bi-kyau* 顯微鏡.

Lunettes — *Megane* 眼鏡.

Télescope — *Too-megane* 遠眼鏡.

Carte géographique — *Ti-dù* 地圖.

Dictionnaire — *Zi-biki* 字引; *Zi-syo* 字書.

Registre — *Tyau* 帳.

XIV

Arc — *Yumi* 弓.

Flèche — *Ya* 矢.

Lance — *Yari* 槍.

Sabre — *Katana* 刀.

Canon — *Taï-hau* 大砲.

Fusil — *Tep-pau* 鐵砲.

Pistolet — *Tane-ga-sima* 種子ガ島; *pistorû* ピストル

Drapeau — *Hata* 旗.

Casque — *Kabuto* 甲.

Cuirasse — *Yoroï* 冑.

XV

Vaisseau — *Funé* 舟, 艖.

Barque — *Ko-buné* 小舟, 小艖.

Ancre — *Ikari* 錨.

Mât — *Ho-basira* 檣.

Voile — *Ho* 帆.

Cordages — *Tuna* 綱; *Nawa* 繩.

Gouvernail — *Kazi* 舵.

Pont d'un navire — *Kam-pan* 甲板.

Cabine — *Fune-no he-ya* 船室 (chambre de navire).

Machine à vapeur — *Zyo-ki Ki-kwan* 蒸氣機關.

XVI

Aliments — *Tabe-mono* 食物.

Viande — *Niku* 肉.

Sauce (japonaise) — *Syau-yu* 醬油.

Soupe (bouillon) — *Siru* 汁.

Bœuf — *Usi-no niku* 牛肉.

Veau — *Ko-usi no niku* 小牛肉.

Mouton — *Hitŭzi-no niku* 羊肉.

Porc — *Buta no niku* 豚肉.

Poisson — *Sakana, Uwo* 魚.

Huître — *Kaki* 蠣.

Œuf — *Tamago* 卵.

XVII

Riz — *Komé* 米; *Mesi* 飯.

Thé — *Tya* 茶.

Vin japonais — *Saké* 酒.

Vin de raisin — *Bu-dau-syu* 葡萄酒.

Bière — *Bakit-syu* 麥酒; *Biru* ビール.

Eau — *Midŭ* 水.

Huile — *Abura* 油.

Vinaigre — *Su* 酸.

Sel — *Siwo* 鹽, 塩.

Sucre — *Sa-tau* 砂糖.

XVIII

Légumes — *Ya-sai* 野菜.

Haricot — *In-gen-mame* 菜豆.

Pomme de terre — *Imo* 芋.

Miel — *Mitŭ* 蜜.

Fruit — *Ki-nomi* 木實; *Ku-damono* 果物.

Prune — *Mume* 梅.

Abricot — *Anzŭ* 杏.

Cerise — *Sakura-no mi* 櫻實.

Orange — *Mi-kan* 蜜柑.

Moutarde — *Karasi* 芥.

XIX

Plat — *Sara* 皿.

Bouteille — *Tokuri* 德利.

Couteau — *Ko-gatana* 小刀.

Bâtonnet — *Hasi* 箸.

Cuiller — *Sazi* 匕.

Tasse — *Man* 碗.

Gâteau — *Ka-si* 菓子.

Tabac — *Tabako* 烟草.

Cigare — *Maki-tabako* 卷烟草.

Pipe — *Kiséru* 烟管.

XX

Boutique — *Misé* 店.

Marchand — *Akindo* 商人.

Charpentier — *Dai-kü* 大工.

Serrurier — *Kagi-ya* 鑰屋.

Peintre — *E-si* 繪師; *E-kaki* 畫工.

Joaillier — *Tama-ya* 玉屋.

Armurier — *Bu-gu-si* 武具師.

Papetier — *Kami-ya* 紙屋.

Libraire — *Hon-ya* 本屋.

Barbier — *Kami-yui* 髮結師.

XXI

Artisan — *Syoku-nin* 職人.

Cocher — *Gyo-sya* 御者.

Pêcheur — *Türi-si* 釣師, 漁夫.

Chasseur — *Kariado* 獵師.

Musicien — *Hayasi-kata*, *On-gakü-si* 音樂師.

Comédien — *Yakü-sya* 役者, 俳優.

Danseur — *Odori-ko* 踊子, 舞踏師.

Imprimeur — *Han-süri nin* 影刻師.

Voyageur — *Tabi-bito* 旅人.

Facteur de la poste. — *Hi-kyakü* 飛脚; *Yu-bin hai-tatü nin* 郵便配達人.

XXII

Peuple — *Tami* 民.

Paysan — *Hyakŭ-syau* 百姓; *Nô-fu* 農夫.

Étranger — *Gai-kokŭ-zin* 外國人.

Insurgé — *Mu-hon nin* 謀反人.

Voleur — *Nusŭ-bito* 盜賊.

Courtisane — *Dyo-rau* 女郎.

Prêtre — *Bau-yu* 坊主.

Professeur — *Sen-sei* 先生 (Litt, antea natus).

Interprète — *Tŭ-zi* 通事; *Tŭ-ben* 通辯.

Élève — *De-si* 弟子; *Syo-sei* 書生.

XXIII

Chose — *Mono* 物.

Affaire — *Koto* 事.

Argent (monnaie) — *Zéni* 錢.

Poids — *Me-kata* 重量.

Mesure — *Mono-sasi* 尺度.

Année — *Tosi* 年.

Printemps — *Haru* 春.

Été — *Natŭ* 夏.

Automne — *Aki* 秋.

Hiver — *Fuyu* 冬.

XXIV

Temps — *Toki* 時.

Mois (lune) — *Tŭki* 月.

Jour (soleil) — *Hi* 日.

Matin — *Asa* 朝.

Midi — *Ma-hiru* 正午.

Après-midi — *Hiru-go*, *Go-go* 午後.

Soir — *Ban* 晩.

Nuit — *Ya*, *Yo*, *Yoru* 夜.

Heure — *Toki*, *Zi* 時.

Demi-heure — *Han-toki*, *Han-zi* 半時.

XXV

Couleur — *Iro* 色.

Rouge — *Aka* 赤.

Bleu (de ciel) — *Asa-gi* 淺黄.

Vert — *Awo* 青 ; *Midori* 緑.

Jaune — *Ki* 黄.

Violet — *Murasaki* 紫.

Gris — *Nedzumi* 鼠 (souris).

Noir — *Kuro* 黒.

Blanc — *Siro* 白.

XXVI

Animal — *Kedamono* 獣.

Lion — *Si-si* 獅子.

Tigre — *Tora* 虎.

Ours — *Kuma* 熊.

Cheval — *Mūma* 馬.

Ane — *Rô-ba* 驢馬.

Chèvre — *San-yau* 山羊 (mouton de montagne).

Chien — *Inu* 犬.

Chat — *Neko* 猫.

Singe — *Saru* 猿.

XXVII

Oiseau — *Tori* 鳥.

Coq — *On-dori* 牡雞.

Poule — *Men-dori* 牝雞.

Faisan — *Kizi* 雉子.

Faucon — *Taka* 鷹.

Dragon — *Tatsū* 龍.

Tortue — *Kame* 龜.

Serpent — *Hebi* 蛇.

Ver — *Musi* 虫.

Ver à soie — *Kaiko* 蠶.

XXVIII

Arbre — *Ki* 木.

Plante — *Kusa* 草.

Fleur — *Hana* 花.

Feuille — *Ha* 葉.

Écorce — *Kawa* 皮.

Gazon — *Siba* 芝.

Bambou — *Take* 竹.

Graine — *Tane* 種.

Paille — *Wara* 藁.

Melon — *Uri* 瓜.

XXIX

Orge — *Mugi* 麥.

Blé — *Ko-mugi* 小麥.

Navet — *Kabura* 蕪菁.

Carotte — *Nin-zin* 人參.

Oignon — *Negi* 葱.

Ail — *Nin-niku* 蒜.

Patate — *Imo* 芋.

Champignon — *Take* 菌.

Mûrier — *Kuwa-no-ki* 桑.

Coton — *Wata* 綿 ; *Mo-men* 木綿.

XXX

Métal — *Kane* 金 ; *Kin-zokŭ* 金屬.

Or — *Kin* 金.

Argent — *Gin* 銀.

Cuivre — *Aka-ganè* (métal rouge), 銅.

Fer — *Tetŭ* 鐵.

Mercure — *Midŭ-kane* (métal liquide); *Sui-gin* 水銀 (argent en eau).

Gemme — *Tama* 玉 (jade, perle).

Diamant — *Kon-gau-seki* 金鋼石.

Cristal (de roche) — *Sui-syau* 水晶.

Soufre — *Iwau* 硫黄

APPENDICE A LA QUATRIÈME PARTIE

DE LA DIVISION DU TEMPS

On désigne, en japonais, « l'année » par deux mots différents : le premier, appartenant à l'idiome national de l'empire du Soleil-Levant, est ト シ *tosi*; le second, emprunté à la Chine et d'un usage très fréquent au Nippon, est 年 *nen*.

Depuis quelques années, les insulaires de l'Extrême-Orient ont adopté le système Européen pour la supputation du temps. Il est néanmoins nécessaire de connaitre le système indigène dont l'ignorance rendrait impossible la lecture des livres et causerait des malentendus dans une foule d'occasions différentes. Nous en dirons donc ici quelques mots :

Le « mois » est appelé en japonais ツ キ *tŭki* et en sinico-japonais 月 *getŭ* ou *gwatŭ*. Pour indiquer l'ordre successif des mois, on fait précéder ce dernier mot des noms de nombre dont on a donné plus haut la liste[1], et on ajoute au nom de ces nombres la particule 箇 *ga*, sous la forme abrégée ヶ[2], comme dans les exemples suivants :

三ヶ月 *san-ga getŭ*, 3ᵉ mois;

十ヶ月 *zyŭ-ga getŭ*, 10ᵉ mois; etc.

Le « jour » se nomme en japonais ヒ *hi* et en sinico-

---

1. Voy. p. 211.
2. Ne pas confondre ce signe chinois abrégé avec le caractère katakana ケ *ke*.

japonais 日 *niti*. Cette dernière dénomination est beaucoup plus fréquemment employée que la première que l'on rencontre rarement ailleurs que dans le style des livres et de la poésie.

Le « premier jour du mois » s'appelle 朔 *tûitati*.

La division des mois en « semaines » n'était pas en usage avant le règne du mikado actuel. A une date récente, on a adopté la dénomination de *don-takŭ* pour désigner le jour du repos ou « dimanche » et celle de *han-don* « demi-dimanche » pour « samedi ». Enfin on a donné la liste suivante des jours de la semaine, en conformité avec celle des jours européens :

日 曜 日   *niti-yô-bi* « dimanche »;

月 曜 日   *getŭ-yô-bi* « lundi »;

火 曜 日   *kwa-yô-bi* « mardi »;

水 曜 日   *sui-yô-bi* « mercredi »;

木 曜 日   *mokŭ-yô-bi* « jeudi »;

金 曜 日   *kin-yô-bi* « vendredi »;

土 曜 日   *do-yô-bi* « samedi ».

Il suffira de dire aux étudiants que dans ces noms des jours de la semaine, le mot 曜 *yô* signifie « lumineux » pour qu'ils puissent comprendre les éléments qui entrent dans la composition de chacun d'eux, les autres signes leur ayant été expliqué plus haut.

Voici maintenant les noms japonais des « quatre saisons » :

haru « le printemps », en sinico-japonais 春 *syun* ;

natŭ « l'été »,   —   夏 *ka* ;

aki « l'automne »,   —   秋 *siu* ;

fuyu « l'hiver »,   —   冬 *tŏ*.

Les subdivisions du jour, antérieurement à la nouvelle réforme, ne répondaient pas à celle des Européens. Notre heure de « midi » était, pour les Japonais, la neuvième du jour (九 時 *kokonotŭ doki*).—Le mot *han*, qu'on trouvera plus haut dans le tableau des chiffres, est employé pour exprimer les « demi-heures ». Le mot sinico-japonais 分 *fun* (litt. « division ») sert à indiquer « les minutes »[1].

Nous mentionnerons enfin les expressions suivantes :

asa « le matin », en sinico-japonais 朝 *teŏ* ; — 昨 朝 *sakŭ-teŏ* « hier matin » ; 明 朝 *myau-teŏ* « demain matin » ;

ma-hiru 正 晝 « midi », en sinico-japonais 日 中 *nit-tiu* ;

yube (夕) « le soir », en sinico-japonais 晩 *ban* ; — *kon-ban* « ce soir » ; *sakŭ-ban* « hier soir » ; *myau-ban* « demain soir » ;

---

1. Voy., pour plus de détails, l'ouvrage de MM. G. Appert et Kinosita, *Ancien Japon*, I, Tôkyau, 1888, in-12, p. 3 et sv. — Les autres parties de ce très intéressant petit ouvrage fourniront en outre des renseignements utiles pour les étudiants qui pourront se les procurer.

ya, yo, yoru (夜) « la nuit »;

yo-naka (夜中) « minuit ».

Bien que le calendrier européen ait été introduit officiellement au Japon depuis le 1ᵉʳ janvier 1873, on fait encore usage en maintes occasions des anciens systèmes en usage dans ce pays pour noter les dates et les différentes périodes de l'année.

DE LA PRONONCIATION JAPONAISE

DES MOTS CHINOIS USITÉS AU JAPON

Les Japonais font un emploi continuel, dans leur langue écrite et dans leur langue vulgaire, d'une foule de mots empruntés à la Chine; mais ils ne les prononcent pas de la même manière que les Chinois de nos jours. Il en résulte que les étudiants ont le plus grand intérêt à s'initier aux différentes permutations phonétiques que ces mots ont subi en pénétrant dans l'idiome national du Nippon; et cela d'autant plus qu'ils sont appelés très souvent à faire usage de livres, surtout de dictionnaires publiés pour l'intelligence de la littérature du Céleste-Empire. Quelques indications rudimentaires sur ce sujet trouveront donc utilement une place ici.

Dès leurs premières relations avec la Chine, à une époque fort ancienne, les Japonais introduisirent dans leur archipel les lettres de leurs voisins d'outre-mer et firent en conséquence usage des caractères idéographiques dont se servaient les riverains du fleuve Jaune.

Ces caractères ne se prononçaient pas, à l'époque où
ils les adoptèrent, de la même façon qu'aujourd'hui. De
la sorte, les sons attachés dans le Nippon aux mots d'origine continentale ont été jusqu'à nos jours ceux de
l'idiome antique des Chinois.

Un des caractères particuliers de cet idiome est de
se composer exclusivement de mots monosyllabiques
et de présenter un nombre considérable d'homophones,
c'est-à-dire de vocables se prononçant tous de la même
façon, ainsi que je l'ai expliqué plus haut[1]. Ce grand
nombre d'homophones étant de nature à causer à chaque
instant des malentendus, on essaya d'y obvier en ayant
recours à deux procédés : l'un consistait à affecter
aux voyelles de chaque monosyllabe un ton spécial;
l'autre à employer sans cesse des circonlocutions con-
ventionnelles propres à éviter tous les quiproquos
possibles.

L'étude des tons chinois, très importante pour les
personnes qui veulent bien connaître la langue orale
de la Chine, n'a qu'une importance tout à fait secondaire
pour celles qui désirent uniquement apprendre l'idiome
national des insulaires de l'Extrême-Orient. Un seul de
ces tons doit appeler l'attention des personnes qui se
livrent à la Yamatologie : j'entends parler du ton dit
« bref » ou « rentrant » dont on peut donner une idée
en rappelant la différence pour l'oreille d'un monosyllabe énoncé avec sa prononciation pure et simple, ou
bien lorsqu'il est émis d'une voix haletante ou essoufflée.

Pour la notation de ce ton bref, appelé par les Chinois
jouh-ching, je fais usage d'un *h* final (ex. : *pah*, *teh*, *lih*,

---

1. Voy. part. I, p. 16 et suiv.

soh, mouh), système de transcription qui présente un avantage signalé, en ce sens qu'il indique, non seulement en japonais, mais dans bien des dialectes chinois, en coréen, en annamite, etc., des monosyllabes qui sont tous terminés par une consonne dure (ex. : *nat, yek, hit, kok, suk*). En conséquence, les étudiants devront se rappeler que tous les mots chinois affectés de l'accent tonique bref se prononcent au Japon avec une consonne finale, comme par exemple les suivants :

穀 « céréales », prononcé en chinois *koh*, devient en japonais *kok'*.

蜜 « miel »　　　　—　　　*mih*　　—　　　*mit'*.

達 « notification »　　—　　　*tah*　　—　　　*tat'*.

服 « vêtement »　　　—　　　*fouh*　　—　　　*fouk'*.

Parmi les permutations de lettres initiales, nous nous bornerons à citer les suivantes :

h initial chinois devient *k* en jap.（海 « mer »; ch. *hai*, jap. *kai*).

l　　　—　　　*r* —　（里 « lieue »; ch. *li*, jap. *ri*).

m　　　—　　　*b* —　（梅 « prune »; ch. *mei*, jap. *bai*).

p　　　—　　　*h* —　（比 « comparaison »; ch. *pi*, jap. *hi*).

w　　　—　　*m* ou *b* —　（方 « dix-mille »; ch. *wan*, jap. *man, ban*).

（晚 « soir »; ch. *wan*, jap. *ban*).

ng final　　—　　　*u* —　（樣 « manière »; ch. *yang*, jap. *yau*).

Les autres permutations de lettres exigent, pour être bien comprises, d'être exposées avec des détails qui ne sont pas du ressort des commençants.

V

APERÇU

DES DIFFÉRENTS STYLES

USITÉS AU JAPON

V

APERÇU
DES DIFFÉRENTS GENRES DE STYLES
USITÉS AU JAPON

Dans les parties précédentes de ce volume, il a été fourni quelques premières indications sur la multiplicité des genres d'écriture en usage chez les Japonais. On a vu que, par une particularité spéciale aux insulaires de l'Extrême-Orient, ces divers genres d'écritures étaient l'objet d'un mélange continuel dans les livres et même dans toutes les circonstances de la vie quotidienne. Des variétés très nombreuses se rencontrent chez eux, non seulement pour les quarante-sept signes de leur syllabaire, mais en outre dans le nombre très considérable des signes figuratifs et idéographiques qu'ils ont empruntés à la Chine.

Bien qu'il ne soit guère possible aux commençants de se mettre en tête une pareille quantité de formes écrites, il y a avantage pour eux, dès le début de leurs études, de posséder au moins quelques données rudimentaires sur chacun de ces divers styles. Nous en dirons donc ici quelques mots, en établissant deux séries distinctes : 1° celle des signes *syllabiques* dérivés de caractères chinois; 2° celle des signes *figuratifs* ou *idéographiques* proprement dits et empruntés, sauf de très rares exceptions, au système communément en usage dans l'empire de Chine.

ÉCRITURES SYLLABIQUES

Les lettres du syllabaire japonais ont déjà été indiquées plus haut sous les deux formes les plus répandues au Nippon, à savoir celle qu'on nomme *kata-kana* et celle qu'on appelle *hira-kana*. Dans le premier de ces deux syllabaires, de beaucoup le plus simple à apprendre, mais qui n'est pas le plus usité, les variantes graphiques sont peu nombreuses; il en existe cependant quelques-unes qui sont analogues à celles que l'on rencontre dans notre propre alphabet européen (a et *a*, g et *g*, ɩ et *r*, etc.). Comme exemples de ces variantes dans l'écriture japonaise *kata-kana*, nous nous bornerons à citer ici les signes suivants :

VARIANTES KATA-KANA

Le nombre des variantes graphiques de tous les signes du syllabaire *hira-kana*, dont on a reproduit dans ce volume une sorte de prototype présentant les formes les plus usitées[1], est en quelque sorte infini,

---

1. Voy., dans ce volume, p. 7.

par ce fait qu'il résulte du caprice le plus libre et le plus
fantaisiste du pinceau indigène. Une longue pratique
peut seule en permettre l'intelligence. Nous nous bornerons donc, pour donner une idée de l'extrême variabi-
lité des signes japonais de ce syllabaire, au petit nombre
d'exemples qui suivent :

VARIANTES HIRA-KANA

い.ゟ	*i*	比川つ	*tü*
小忙	*ni*	奈忙	*na*
ほや	*ho*	らふら	*ra*
わ己	*wa*	あ行	*a*
かがうつ	*ka*	あ行己	*si*
礼き	*re*	す毛寸	*sŭ*

En dehors des deux syllabaires japonais dont on vient
de signaler un petit nombre de particularités graphiques,
il en existe plusieurs autres dont les commençants
doivent au moins connaître l'existence. L'un d'eux est
appelé *Man-yô kana* ou « Lettres des Dix-mille feuilles »[1].

---

1. Cette écriture tire son nom d'une ancienne et très remarquable

anthologie japonaise intitulée  *Man-yô siû*

« Collection des Dix-mille feuilles (ou pièces de vers) ».

Il se compose d'une série de signes chinois employés non point pour leur valeur idéographique, mais comme représentant des sons. Chacune des lettres, ou plutôt des syllabes, peut être représentée dans cette écriture par des signes différents dont le nombre n'est pas même déterminé d'une manière précise.

SYLLABAIRE MAN-YO-KANA

i	ro	ha	ni	ho	he	to	tsi
ri	nu	ru	wo	wa	ka	yo	ta
re	so	tsu	ne	na	ra	mu	u
i	no	o	ku	ya	ma	ke	fu
ko	ye	te	a	sa	ki	yu	me
mi	si	e	ki	mo	se	su	

A la liste qui précède, et pour donner une idée   de

l'extrême variété graphique des syllabes japonaises, nous ajoutons un autre syllabaire qui est désigné sous le nom de *Yamato-kana* ou « Lettres du Japon » :

SYLLABAIRE YAMATO-KANA

i, ro, ha, ni, ho, he, to, tsi — ri, nu, wo, wa, ka, yo, ta — re, so, tsu, ne, na, ra, mu, u — ï, no, o, ku, ya, ma, ke, fu — ko, ye, te, a, sa, ki, yu, me — mi, si, e, fi, mo, se, su

Les signes qui figurent dans les deux tableaux reproduits ci-dessus sont des idéogrammes chinois empruntés à la calligraphie dite *sau-syo,* au sujet de laquelle il ne sera pas inutile de donner ici quelques explications complémentaires.

DE L'ÉCRITURE SAU-SYO

On désigne sous le nom de 艸書 *sau-syo* ou « écriture des broussailles », un genre particulier et fort célèbre d'écriture chinoise qui se signale par la forme très cursive des signes idéographiques qu'elle reproduit et par l'extrême caprice qui préside à leur tracé. Il est à peu près impossible d'ouvrir un seul livre populaire japonais sans y rencontrer de ces signes ; et c'est la difficulté de les reconnaître, sous leurs formes bizarres et variées à l'infini, qui a arrêté naguère la plupart des savants orientalistes qui ont voulu entreprendre l'étude des livres de l'Extrême-Orient.

A titre de spécimen, voici quelques exemples de signes chinois tracés dans la forme *sau-syo*, au-dessous desquels se trouve leur équivalent en caractères corrects ou réguliers :

Forme cursive :	語	風	出
— correcte :	語	風	出
SIGNIFICATION :	*kotoba* « langage »	*kaze* « vent »	*iduru* « sortir ».

<table>
<tr><td>Forme cursive :</td><td>考</td><td>授</td><td>教</td></tr>
<tr><td>— correcte :</td><td>考</td><td>授</td><td>教</td></tr>
<tr><td>SIGNIFICATION :</td><td>kangahe
« idée »</td><td>sadŭkeru
« recevoir »</td><td>osihe
« enseignement ».</td></tr>
<tr><td>Forme cursive :</td><td>實</td><td>面</td><td>通</td></tr>
<tr><td>— correcte :</td><td>實</td><td>面</td><td>通</td></tr>
<tr><td>SIGNIFICATION :</td><td>makoto
« vrai »</td><td>omote
« visage »</td><td>tóru
« traverser ».</td></tr>
</table>

L'étude des caractères chinois cursifs, dont il vient d'être donné quelques exemples, facilitera aux commençants celle de l'écriture vulgaire *hira-kana*, dont l'usage est continuel chez les Japonais; car les signes de cette écriture, comme ceux du syllabaire *kata-kana*, ne sont que des tracés rapides ou des abréviations des idéogrammes dont ils dérivent.

Par exemple, la syllabe *hira-kana* ふ *fu*, n'est rien autre chose que le signe *sau-syo* 不 (négation); et la même syllabe, en *kata-kana* フ n'est qu'un fragment du même signe (dans l'écriture correcte 不) dont on a pris seulement une portion de la partie supérieure (フ).

La syllabe *no*, en *hira-kana* 𛃟 et en *kata-kana* ノ, par ce système, peut être écrite de plusieurs manières différentes rappelant toutes le signe chinois 乃 qui, comme idéogramme, signifie « alors, certes, etc. ». Dans l'écriture des broussailles, on évitera de le tracer en plusieurs coups de pinceau et on réunira les traits séparés dans la forme correcte. Au gré de l'écrivain, il prendra tour à tour une des formes suivantes :

Par un procédé analogue, on transformera le signe régulier 波 *va*, en réunissant d'abord les trois gouttes qui figurent l'eau 氵, ensuite en abrégeant plus ou moins

les traits complémentaires, savoir :

Tracé par la main d'un calligraphe indigène, ce signe deviendra :

Inutile de répéter que tous ces signes ont la même valeur, aussi bien que dans nos imprimeries les lettres suivantes :

ʀ, ᴦ, ᵣ, r, ɾ, r, ʳ, r, ᵣ, t, ɾ, ᵗ, ɾ, ᵣ.

Des variations analogues peuvent être signalées pour

toutes les autres lettres des différents syllabaires japonais et pour tous les signes de l'écriture idéographique de la Chine usités dans les textes écrits par les indigènes du Japon.

DE LA CALLIGRAPHIE JAPONAISE

Il n'est pas inutile de donner ici quelques indications pratiques sur les instruments et les substances dont se servent les insulaires du Nippon pour tracer les signes de leur écriture.

Les Japonais, jusqu'à l'arrivée des Européens dans leur archipel, faisaient exclusivement usage de pinceaux[1] en guise de plume. De nos jours encore, ce n'est que dans les grandes villes et à titre exceptionnel qu'ils se servent des mêmes instruments que nous pour écrire.

Durant les différentes périodes où l'on enseigne la calligraphie dans leurs écoles, les pinceaux varient de grosseur et de forme. Les principales variétés sont connues sous les noms suivants :

Futo-fude, larges pinceaux pour les premiers exercices des enfants;

sii-no-mi-fude, pinceaux courts, employés généralement à l'époque où les enfants commencent à tracer les caractères cycliques de l'écriture idéographique;

han-sin-fude, pinceaux pour écrire les lettres et documents épistolaires de toutes natures;

---

1. En japonais 筆 *fude*.

hoso-fude, pinceaux fins ;

oho-mo-zi-fude, très grands pinceaux, employés pour tracer les caractères difficiles et pour imiter les modèles des calligraphes célèbres.

Les pinceaux japonais sont ordinairement fabriqués de poils de chèvre (*hitůzi-no ke*), ou de poils de cerf (*sika-no ke*). On a soin de laver, après s'en être servi, ceux qui sont entièrement formés de poils ; au contraire, on ne lave point ceux dont l'intérieur est fait de papier roulé dans le but de leur donner une résistance que pourrait leur faire perdre l'eau dans laquelle on les plongerait pour les nettoyer.

La manière de tenir le pinceau, différente de celle

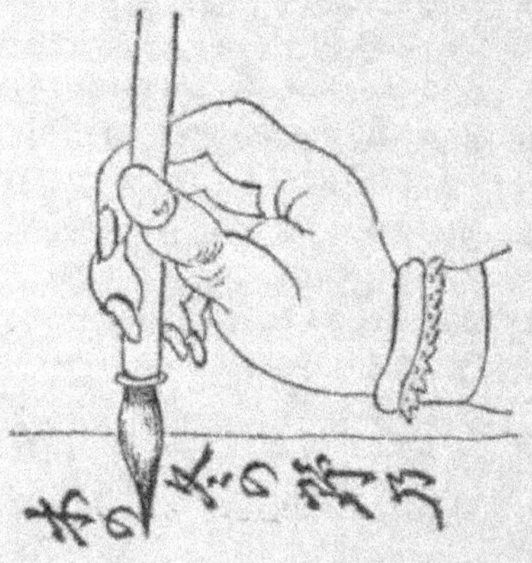

que nous employons pour tenir nos plumes, est indiquée sur la figure ci-dessus. Il est toutefois nécessaire de s'exercer, sous la direction d'un maître, au maniement du pinceau japonais.

On emploie pour l'écriture une foule de variétés de papiers différents. Pour les exercices de calligraphie, on se sert d'une sorte de papier écolier (jap. *han-si*), ou de papier de la province d'Omi (jap. *Omi-no gami*) ; mais on préfère le premier pour les enfants, parce que le prix en est moins élevé. Pour les lettres, on emploie du papier rogné (jap. *han-kire*), ou, dans les cas de cérémonie, du « grand faucon [1] » (jap. *oho-taka*) et d'un autre papier fort (jap. *nori-ire*), dont on fait également des enveloppes (jap. *syo-kan-bukuro* ou *zyau-bukuro*).

L'encre dont on fait communément usage au Japon est celle qu'on appelle en Europe « encre de Chine » : on la délaye sur des encriers de pierre. Pour effacer les signes défectueux, on possède une espèce particulière d'encre blanche (jap. *siro-sûmi*). Enfin une colle de farine (jap. *nori*) sert pour cacheter les lettres, et une empreinte est apposée sur la fermeture à l'aide d'un timbre humide (jap. *in-gyau*) sur lequel est gravé en caractères chinois antiques ou de fantaisie le nom de l'expéditeur.

Les exercices progressifs que l'on fait faire aux enfants, pour leur enseigner la calligraphie, comprennent généralement : 1° les quarante-sept lettres syllabiques de l'alphabet [2] (jap. *i-ro-ha*) en écriture *hira-kana* ; 2° les signes cycliques [3] (jap. *dyû kan* et *dyû-ni si*) ; 3° les noms de toutes les provinces du Japon [4] (jap. *kuni-*

---

1. Comme on dit chez nous « papier grand aigle ».
2. On trouvera ces signes avec leur explication, dans mon *Introduction à l'étude de la langue Japonaise*, p. 16 et pl. I.
3. Insérés dans mon *Dictionnaire des signes idéographiques*, p. 199.
4. Insérés également dans le *Dictionnaire des signes idéographiques*, p. 200.

dukusi); 4° les signes servant à écrire les noms propres de personnes[1] (jap. *naga-sira*), etc. Ensuite on fait copier aux élèves le Livre des mille mots[2] (jap. *Sen-zi-mon*, en écriture chinoise *gyau-syo*, et successivement toutes sortes de textes en écriture classique (jap. *kai-syo*).

Ajoutons enfin que les enfants japonais étudient d'ordinaire la calligraphie depuis l'âge de cinq à six ans jusqu'à douze ou treize, et qu'ils s'exercent à lire les livres depuis leur septième jusqu'à leur quatorzième ou quinzième année, époque où ils commencent l'étude de la langue et de la littérature chinoise, tant en elle-même que dans ses rapports avec leur idiome national.

DE LA TRANSPOSITION DES MOTS

DANS L'ÉCRITURE SINICO-JAPONAISE

L'ordre phraséologique des mots n'étant pas le même en langue japonaise et en langue chinoise, il arrive souvent que l'on rencontre, dans les textes écrits en sinico-japonais, des signes qui se suivent conformément aux règles de la syntaxe chinoise, mais qui doivent être lus d'après les principes de la syntaxe japonaise et en conséquence au moyen de fréquentes transpositions de mots et parfois de période de phrases tout entières.

---

1. Même ouvrage, p. 209.
2. Ce texte, dont il existe plusieurs traductions européennes, a été inséré en caractères classiques, puis en caractères cursifs, avec une traduction interlinéaire, dans mon *Recueil de textes japonais, à l'usage des élèves de l'Ecole spéciale des Langues Orientales*, pp. 60-98.

Pour donner une idée de cette particularité philologique que l'on rencontre dans un bon nombre de textes du Nippon, je suppose une phrase française qui aurait été écrite de la sorte :

chien Le bœuf de viande la souvent mange
2   1   7   6   5   4   3

Si l'on veut rendre cette phrase intelligible aux Français, il faut en lire les mots, non pas dans l'ordre où ils sont écrits ci-dessus, mais en les prononçant d'après celui qu'indique le numérotage y annexé.

Or la même phrase s'écrirait en sinico-japonais de la manière suivante :

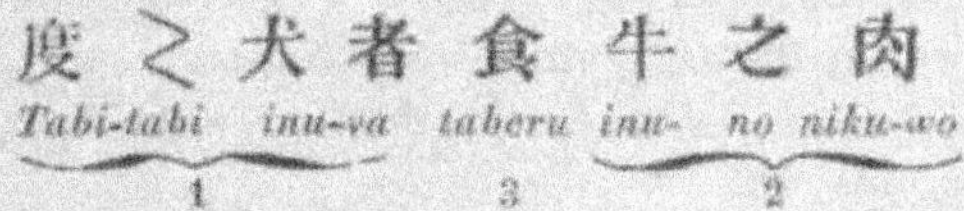
度 之 犬 者 食 牛 之 肉
Tabi-tabi   inu-va   taberu   inu-   no niku-wo
1   3   2

Elle devrait être lue en japonais suivant l'ordre des chiffres juxtaposés, savoir :

Tabi-tabi inu-va usi-no niku-wo taberu.

Pour indiquer les transpositions de mots, parfois beaucoup plus considérables que dans l'exemple qui précède, les Japonais font usage de plusieurs signes conventionnels dont les étudiants doivent connaître le rôle et la valeur. En voici la liste :

Lorsqu'il s'agit seulement de transposer à la lecture un caractère sur deux qui ont été écrits conformément à l'ordre phraséologique chinois, on met à gauche et au bas du premier des deux caractères la marque ⌄ qui est analogue au signe (⸤) usité dans nos imprimeries pour la correction des épreuves typographiques. Les exemples donnés ci-après (extraits du *Recueil de Textes Japonais*, premier morceau, Cosmogonie du Nippon, p. 5) suffiront pour faire comprendre cette simple règle :

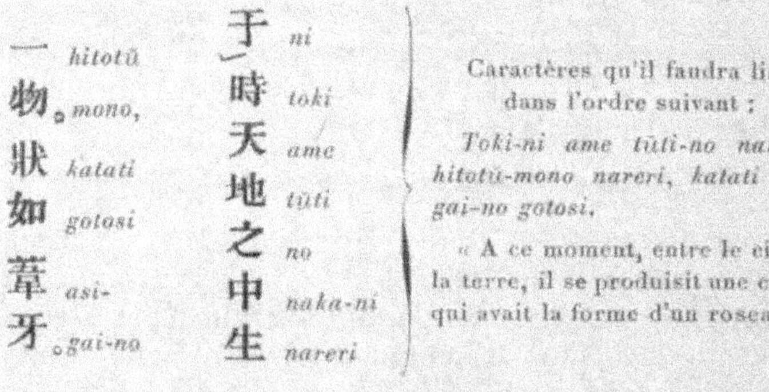

Lorsqu'il s'agit de la transposition de plus d'un signe, c'est-à-dire d'une portion de phrase, on emploie en outre les signes numériques de très petite dimension 一 « un », 二 « deux » et 三 « trois », ou les caractères 上 « haut », 中 « milieu », 下 « bas ». — En voici un exemple emprunté au même texte :

EXERCICES ÉLÉMENTAIRES

POUR L'ÉTUDE DES DIFFÉRENTS STYLES JAPONAIS

Pour préparer les commençants à l'intelligence des documents écrits d'après les divers systèmes graphiques en usage chez les indigènes de l'archipel de l'Extrême-Orient, on a réuni, dans cette cinquième et dernière section du *Cours pratique de Japonais*, une série de textes tous également transcrits en lettres latines, mais accompagnés de notes destinées à faire connaître un certain nombre des signes idéographiques qui figurent dans leur rédaction originale.

Ces exercices faciliteront considérablement le travail d'interprétation auquel devront se livrer les élèves qui auront obtenu des résultats sérieux durant la première période de leurs études.

I. — STYLE VULGAIRE[1]

Kane-wo moti-masû ka? [251].
Watakûsi-ni fude to sûmi-wo kudasai-masi [267].
Nippon-no hito-wa hasi de tabe-masû [273].
Sake-wo konomu mono mo, konomanu mono mo ari-masû [281].

---

1. Les phrases qui suivent sont extraites du *Guide de la Conversation Japonaise* (3e édition, Paris, 1879; in-12), et les numéros mis entre crochets à la suite de chacune d'elles sont ceux qui indiquent leur place dans ce volume.

Anata-va kyau-daï ga ari-masŭ ka? [299].
Watakŭsi-va Ni-hon go ga yokŭ deki-masŭ [302].
Anata-va sakŭ-nen-va fŭransŭ go-ga o deki nasai-masenanda [309].
Ko tosi-va kome-ga yokŭ deki-masyau [314].
Kono he-ya-ni o hairi nasai-masi [320].
Saka-ya-va sake-no naka-ni midŭ-wo ire-masita [330].
Watakŭsi-va ano mise-ni iraneba nari-masenŭ [333].
Sakŭ-ban tomo-dati to sibaï-ni de-kake-masita [344].
Kono kodomo-va yokŭ te-narai-wo itasi-masŭ [355].
Hyakŭ-syau-ga hatake-wo tŭkuru [359].
Kutŭ-ya va kawa-de kutŭ-wo kosirahe-masita [365].
Anata-no kodomo-va myau-niti de narai-wo si-masyau [375].
Sono koto-wo anata-no o tomo-dati-ni mausi-masyau [380].
Watakŭsi-va yuki-ga furu-to omo'i masŭ [388].
Do-ko-kara kono fune-va mairi-masita [415].
Myau-niti watakŭsi-va watakŭsi-no bes-sau-ni anata-wo mati-masyau [418].
Tada-ima tabeneba nari-masenŭ [426].
Watakŭsi-va syokŭ-zi-ga iri-yô-de gozai-masŭ [434].
Naze anata-va kare to o sau-dan-wo nasai-tai ka [439].
Watakŭsi-va anata-to go is-syo-ni maeri-masyau [462].
Koko-ni Nippon fude-ga gozai-masŭ [476].
Kono musŭme-va yokŭ uta'i-masŭ [488].
Hana-ga mi-goto-ni saki-masita [497].
Musŭme-no atatta uta-va omosirô gozai-masŭ [509].
Kono otoko-va dorobô-wo sita yŭye, tŭmi serare-masŭ [511].

CARACTÈRES IDÉOGRAPHIQUES

A INTERCALER DANS LES PHRASES PRÉCÉDENTES

Les Japonais ayant l'habitude d'intercaler dans leurs textes un nombre de signes idéographiques chinois qui dépend surtout du goût ou du caprice de l'écrivain, les étudiants, pour se familiariser avec ce système, devront copier les phrases précédentes en remplaçant par les caractères donnés ci-dessous les mots écrits en lettres latines, comme, par exemple, dans la phrase suivante :

Phrase 388. — 私 *va* 雪 *ga furu to* 思 *i-masŭ*, et la lire également sous cette forme : *Watakŭsi-va yuki-ga furu to omo'i-masŭ*.

A l'aide du dictionnaire, ils pourront en plus y joindre la traduction française :

« Moi, de la neige tomber que pense »,
C'est-à-dire : « Je pense qu'il va tomber de la neige ».

Phrase 251. — 持 *moti-masŭ* « avoir, posséder » ;

— 267. — 私 *watakŭsi* « je, moi » ;

— 271. — 日本 *Nip-pon* « Japonais » ;

— 281. — 酒 *sake* « vin » ;

— 290. — 兄弟 *kyau-daï* « des frères » ;

— 302. — Signes indiqués plus haut et en plus 語 *gŏ* « langage » ;

— 309. — 昨年 *sakŭt-nen* « l'année dernière » ; *go* (voy. plus haut) ;

— 314. — 年 *tosi* « année » ; — 米 *kome* « le riz » ;

— 320. — 部屋 *heya* « chambre, appartement » ;

— 330. — *Sake* (voy. plus haut) ; — 中 *naka* « milieu » ; — 入 *hairi* « entrée » ;

— 337. — 彼 *ano* « ce, cette » ; — 店 *mise* « boutique, montre » ;

— 344. — *Sakŭ* (voy. plus haut) ; — 晩 *ban* « soir » ; — 朋友 *tomo-daṭi* « ami, compagnon » ;

— 355. — 子供 *ko-domo* « enfant » ; — 手習 *te-narai* « l'art de l'écriture » ;

Phrase 359. — 百 姓 *hyakŭ-syau* « paysan » ; — 圃 *haták̆e* « cultures, jardin » ;

— 365. — 靴 *kutŭ* « soulier, chausson » ; — 革 *kawa* « peau, cuir » ;

— 375. — 明 日 *myau-niti* « demain » ; — 習 *narai* « étude » ;

— 380. — 事 *koto* « chose, affaire » ; — *tomo-dati* (voy. plus haut) ;

— 386. — (Voy. plus haut) ;

— 415. — 何 處 *do-ko* « où » ; — 舩 *fune* « bateau, navire » ;

— 418. — 別 莊 *bes-sau* « maison de campagne, villa » ;

— 426. — 只 今 *tada-ima* « maintenant » ;

— 434. — 食 事 *syokŭ-zi* « nourriture, repas » ;

— 439. — 相 談 *sau-dan* « conversation, entretien » ;

— 462. — 一 所 *is-syo-ni* « au même endroit, ensemble, en même temps » ;

— 476. — 筆 *fude* « pinceau » ;

— 488. — 娘 *musŭme* « fille, jeune femme » ; — 謠 *uta‛i* « chant » ;

— 497. — 花 *hana* « fleur » ; — 見 事 *mi-goto* « chose agréable à voir, beau, joli » ;

— 509. — *Musŭme* (voy. plus haut) ; — 面 白 *omo-sirŏ* « agréable, de bel aspect » ;

— 511. — 男 *otoko* « homme, mâle » ; — 盜 *dorobŏ* « un voleur » ; — 故 *yŭye* « parce que, par le motif que » ; — 罪 *tŭmi* « crime ».

Mentionnons enfin un exercice qui aura l'avantage de familiariser les commençants avec le système grammatical de la langue japonaise écrite. Cet exercice consiste, en recopiant les phrases données plus haut, à noter en lettres du syllabaire *kata-kana* ou du syllabaire *hira-kana* les désinences de la déclinaison et de la conjugaison de la manière indiquée à plusieurs reprises dans le courant de ce volume.

Par exemple, il y aura lieu de transcrire la première phrase [n° 251] en se servant du caractère syllabique ヲ *wo* pour indiquer que le mot *kane* « argent, monnaie » est, comme régime direct de la phrase, à l'accusatif, soit :

$$\text{金} \quad kane\text{-}$$
$$\text{ヲ} \quad wo.$$

Pour cette même phrase, on notera également en signes syllabiques l'auxiliaire マ ス *masŭ*, joint à la racine verbale *moti* « avoir, posséder ».

Quant à l'interrogatif *ka*, il est loisible de l'écrire soit avec le caractère idéographique chinois 乎, soit avec le signe syllabique japonais カ *ka*.

II. — STYLE LITTÉRAIRE

Sous la dénomination de « style littéraire », il faut entendre ici le système graphique employé par les Japonais dans la plupart de leurs œuvres de Science, d'Histoire et de Géographie. Ce système, il faut le dire, subit lui-même de nombreuses modifications dans ces divers genres d'ouvrages. Pour l'instant, on se bornera à appeler l'attention sur deux de ses formes les plus répandues dans la haute littérature du Nippon.

La première comprend les textes où il n'est fait usage que de signes idéographiques chinois ; la seconde, ceux où ces signes idéographiques sont sans cesse mélangés de lettres de l'un des syllabaires indigènes où elles indiquent surtout les désinences grammaticales de la déclinaison des substantifs et celles de la conjugaison des verbes. Nous ne donnerons ici des spécimens que de la seconde série, la première présentant des difficultés de nature à embarrasser les commençants.

Les commençants devront s'exercer à traduire les textes réunis ci-après, en recourant à la Grammaire et au Dictionnaire de la langue Japonaise.

HISTOIRE DE L'EMPEREUR ZIN-MU
fondateur de la monarchie Japonaise [1].

TRANSCRIPTION EN LETTRES LATINES

Zin-mu ten-wau Ama-terasŭ oho-kami-yori go dai. Ugayafuki-avasezŭ-no mikoto dai si-na mi ko nari. Mi haha-wo Tama-yori bime to i'u, Riu-zin-no musŭme nari.

Zin-mu on tosi zyu-go nite, tai-si-ni tati-tamau. — On tosi si-zyu-go-no toki, Hiu-ga-no kuni-yori funa-ikusa-wo okosi ; Tŭkusi-wo tairage. A-ki-no kuni-he de-tama'i ; sore-yori Ki-bi-no kuni-he itari-tama'ite, hyau-sen-wo totonohe, hyau-rau-wo atŭme, san nen tô-riu-tamau.

---

1. Extrait du 日本王代一覽 *Nippon wau-dai iti-ran.* Le texte original de ce morceau a été reproduit dans mon *Recueil de textes Japonais* (Paris, 1863 ; in-8), p. 9 et suiv. Il a été traduit par Titsingh et publié en français par Klaproth, sous le titre de *Annales des empereurs du Japon* (Paris, 1834 ; in-4).

Sore-yori, Nani-va Kava-ti-wo he-te, Yamato-no kuni Kusa-ye-no saka to i'u tokoro nite, Naga-sūne Hiko to iheru dai-teki to kas-sen-si.

Mata Ki-i-no kuni Na-gusa-kuma-no nite, do-do kas-sen su. Kai-zyau-nite, kaze-ni aterare, kwan-gun ri-wo usinatte, Zin-mu-no mi iroye san nin, tokoro-do-koro-nite, use-tama'inu.

Saredomo, Zin-mu-no hyau-i, si-dai-ni tūyokū sakan-ni site, Naga-sūne Hiko hadime to site, U-da-no Yeô-kesi, Yaso-takeri, Yesiki, nado iyeru amata-no dai-teki koto-gotokū horobo-sikaba, Ki-no he Tora-no tosi-ni, Hiu-ga-no kuni-wo de-tama'isi-yori, zyu-nen-wo hete, Ka-no to-no Tori-no tosi, Yamato-no kuni Unebi yama-wo kiri-hirakite, dai-ri-wo tūkuri; Tei-i-ni tūki-tama'u. Kore-wo Kasiva-bara-no miya to mausū. Sūnavati kare Zin-mu ten-waa-no gen-nen nari.

Uma-sima-di-no mikoto to, Miti-omi-no mikoto to ryau-nin, bu-kô sūguretaru-ni yotte, gun-byau-wo mesi-gu-si, dai-ri-wo kei-go su.

Miti-no Omi-no Mikoto-no tūkasadoru gun-byau-woba, Gu-me-bu to i'u; Uma-sima-di-no mikoto-no tūkasadoru tokoro-woba, Mono-no-be to i'u. Ima-ni itaru made, bu-si-wo Mono-no-fu to i'u koto-va, kore-yori hadimareri.

Ama-no tane-ko-no mikoto, Ama-tomi-no mikoto, sa-u-ni hanberite, matūrigoto-wo tori-okonau. Ama-no Tane-ko-no mikoto-va, Ama-no Koyane-no mikoto-no sūhe nite, Fudi-vara udi-no sen-zo nari. Uma-sima-di-no mikoto to, Ama-no hayasi-hi-kata-no mikoto-wo motte, sin-syokū kokū-sei tai-fu to su. Kono kwan-va, go-sei-no dai-zin-no gi nari.

Ten-waa aru toki, takaki oka-ni noborite, kono kuni-no katati akitū musi-ni nitaru-wo mite, hadimete Akitū-su to nadūkeraru. Akitū-sima-va kagera'u to i'u musi nari.

Ten-waa zai-i siti-zyu-rokū nen-ni site, hô-gyo masi-masū; mi tosi hyakū-ni-zyu-siti. — Kono gyo-dai-no gen-nen, i-teô-nite-va, Siu-no Kei-wau-no siti-nen-ni atareri.

NOTES EXPLICATIVES

Les explications de mots et de locutions contenues dans le texte ci-dessus ne dispenseront pas les commençants d'avoir recours, pour le traduire, à un Vocabulaire Japonais, mais elles leur faciliteront l'intelligence des passages qui pourront leur paraître quelque peu difficiles à comprendre. Ils feront bien de reporter ces explications sur leur *Dictionnaire des signes idéographiques* dont ils tireront le plus grand parti, s'ils s'efforcent de l'enrichir en y insérant tous les renseignements qu'ils rencontreront dans le cours de leurs études. Il leur est surtout recommandé d'insérer sur ce Dictionnaire les mots doubles contenus dans les textes ci-après et dont ils auront trouvé la signification dans ce volume ou dans les autres ouvrages qu'ils auront sous la main :

Zin-mu (en caractères idéographiques chinois 神武) litt. « le Divin Guerrier », est le nom du premier mikado ou empereur des Japonais ;

Ama-terasŭ Oho-kami, litt. « le Grand Génie qui brille au Ciel », est le nom de la Déesse Solaire qui occupe une place exceptionnelle dans le panthéon du Nippon. Par courtoisie ou par piété, les Japonais, en prononçant le nom de cette déesse, y ajoutent parfois la particule *mi* « impérial » (Voy. ci-après).

dai (代), litt. « succession », désigne « un règne » ;

mi ko « fils impérial », locution dans laquelle figure le mot 御 *mi* qu'on traduit habituellement par « impérial », et dont il est fait un usage de tous les instants dans la langue japonaise écrite et même dans la langue vulgaire. Ce mot se lit également *go, gyo* et *on*, sans changer de valeur. L'usage seul apprendra les cas où il est préférable d'employer l'un ou l'autre de ces différents modes de lecture du signe idéographique chinois ;

to i'u « ainsi appelé » ;

tai-si, litt. « grand-fils », c'est-à-dire « prince héréditaire, héritier présomptif du trône »; *okosi* « lever, rassembler (une armée) » ;

Tŭkusi, nom d'une région côtière très appréciée par les touristes du Japon et qu'on a comparée à notre route de la Corniche, en Provence ;

itaru « aller » ; avec l'auxiliaire du haut style *itari-tamau* ; au gérondif *itari-tama'ite* « étant allé » ;

hyau-sen « navires militaires, navires de guerre » ;

hyau-rau « munitions, vivres pour l'armée » ;

tô-riu (逗留), mot double chinois signifiant « un séjour passager » ;

Nani-va, désignation honorifique du port *d'Oho-saka*, l'un des plus
   célèbres du Nippon ;

to iyeru « ainsi nommé » ;

tai-teki « grand ennemi » ;

kas-sen (合戰) « combat » ;

usina'u « perdre » ; — au gérondif, *usinatte* « en ayant perdu » ;

iroye « frères aînés » ;

tokoro-dokoro, litt. « endroits-endroits », c'est-à-dire « dans plusieurs
   endroits différents » ;

tuyokû, adv. « fortement » ;

mori « rempli, surabondant, dans des conditions excellentes » ;

hadime « commencement » ;

nado « et autres, et cætera » ;

amata-no « beaucoup » ;

kotu-gotokû, adv. « entièrement, complètement, absolument » ;

horobosu « perdu, ruiné, détruit » ;

ki-no ye-no-tora, notation cyclique de date (voy., dans ce volume,
   pp. 126-127) ;

ka-no to-no tori, autre notation de date ;

kiri-hiraku, litt. « couper, ouvrir » ;

dai-ri, litt. « l'intérieur », désignation du Palais impérial souvent employée au lieu et place du mot *Mikado* ou Empereur.

tukuru « faire » ; dans ce passage, il convient de traduire par « édifier » ;

mausu (申ス) « dire, appeler, nommer » ;

bu-kau « talents, mérites militaires » ;

sûgureru (勝) « exceller, être éminent, être supérieur (dans une fonction, dans un acte » ;

mesi-gu-sû « prendre avec soi, s'assurer le concours de » ;

kei-go-sû « faire la garde d'un endroit » ;

tūkasadoru (司ドル) « commander, diriger » ;

ima-ni itaru made, litt. « présent-à arriver jusqu'à », c'est-à-dire « jusqu'à nos jours » ;

hanberite « en étant aux côtés », c'est-à-dire « en servant, en remplissant des fonctions » ;

matŭri-goto « les affaires de la direction, le gouvernement » ;

tori okona'u « conduire, diriger » ;

kwan (官) « magistrature » ;

gi « signification, sens, nature d'une chose, emploi » ;

oka « colline » ;

noborite « étant monté » ;

kagero, nom d'un insecte qui ne vit qu'un jour, « éphémère » ;

zai-i (在位), trône, règne ;

hô-gyô (崩御) « écroulement d'une montagne », expression figurée d'un usage fréquent pour mentionner la mort d'un mikado ;

Siu (周), nom d'une dynastie d'empereurs de la Chine « (les Tcheou) », sous laquelle vécurent deux grands philosophes, le premier nommé *Kong-tse* (sin.-jap. *Kô-si*), plus connu en Europe sous la désignation latinisée de *Confucius* ; le second appelé *Lao-tse* (sin.-jap. *Rau-si*), jeu de mots où l'on peut voir également le sens de « Vénérable philosophe » ou de Vieillard-enfant », parce qu'une légende populaire le fait naître avec le savoir et l'expérience qu'on ne peut acquérir qu'après une longue existence ;

atari, atareri « correspondre à une chose ».

NOTICE GÉOGRAPHIQUE SUR LA CORÉE[1]

朝鮮

三國通覽

其国九州ノ北ニ在肥前国唐津ヨリ壹
岐嶋ニ海上十三里壹岐嶋ヨリ對馬嶋
海上四十八里對馬嶋豊ノ浦ヨリ朝鮮ノ
東港釜山浦ニ四十八里ト云ヘ四十里不足ン
其国南北ニ斜ニ長ク東西ニ陝シ
大概南北日本道三百里東西八九十
里ノ国也

TRANSCRIPTION EN LETTRES LATINES

Teô-sen.

Sono kuni Kiu-siu-no kita-ni ari, Hi-zen kokü Karatü-yori Iki 10

---

1. Extrait du *San-kokü tu-ran*. — Le texte complet de cette notice,
dont on n'a reproduit ici qu'un fragment, se trouve dans mon *Recueil
de textes Japonais*, p. 29.

sima-ye kai-zyau zyu-san ri; I-ki-sima-yori Tu-sima-ye kai-zyau si-zyu-hati ri; Tû-sima Wana-no ura-yori Tyau-sen-no tô-kau, Fu-san-pu-ye si-zyu-hati ri to iye-domo, si-zyu ri-ni tarazaru nari. Sono kuni nan-bokû-ni naname-ni nagakû, tô-sai-ni semasi. Tai-gai nan-bokû Nip-pon tau, san-byakû ri; tô-sai hati kiu-zyu ri-no kuni nari.

NOTES EXPLICATIVES

国 *kuni*, caractère vulgaire pour 國 « royaume, contrée », terme par lequel on désignait les provinces du Japon, à l'époque de la féodalité;

Kiu-siu, nom d'une île située dans la partie méridionale de l'archipel Japonais;

Les quatre points cardinaux, dont il est question dans cette notice, sont :

北 *kita* (sin.-jap. *hokû*, en composition *bokû*) « le Nord »;

南 *minami* (sin.-jap. *nan*) « le Sud »;

東 *higasi* (sin.-jap. *tô*) « l'Est »;

西 *nisi* (sin.-jap. *sai*) « l'Ouest) »;

Hi-zen, nom d'une province du Japon, dont le chef-lieu est le port de Naga-saki;

kai-zyau (海上) « sur mer »;

ri (里) « lieue, mesure itinéraire »;

Tu-sima, nom d'une île située entre le Japon et la péninsule de Corée;

tarazaru (不足) « insuffisant, pas même, moins de »;

naname-ni « en diagonale, en longueur »;

semasi « étroit, petit ».

LE TABAC AU JAPON[1]

煙艸 タバコ

本ト蠻國ヨリ出ヅ。慶長ノ頃始テ崎陽ニ栽ユ。今浦天下ニ栽播ス。其苗莖高サ三四尺。葉ハ錦文太黄ニ似テ稍長シテ光沢アリ又木香ニ似テ莖ニ白毛アリ。六七月ニ花ヲツク。地黄及ビ芝麻ノ花ニ似タリ。色淡紅或ハ白色。秋ニ至テ殻ヲ結ブ。泡桐子ノ如クニテ内ニ細子アリ。七八月ニ採リ乾シ。四方ニ貨賣ス。

TRANSCRIPTION EN LETTRES LATINES

*Moto Ban-koku-yori idŭ, Kei-tyau-no koro hadimete Ki-yau-ni uyu.
Ima man ten-ka-ni uye-hodokosŭ. Sono nai-kuki takasa san si syakŭ.
Ha-ea Kin-bun Dai-wau-ni nite, yaya nagasite, tiya ari,*

---

1. Extrait du *Recueil de textes Japonais*, 1863, p. 55.

Mata mokŭ-no kau-ni nite, kuki-ni hakŭ-mau ari. Rokŭ siti gwatŭ-ni hana-wo tŭku. Ti-wau oyobi Koma-no hana-ni nitari. Iro tan-kau, arui-va hakŭ-syokŭ, aki-ni itatte, kara-wo musŭbu. Kiri-no mi-no gotokŭ-ni site, uti-ni sai-si ari. Siti hati gwatŭ-ni tori, hosi. Si-hau-ni kwa-bai-sŭ.

NOTES EXPLICATIVES

Moto « originairement » ;
Ban-kokŭ « les Pays Barbares (les Pays Européens) » ;
Kei-tyau. — Voy. plus haut, p. 187, c. 1.
koro « temps, époque » ;
Ki-yau, au sud de la ville de Nagasaki ;
uyu, uyeru « planter » ;
man « complet, entier, le tout » ;
uye-hodokosŭ « planter, semer » ;
nai-kuki « les pousses (d'une plante) » ;
syakŭ « pied (dimension) ;
kin-bun « à ornements multicolores » ;
dai-wau « la rhubarbe » ;
yaya « peu à peu, graduellement » ;
tŭya « éclat, lustre, brillant » ;
mok-kau, nom de plante (Rosa banksiæ) ;
kuki « tige d'un végétal » ;
ti-wau « la grande consoude », plante ;
ko-ma « le sésame » ;
dan-kau « rouge clair » ;
kara « enveloppe, écorce, cosse » ;
musŭbu « nouer » (se dit d'un fruit d'arbre qui se forme) ;
kiri « le paulownia » ;
sai-si « petites graines » ;
tori « récolter » ;
hosi, -sŭ « sécher » ;
kwa-bai « mettre dans le commerce ».

STYLE POÉTIQUE

Les Japonais possèdent dans leur littérature plusieurs genres différents de poésies, parmi lesquelles on vante surtout les *uta* ou distiques de syllabes[1]. L'un des recueils les plus répandus de ces distiques est intitulé *Hyakŭ-nin is-syu*, c'est-à-dire « Une pièce de vers de chacun des cent poètes (célèbres du Nippon) »[2]; quelques exemples de ces distiques ont été déjà donnés dans le présent volume[3], sous une forme aisément intelligible pour les commençants, mais qui n'est pas celle qu'on emploie d'habitude dans l'Extrême-Orient. Les Japonais se servent en effet, pour écrire leurs *uta*, d'un mélange de caractères idéographiques *sau-syo* et de signes syllabiques *hira-kana*. Comme ces deux genres d'écriture présentent d'assez grandes difficultés au début des études, nous nous bornerons à en donner ici un spécimen qui reproduit la troisième des pièces expliquées plus haut. Les élèves, sans chercher encore à déchiffrer et à apprendre les signes employés dans ce genre graphique, feront bien de s'en former une première idée en comparant les signes que renferme l'*uta* suivant dans leurs deux genres de tracés.

---

1. On trouvera de nombreux exemples des divers genres de poésies composées au Nippon dans mon *Anthologie japonaise*, Paris, 1871; un vol. in-8 (textes et traductions).

2. 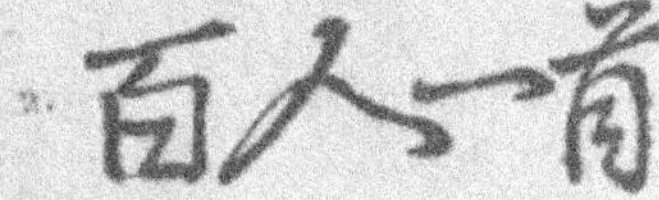 *Hyakŭ-nin is-syu*.

3. Voy. plus haut, p. 225 et suiv. où cette pièce a été déjà transcrite avec quelques signes *kai-syo*, dont on a augmenté le nombre dans la transcription donnée ci-après.

Uta EN CARACTÈRES *sau-syo* ET *hira-kana*

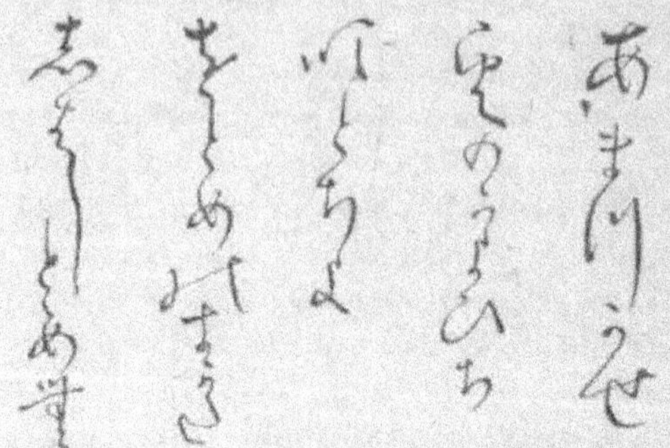

MÊME *uta* EN CARACTÈRES *kai-syo* ET *kata-kana*

天ツ
雲ノ通路
吹閉ヨ
少女ノ婆
暫時止ム

———

Ajoutons enfin que les *uta* de l'Anthologie des Cent poètes ont motivé un jeu très répandu chez les Japonais et qui peut être instructif pour les élèves qui voudront bien s'y livrer. Ce jeu consiste à écrire sur des cartes différentes le premier vers de chacun des cent distiques du *Hyakŭ-nin is-syu*. Ces cent cartes sont ensuite partagées entre les différentes personnes qui doivent prendre part au jeu ; puis, chacun à son tour jette, sans prévenir à l'avance, une des cartes de son paquet au joueur qui lui convient. Si celui-ci complète instantanément le distique dont la carte lancée ne lui a fourni que les premiers mots, il a gagné une des parts de l'enjeu convenu; si, au contraire, il montre de l'hésitation, une amende lui est imposée au bénéfice des participants à cet exercice.

Par exemple lorsqu'un joueur reçoit de la sorte une carte portant les mots :

ama-tû kaze kumo-no kayo'i di fuki-todi yo!

il aura gagné la partie s'il complète sans hésiter le distique par les mots :

otome-no sûgata . . . . . . etc. (Voy. plus haut, p. 226).

———

Voici enfin un autre *uta* présenté d'abord sous la forme que lui a donné son auteur[1] et ensuite en caractères *kai-syo*, accompagné de lettres syllabiques *kata-kana*, au lieu et place où figurent des lettres syllabiques *hira-kana* dans la première reproduction :

Uta EN CARACTÈRES *sau-syo* ET *hira-kana*

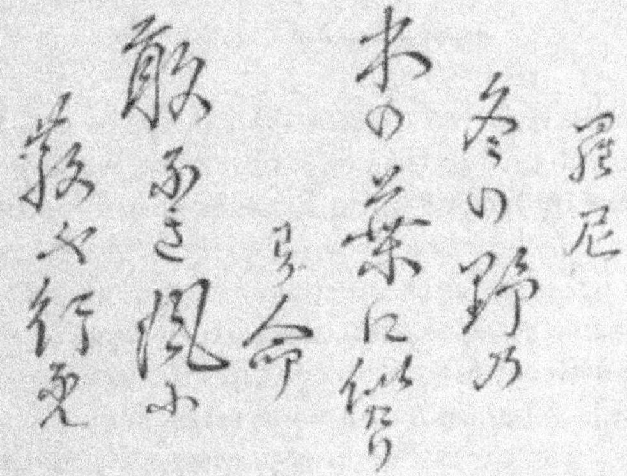

———

1. Un *uta* est en général, comme dans le cas présent, reproduit en fac-similé de l'écriture de celui qui l'a composé.

MÊME *uta* EN CARACTÈRES *kai-syo* ET *kata-kana*

羅尾
冬ノ野ノ
木ノ葉ニ似タリ
ワガ命
敢ナキ風ニ
散ヤ行ナン

TRANSCRIPTION EN LETTRES LATINES

Fuyu-no nó-no
Ko-no ha-ni nitari,
Wa-ga inoti,
Ae-naki kaze-ni
Tiri-ya yuki nan!

« Ma vie, semblable aux feuilles (desséchées que) l'hiver (n'a pas encore fait tomber) des arbres de la campagne, s'en ira emportée par le moindre vent ».

NOTES EXPLICATIVES

羅尾, nom de l'auteur de la pièce de vers (*uta*);

fuyu « l'hiver »;
no « les champs, la campagne »;
ko « arbre »;
ha « feuilles, feuillage »;
inoti « la vie, la destinée »;
ae-naki « frêle, mauvais, insupportable »;
tiru « se disperser, disparaître ».

———————

Nous ajouterons ici, comme exemple d'un même texte qui peut être lu de deux façons différentes, la pensée

suivante écrite sur un album[1] par un des hommes politiques les plus éminents de l'époque actuelle :

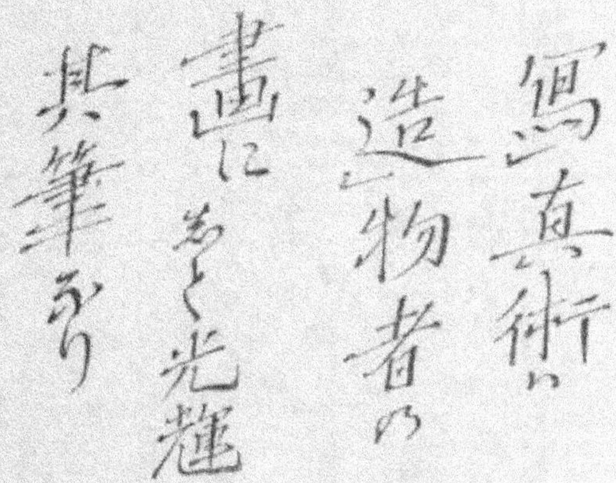

TRANSCRIPTIONS EN LETTRES LATINES

1. — *Makoto-wo ussu waza-va, mono-wo tukuru mono-no ye-ni site,
     hikari-va sono fude nari.*

2. — *Sya-sin-zyutû-va zau-butû-sya-no gwa-ni site, kwau-ki-va sono
     fude nari.*

« La Photographie est une peinture du Créateur des êtres, dont le
pinceau est la lumière ».

NOTES EXPLICATIVES

Makoto-wo ussu waza (sin. jap. *Sya-sin-syutû*) « la photographie
   (l'art qui reproduit exactement) » ;

ye (sin.-jap. 畫 *gwa*) « peinture » ;
kwau-ki « la lumière » ;
fude « pinceau ».

---

1. Voy. *Recueil de textes Japonais*, p. 142.

STYLE DES JOURNAUX
Annonce commerciale.

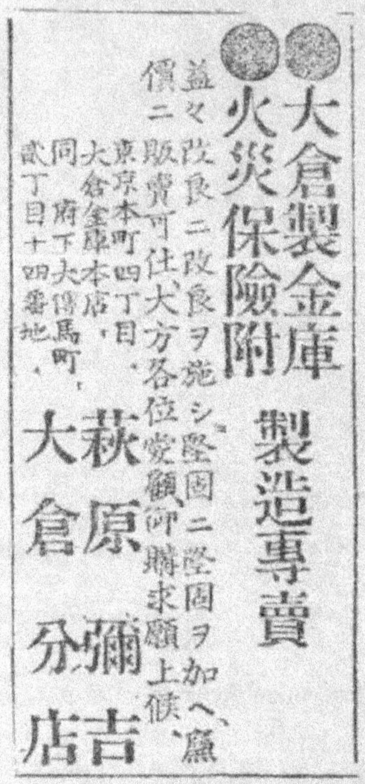

TRANSCRIPTION EN LETTRES LATINES

OHO-KURA SEI KIN-KAU ｝ SEI-ZAU SEN-BAI
KWA-SAI HAU-KEN DŪKI

Masü-masü kai-ryau-ni kai-ryau-wo hodokosi, ken-go-ni ken-go-wo kwaye; ren-ka-ni han-bai tükamatüru-beku. Tai-hau kaku-i ai-ko, Go kau-kiu nega'i age-soro.

Tô-kyau hon-tyau yo tyau-me.

Oho-kura kin-kau hon-den.

Onadiku.   *Fu-ka Oho-den ma-tyau; ni tyau-me zyu-yo ban-si.*

HAGI-VARA YA-KITI   OHO-KURA BUN-TEN.

NOTES EXPLICATIVES

Sei kia-kau « fabrique de coffres-forts »; *hau-ken* « assurance, garantie »; *kai-ryau* « amélioration, perfectionnements »; *ken-go* « solidité »; *ren-ka* « bon marché »; *han-bai* « vente »; *tai-hau* « le monde entier, l'univers »; *ai-ko* « revenir avec satisfaction »; *kau-kiu* « demande d'acheter »; *tyau, tyau-me* « rue, groupe de maisons »; *honden* « magasin principal »; *bun-ten* « succursale »; *kwau-ki* « la lumière ».

STYLE ÉPISTOLAIRE
Lettre d'invitation[1].

拝啓我上先候来候

日曜日晴天に候和

別荘に遠誘引上候

又門読書之法樹教言

来存

---

1. Extrait de mon *Manuel du Style épistolaire et du Style diplomatique* (Paris, 1874, in-8), p. 4.

TRANSCRIPTION DE LA MÊME LETTRE EN CARACTÈRES
kai-syo ET *kata-kana*

以手紙申上候然バ
來ル日曜日晴天二
候バ私別莊ヘ御
誘引申上度又
御讀書之御鬱散
可相成卜奉存候
以上

TRANSCRIPTION EN LETTRES LATINES

Te-gami-wo motte mausi age soro, sikaraba kitaru niti-yô-bi, sei-ten-ni sorawaba, watakûsi-no bes-sau-ye go yû-in mausi age takû; mata go tokû-syo-no, o us-san-ni mo ai-naru bekû zon-zi tatema-tûri soro. — I-zyau.

« J'ai l'honneur de vous informer par cette lettre que, dimanche prochain, si le temps est beau, je désire vous mener à ma maison de campagne, pensant ainsi parvenir à vous faire reposer de vos études. — J'ai dit. »

NOTES EXPLICATIVES

Te-gami « petit billet, lettre »;

sikaraba « en conséquence, à savoir »;

kitaru « (à) venir, prochain »;

sei-ten « ciel pur », beau temps »;

bes-sau « autre résidence, maison de campagne, villa »;

yû-in « engager, inviter à venir »;

tokû-syo « lire les livres, lecture, étude »;

us-san « chasser l'ennemi, disperser la mélancolie, prendre du repos »;

i-zyau « par ce qui est ci-dessus », locution finale.

Adresse de lettre.

日　　　　日
親　太　稅　本
展　田　關　帝
　　德　局　國
　　太　長　神
　　郎　　　奈
　　殿　　　川
　　　　　　縣
　　　　　　下
　　　　　　橫
　　　　　　濱

TRANSCRIPTION EN LETTRES LATINES

Nip-pon tei-kokŭ Kana-gawa ken-ka Yoko-hama
     Zei-kwan-kyokŭ-tyau
  Oho-ta Tokŭ-ta-rau dono

       Sin-ten.

Les étudiants devront chercher à traduire cette adresse, en se servant des explications données ci-après pour l'intelligence de quelques unes des expressions qu'elle renferme.

NOTES EXPLICATIVES

Kana-gawa, nom de localité ;
ken, division territoriale, département; — *ken-ka* « sous (la dépeudance) du département de... » ;
Yoko-hama, nom d'un port du Japon ;

zei-kwan kyokŭ « bureau de la douane » (*kyokŭ* « bureau, office, département »).

tyau « chef, supérieur » (litt. : « long, étendu ») ;

dono « seigneur, monsieur » ;

sin-ten « personnel, communication intime ou privée ».

Carte de visite.

鈴木銀三郎　東京　京橋區　三十間堀　一丁目　三十六番地

TRANSCRIPTION EN LETTRES LATINES

Sŭzŭ-ki Gin Sabu-rau

　　　　Kyau-to

　　　　　　Kyau-basi ku

　　　　　　　　san-zitŭ ken-hori

　　　　　　　it-tyau-me

　　　　　　　　　san-zyŭ-rokŭ ban-ti.

NOTES EXPLICATIVES

Sŭzŭ-ki Gin Sabu-rau, nom de famille et nom personnel ;

ku « quartier » ;

hori (bori), litt. : « canal » ;

丁 (pour 町 *tyau*) « rue, groupe de maison » (Voy. p. 293).

ban « numéro d'ordre ».

VOCABULAIRE

DU

LANGAGE COMMERCIAL [1]

Abus de confiance — 背信 *hai-sin*.

Achat — 買入 *ka'i-ire*.

Acheteur — 買主 *hai-nusi*.

Acquit. ‖ Voy. Quittance.

Acquisition — 獲得 *kwakü-tokü*.

Adjudicataire — 公買人 *kô-bai-nin*.

Agent de change. ‖ Voy. Changeur.

Agent de commissions. ‖ Voy. Commissionnaire.

Ameublement — 家具 *ka-gu*.

Annonce — 弘 *hirome*.

Articles de Commerce. ‖ Voy. Marchandises.

Association. ‖ Voy. Société.

Avertissement, Avis. ‖ Voy. Annonce.

Avis. ‖ Voy. Annonce.

Bagages. ‖ Voy. Paquet.

Bail — 賃傭 *tin-yô*.

Banqueroutier — *Bun-san nin*, *Ha-san nin*. ‖ Voy. Faillite.

Banquier, changeur. ‖ Voy. Change.

Bateau marchand, vaisseau de commerce. ‖ Voy. Navire.

Bénéfice — 利潤 *ri-zyun*.

Billet de banque — 爲替手形 *kavase-te-gata*.

Billet à ordre — 約束手形 *yakü-sokü te-gata*.

---

1. Ajoutez à ce Vocabulaire les mots doubles donnés plus haut dans ce volume, pp. 234-235.

Boîte aux lettres — 垂便相 *yu-bin bako.*

Boutique — 店 *mise* (montre d'un magasin).

Bureau de poste — 垂便局 *yu-bin kyokù.*

Carte postale — 垂便葉書 *yu-bin ha-gaki.*

Change — 爲替 *kavase.*

Changeur — 兩替屋 *ryau-gae-ya.*

Colis. || Voy. Paquet.

Commerçant — 商 *akindo.*

Commerce — 商 *akina'i*; 変易 *kau-yeki* (Échanges).

Commercer — 商 *akina'u*; 賣買スル *bai-bai suru* (litt. « faire achats et ventes »).

Commissionnaire — 問屋 *to'i-ya* (litt. « maison ou agent de demandes »).

Compagnie (de commerce) — 商會 *syau-kwai* (litt. « réunion ou société de marchands »).

Comptabilité — 會計法 *kai-kei-hau.*

Comptes — 勘定 *kan-dyau*; — ||帳 *kan-dyau-tyau* « livre de comptes ».

Contrat. || Voy. Traité.

Contrebande — 禁制 *kin-zei.*

Contrefaçon — 僞造 *gi-zau.*

Convention. || Voy. Traité.

Débiteur — 負債主 *fu-sai-syu.*

Diminution. || Voy. Réduction.

Douane — 關税 *kwan-zei.*

Échanges. || Voy. Commerce.

Emprunt. || Voy. Prêt.

Entrepreneur. || Voy. Industriel.

Escompte — 割引 *wari-biki.*

Établissement de Commerce — 商舘 *syau-kwan.*

Exportation — 輸出 *syu-syutù.*

Fabricant. || Voy. Industriel.

Facture — 送狀 *okuri-zyau*; — 勘定 *kan-dyau* (compte, montant arrêté).

Faillite — 分散 *bun-san* (litt. « division, dispersion »); — 破産 *ha-san*; — *bun-san sùru* « faire faillite ».

Gérant — 管理人 *kwan-ri-nin.*

Gratuit — 無酬ノ *mu-syu-no.*

Halle. || Voy. Marché.

Importation — 輸入 *syun-nyû.*

Industriel — 工業者 *kô-gyô-sya.*

Insolvabilité — 無資力 *mu-si-ryokû.*

Inventaire — 目錄 *mokû-rokû* (Index, catalogue).

Journaux (feuilles de nouvelles) — 新聞紙 *sin-bun-si.*

Liquidation — 精算 *sei-san.*

Magasin. || Voy. Boutique.

Maison de Commerce. || Voy. Établissement de Commerce.

Marchand. || Voy. Commerçant.

Marchandises — 賣物 *aki-mono* ou 商物 *akina'i-mono.*

Marché — 市 *iti, iti-ba;* — *iti-bito,* homme de la halle, du marché.

Matières premières — 原品 *gen-pin.*

Mobilier. || Voy. Ameublement.

Monopole — 特占 *tokû-sen.*

Montant. || Voy. Prix.

Montre (marchandises exposées) — 觀物 *mise-mono.*

Navire marchand — 商船 *syau-sen,* ou *akina'i-bune,* ou *akindo-bune.*

Négociant. || Voy. Commerçant.

Note de fournitures. || Voy. Facture.

Notification. || Voy. Avis.

Paiement — 拂 *hara'i;* — *hara'i-wo suru* « faire un paiement ».

Paiement à vue — 一覽拂 *iti-ran-bara'i.*

Paquet, bagages, colis — 荷 *ni.*

Perception. || Voy. Recouvrement.

Périodiques (publications). || Voy. Journaux.

Poste — 垂便 *yu-bin.* || Voy. Bureau de poste.

Poste restante — 留置垂便 *tome-oki yu-bin.*

Prescription — 經時効 *kei-zi-kau.*

Prêt — 貸借 *tai-syokû.*

Privilège. || Voy. Monopole.

Prix — 價 *ata'i.*

Prohibition. || Voy. Contrebande.

Publicité. || Voy. Annonce.

Quittance — 受取証 *uke-tori-syau.*

Raison sociale — 社名 *sya-mei.*

Recouvrement — 取立 *tori-tate.*

Réduction (amoindrissement de bénéfice) — 減利 *gen-ri.*

Réparation — 修繕 *syu-zen.*

Signature — 花押 *kaki-han.*

Signature commerciale. || Voy. Raison sociale.

Société. || Voy. Compagnie.

Subvention — 補助 *ho-zo.*

Timbre-poste — 郵便切手 *yu-bin kit-te.*

Trafic. || Voy. Commerce.

Trafiquant. || Voy. Commerçant.

Traité — 條約 *dyô-yakŭ.*

Troc. || Voy. Échanges.

Vaisseau marchand. || Voy. Navire marchand.

Valeur. || Voy. Prix.

Vendre — 賣 *uru.*

Vente. *Uri.*

Vitrine. || Voy. Montre.

GLOSSAIRE

Notions encyclopédiques concernant le Japon.

Aïno. — Nom par lequel on désigne les aborigènes des îles de l'Extrême-Orient que les Japonais commencèrent à soumettre à leur domination au VIIe siècle avant notre ère et qui furent peu à peu repoussés vers le Nord, où ils sont encore établis de nos jours, notamment dans les îles de Yéso, de Karafto, dans l'archipel Kourilien et sur la côte orientale de Tartarie. Ces aborigènes sont appelés parfois *Yebisŭ* « Sauvages » ou *Mau-zin* « Hommes velus », parce qu'ils ont tout le corps couvert d'un système pileux des plus développés et des plus extraordinaires, ou *Kuru* qui signifie simplement « Hommes » dans leur langue.

But-tan ou **Hotoke-no miti**. — Nom du Bouddhisme qui fut importé du pays de *Hakŭ-sai*, l'un des états de la triarchie de l'ancienne Corée, et s'établit au Japon dans le commencement du vi^e siècle de notre ère, sous le règne de l'empereur *Kin-meï*. Il existe actuellement, dans les îles de l'Asie Orientale, de nombreuses sectes de cette grande doctrine indienne, parmi lesquelles on cite surtout celles de *Ten-daï*, de *Sin-gon*, de *Niti-ren*, etc.

Les pagodes ou temples bouddhiques sont désignés par les Japonais sous le titre de *tera*.

Daï-myau. — Ce titre, qui signifie littéralement « Grand nom », est celui que portaient, jusqu'à la dernière révolution de 1868, les princes féodaux de l'empire du Japon. Les dix-huit principaux d'entr'eux étaient appelés 國 司 *kokŭ-si*. Leur pouvoir gouvernemental fut définitivement aboli en 1871 et leurs états transformés en départements, dont les capitales devinrent de simples préfectures.

Étrangers (Pays). — Les noms des différents états de l'Europe et de l'Amérique, qui ont établis des rapports avec le Nippon, sont rendus en termes sinico-japonais qui ne reproduisent que d'une façon très imparfaite leur appellation nationale. Ils sont en outre parfois l'objet de variations graphiques de nature à embarrasser les étudiants. On écrit, par exemple, 法 國 *Hau-kokŭ* ou 佛 國 *Butŭ-kokŭ* le nom de « la France »; — 英 國 *Ei-kokŭ*, celui de « l'Angleterre ».

Kisaki, Kwau-gu ou **Nyo-teï**. — Titres des impératrices du Japon, dont quelques-unes occupèrent la place suprême de Mikado dans l'empire du Soleil-Levant. Une des plus célèbres de ces souveraines est l'impératrice *Zin-go* qui engagea une guerre contre la Corée au ii⁰ siècle de notre ère, d'accord avec son fameux ministre *Take-no Uti Sükune*, dit « le Mathusalem des Japonais » et qui passe pour avoir vécu plus de trois siècles.

Comme toutes les autres femmes du pays, les Kisaki avaient l'habitude de teindre leurs dents en noir dès que leur mariage était un fait accompli. Cette coutume, dont on rencontre encore quelques cas dans les campagnes du Nippon, tend à disparaître complètement de nos jours, l'impératrice actuelle ne s'y étant pas conformée.

Lou-tchou. — Nom indigène des îles situées au sud du Japon et communément appelées, dans les géographies européennes, de leur nom chinois *Lieou-kieou* (sin.-jap. : *Riu-kiu*). Ces îles formaient un état qui jouissait d'une certaine indépendance et était gouverné par un roi dont la résidence était la ville de *Syu-ri*. Le port de *Nafa*, dans cet archipel, était à peu près la seule localité connue des Européens jusque dans ces derniers temps. En 1879, le souverain des Lou-tchouans fut fait prisonnier et conduit à Tôkyau ; ses états formèrent alors le département d'*Oki-nawa*.

L'île de Formose ou *Taï-wan* a été quelquefois désignée sous le nom de *Dai Riu-kiu* « La grande Lieou-kieou ».

Mikado. — On désigne l'Empereur du Japon sous ce titre qui rappelle celui de « Sublime Porte », par lequel on désigne parfois le Sultan de la Turquie. L'autorité des mikado a été pendant un certain temps purement nominale, alors que la caste militaire était parvenue à mettre les rênes de l'état entre les mains du *Syau-gun* ou Généralissime de l'Empire (voy. ce mot).

Les mikado sont également désignés sous les titres chinois de 皇帝 *Kwau-tei* « Auguste-Empereur » et de 天皇 *Ten-wau* « Auguste-Céleste ». A l'époque où ils adoptèrent le Bouddhisme comme religion nationale, ils changèrent ce dernier titre en celui de 院 *In* qui désigne « un Temple bouddhique ». En cas d'abdication, on leur donnait le titre de 廢帝 *Hai-tei*.

Routes. — Il existe au Japon plusieurs routes d'une très grande longueur. Quelques-unes de ces routes ont acquis une célébrité exceptionnelle qui les a fait connaître depuis longtemps jusqu'en Europe. La plus vantée porte le nom de *Tô-kai dau* « Route de la mer orientale ». Ses aspects très pittoresques sont représentés dans une foule de peintures et d'images indigènes. C'est par cette voie que les princes feudataires se rendaient à Yédo pour faire acte de soumission au Lieutenant-Impérial ou *Syau-gun*. Parmi les autres routes principales du Japon, on cite surtout le *Ki-so di*, le *Naka-sen dau*, etc.

Samurai ou Si-zoku. — Nom d'une caste militaire qui occupa pendant longtemps une place prépondérante dans la société japonaise, immédiatement après la haute classe dite *Kwa-zokü* ou « Famille, Noblesse ». — Au moyen-âge, les Samurai jouissaient du privilège de ne pas être livrés aux bourreaux en cas de condamnation à mort, et il leur était loisible de mettre eux-mêmes fin à leur existence en pratiquant la cérémonie du *hara-kiri* « ouverture du ventre » avec le glaive distinctif de leur rang comme gentilhommes.

Sin-tau ou Kami-no miti. — Culte des Génies, religion nationale des Japonais dont le livre canonique porte le titre de *Ni-hon gi* ou *Yamato-bumi* « Le Livre (Bible) du Japon »[1]. La divinité la plus populaire de ce culte est *Ama-terasŭ Oho-kami* « la Grande Déesse qui brille au Ciel », c'est-à-dire « le Soleil ».

A l'entrée des temples de cette religion appelés *miya* ou *yasiro*, on remarque un portique d'une forme particulière dit *tori-i* « perchoir », ayant pour but d'attirer les oiseaux chargés d'annoncer le point du jour aux fidèles[2].

Syau-gun. — Nom par lequel on désignait le Généralissime ou Lieutenant-général du Japon qui, pendant plusieurs siècles, a été le véritable souverain effectif de l'archipel de l'Extrême-Orient, bien qu'on ait admis pour la forme qu'avant d'entrer en fonctions, ce personnage devait recevoir l'investiture de l'Empereur nominal ou *Mikado* (Voy. ce mot).

L'un d'eux, le célèbre *Iye-yasŭ*, avait établi à *Yedo* (ville dont le nom a été changé en celui de *Tŏ-kyau* « Capitale de l'Est ») sa résidence en 1590; et comme il redoutait les manœuvres politiques des *dai-myau* ou

---

1. Le premier volume de ce grand ouvrage, traduit en français et accompagné d'un commentaire perpétuel rédigé en langue chinoise, par Léon de Rosny, a paru dans la collection de l'École spéciale des Langues Orientales, sous le titre : *Le Livre canonique de l'antiquité Japonaise.* — Le second volume est en cours de publication.

2. Voy. pour plus de détails, mes *Feuilles de Momidzi*, études sur l'histoire, la littérature, les sciences et les arts des Japonais (Ernest Leroux éditeur, un vol. in-8 avec gravures), p. 59 et sv.

« princes feudataires », il avait décidé que ceux-ci étaient contraints d'habiter dans cette ville pendant six mois de l'année et d'y laisser leur femme et leurs enfants pendant les six autres mois qu'ils étaient libres de passer dans leur principauté.

Durant les dernières années du xix° siècle, les Européens prirent l'habitude d'appeler le *Syau-gun* du nom de *Tai-kun* « Grand-prince », tout en employant parfois le terme « Syaugounat » pour désigner son gouvernement qui fut anéanti lors de la dernière révolution de 1868, époque où le pouvoir absolu fut remis entre les mains du mikado.

Thé (le). — On désigne en japonais sous le nom de 茶 *tya* (prononcez : *tcha*), la célèbre camelliée qui occupe une place des plus importantes dans les cultures et dans la vie quotidienne des Japonais, aussi bien que dans celle des Chinois. La boisson qu'elle fournit aux indigènes de ces deux empires et des autres pays de l'Extrême-Orient y est appréciée d'une façon tout à fait exceptionnelle. Tandis que nous disons « un Café », les habitants du Nippon disent « une Maison de Thé (*Tya-ya*) » pour désigner le lieu de repos et de plaisance où ils vont prendre à l'occasion un peu de nourriture et de boisson en vue de se divertir. Le « pour boire » des gens de service est appelé, pour le même motif, *tya-dai*; les dévots, de leur côté, se font un devoir d'offrir du Thé aux idoles qu'ils adorent dans les temples. Il existe enfin, chez les insulaires de l'Asie Orientale, de grandes associations de buveurs de Thé dites *Tya-kwai* « Société de Thé » et des fêtes populaires organisées avec pompe à l'occasion du *Tya-no yu* ou « Cérémonial du Thé ». Les indigènes regardent le Thé comme un don de leurs Génies nationaux répandant ses immenses bienfaits parmi les hommes[1]. Les gourmets Japonais attachent un grand prix aux théières dans lesquelles on a pris soin de ne jamais faire d'infusion qu'avec des feuilles de qualité supérieure et dont le prix atteint parfois un chiffre extraordinairement élevé.

Végétaux. — Les Japonais sont passionnément amateurs de plantes et le sol de leur archipel, qui s'étend sous les latitudes les plus diverses, s'est montré aussi favorable que possible pour satisfaire à leur goût des fleurs et des feuillages infiniment variés de leurs végétaux les plus microscopiques jusqu'aux plus gigantesques. Par des procédés de toutes sortes, ils ont obtenu les résultats les plus curieux et les plus bizarres, soit pour modifier la forme et la couleur des corolles, soit pour aboutir à des dispositions de branchages aussi singuliers que pittoresques. Ils sont arrivés, pour certaines plantes, notamment pour les chrysanthèmes, à produire des variétés de formes et de nuances aussi gracieuses qu'inattendues.

Plusieurs arbres japonais sont l'objet d'une admiration sans pareille de la part des indigènes qui les considèrent comme des emblèmes de leur nationalité ou de leurs différentes castes. D'âge en âge, les poètes du Yamato ont eu à cœur de célébrer les mérites de certains arbres de leurs jardins et de leurs forêts, comme par exemple le *Kiri* ou « Paulownia », le *Sakura-no ki* ou

---

1. Voy. sur le *Tya-no yu*, l'intéressante étude de M. Amédée Guibert, dans les *Mémoires du Comité Sinico-Japonais* de la Société d'Ethnographie de Paris, t. XX, p. 186 et sv.

« Cerisier », le *Mumé* ou « Prunier », le *Momidzi* ou
« Érable à feuillage multicolore », etc. Le Lotus occupe
également une large place dans les annales religieuses
de l'Empire du Soleil-Levant.

Les Japonais s'intéressent tout particulièrement au
mode de disposition des plantes et des fleurs qu'ils se
procurent pour l'ornementation de leurs jardins et de
leurs appartements, et cela à un tel point qu'ils considèrent ce mode de disposition des végétaux comme représentant un art de très haute valeur et des plus dignes
d'être encouragé. Cet art se nomme 立花 *rik-kwa* ou
tate-bana, et ceux qui y réussissent acquièrent parfois
une célébrité égale à celle des musiciens, des peintres
et des habiles sculpteurs.

Vers à soie. — L'éducation des vers à soie (*kaiko*) et
la fabrique des soieries occupent une place d'une importance exceptionnelle chez les Japonais. La culture du
mûrier (*kwa-no ki*), dont la feuille sert à la nourriture
du fameux bombyx, est également l'objet de pratiques
toutes particulières dans le Nippon[1]. Enfin le commerce
des graines ou œufs de vers à soie, que les indigènes de
ce pays récoltent sur des feuilles de carton préparées
pour la ponte, y est très développé et a paru digne de
la sollicitude des sériciculteurs européens, alors que la
production des cocons a paru devenir de moins en
moins considérable dans les pays de l'Occident et même
dans une grande portion du territoire Chinois.

---

1. Voy. mon *Traité de l'éducation des vers à soie au Japon*, par
Sira-kawa, de Sendaï, traduit pour la première fois du japonais. (Les
étudiants auront avantage à se servir des éditions de ce livre renfer-
mant des caractères indigènes, notamment celles de 1868 et de 1872.)

Yéta. — Nom d'une caste inférieure de la population Japonaise que quelques écrivains ont appelé « les Paryas de l'Extrême-Orient ». Cette caste, qui comprenait notamment les écorcheurs d'animaux ou bouchers, était l'objet d'un grand mépris dans les autres classes de la population du Nippon.

LA BIBLIOTHÈQUE DU JAPONISTE

Les personnes qui veulent se livrer à l'étude de la langue japonaise, et tout particulièrement celles qui se proposent d'acquérir l'intelligence des livres et autres documents écrits dans cette langue, diminueront de beaucoup le nombre des difficultés dont ils éprouveront le besoin de se rendre maîtres, s'ils se forment une petite bibliothèque spéciale composée d'ouvrages de nature à faciliter leurs différents genres de recherches. Le nombre des ouvrages qui pourraient leur rendre des services est aujourd'hui trop considérable pour qu'il possible d'en donner ici une liste tant soit peu complète. On se bornera donc à indiquer ci-après le titre de quelques volumes qui semblent tout particulièrement utiles pour les travailleurs, soit qu'ils en fassent l'acquisition, soit qu'ils se bornent à les consulter à l'occasion dans les bibliothèques publiques. — Il est sans doute inutile d'ajouter qu'un choix de livres dans le catalogue donné ci-après doit dépendre dans une large mesure du but spécial que chacun se propose en apprenant l'idiome des insulaires de l'Extrême-Orient.

APPERT (G.). — Dictionnaire des termes de Droit, d'Économie politique et d'Administration. Publié par la Société de langue française de Tokyo. *Yokohama*, 1885; in-8.

BARRINGTON DE FONBLANQUE (Edward). — Niphon and Pe-che-li; or, Two years in Japan and Northern China. *London*, 1863; in-8, planches.

— Dictionnaire des termes d'Art militaire, de Marine et d'Hippologie, publié par la Société de langue française de Tokyo, avec l'aide de quelques officiers des ministères de la Guerre et de la Marine. *Tokio*, 1887; in-8.

— Dictionnaire polyglotte Militaire et Naval Français, Allemand, Anglais, Néerlandais et Japonais. Avec figures, par le Bureau de Traduction de l'État-Major du Japon. *Tokio*, 13ᵉ année Meidi; in-8, avec un atlas de planches in-8.

GEERTS (A.-J.-C.). — Les produits de la Nature Japonaise et Chinoise, comprenant la dénomination, l'histoire et les applications aux arts, à l'industrie, à l'économie, à la médecine, etc., des substances qui dérivent des trois règnes de la Nature et qui sont employées par les Japonais et les Chinois. — Partie inorganique et minéralogique contenant la description des minéraux et des substances qui dérivent du règne minéral. *Yokohama*, 1878. Deux vol. in-8, planches.

HALL CHAMBERLAIN (Basil). — Things Japanese, being Notes on various subjects connected with Japan. *Tokyo*, 1890; in-8.

Histoire de l'Art du Japon. Ouvrage publié par la Commission Impériale du Japon à l'Exposition universelle de Paris, 1900. *Paris*, s. d. (1901); in-fol.

HOFFMANN (J.). — Catalogus librorum et manuscriptorum Japonicorum a Ph. Fr. de Siebold collectorum, annexa enumeratione illorum, qui in Museo Regio Hagano servantur. *Lugduni-Batavorum*, 1845; in-fol.

Japanese Botany, being a fac simile of a Japanese Book, with introductory notes and translations. *Philadelphia*, s. d.; in-8.

KÆMPFER (Engelbert). — De Beschryving van Japan, behelsende een Verhaal van den ouden en tegenwoordigen Staat en Regeering van dat Ryk, van deszelfs Tempels, Paleysen, Kasteelen en andere Gebouwen; van deszelfs Metalen, Mineralen, Boomen, Planten, Dieren, Vogelen en Visschen. *Amsterdam*, 1733; infol., planches.

LESOUËF (Aug.). — Catalogue des livres et manuscrits Japonais, collectionnés par —. *Leide*, 1897; in-8, fig.

Ce catalogue sera consulté avec intérêt par les étudiants qui y trouveront notamment un Index analytique de la Grande Encyclopédie Japonaise.

MITFORD (A.-B.). — Tales of old Japan. *London*, 1871. — Deux vol. in-8, pl.

ROSNY (Léon DE). — La Civilisation japonaise. Conférences faites à l'École spéciale des Langues Orientales. *Paris*, 1883; in-16.

— Anthologie japonaise. Poésies anciennes et modernes des insulaires du Nippon, traduites en français et publiées avec le texte original. *Paris*, 1871; in-8.

— Traité de l'éducation des Vers à soie au Japon, par

Sira-kawa de Sen-daï (Osyou). Traduit pour la première fois du Japonais. Publié par ordre de Son Excellence le Ministre de l'Agriculture. *Paris*, Impr. impér., 1868; in-8, avec carte et planches en couleurs.

— Feuilles de Momidzi. Études sur l'histoire, la littérature, les sciences et les arts des Japonais. *Paris*, 1901; in-8, fig.

— Zitu-go kyau. Dó-zi kyau. L'Enseignement de la Vérité, ouvrage du philosophe Kôbaudaïsi et l'Enseignement de la Jeunesse, publiés avec une transcription européenne du texte original et traduits pour la première fois du japonais. *Paris*, 1876; in-8.

Saint-Aulaire (R.-J. de) et Groeneveldt (W.-P.). — A Manual of Chinese Running-hand writing especially as it is used in Japan. *Amsterdam*, 1861; in-4.

Severini (Ant.) et Puini (Carlo). — Repertorio Sinico-Giapponese. Registro alfabetico delle voci contenute nel Wa Kan won seki Siyo -- ken -- si kau setu yo siu, e nel compendio di esso Faya -- fiki -- yei tai setu you siu. *Firenze*, 1875; in-4.

Siebold (Ph.-Fr. von). — Nippon, Archiv zur Beschreibung von Japan und dessen Neben und Schutzländern : Jezo mit den südlichen Kurilen, Krafto, Koo raï und den Liu-kiu-Inseln., nach japanischen und europäischen Schriften und eigenen Beobachtungen bearbeitet. *Leiden*, 1832. — Grande collect. de vol. in-fol., planches.

Thunberg (Car.-Petr.). — Flora Iaponica sistens plantas insvlarvm Iaponicarvm secvndvm Systema sexvale emendatvm redactas et species cvm differentiis specificis, synonymis pavcis, descriptionibvs concinnis et xxixx iconibvs adiectis. *Lipsiæ*, 1784; in-8.

Titsingh (Isaac). — Nipon o dai itsi ran, ou Annales des empereurs du Japon, traduites par —. Ouvrage revu, complété et corrigé sur l'original Japonais-Chinois, accompagné de notes et précédé d'un aperçu de l'Histoire mythologique du Japon, par M. J. Klaproth. *Paris*, 1834; in-4.

Valenziani (Carlo). — Kotowa ~ sa ~ kusa. Proverbi Giapponesi, raccolti e comentati da Kai-~fara~ Yosifuru. Versione italiana. *Roma*, 1897; in-8.

COURS ÉLÉMENTAIRE DE LANGUE JAPONAISE

TABLE DES MATIÈRES

FIN

COURS DE JAPONAIS

Examens de première année

PROGRAMME DE L'EXAMEN ORAL

1º GRAMMAIRE ET CONVERSATION. — L'examen de Grammaire comprend les règles exposées dans la *Grammaire japonaise de la langue vulgaire* du professeur.

La Conversation comprend les phrases renfermées dans le *Guide de la Conversation*.

2º VERSIONS. — Tout le recueil expliqué par le répétiteur.

3º THÈMES. — Tout le recueil expliqué par le répétiteur.

4º RÉCITATION d'une fable du recueil des *Textes faciles*. — La fable sera indiquée chaque année à l'avance par le professeur.

5º EXPLICATION de quelques morceaux du *Nippon Kata-kana bun*.

6º EXPLICATION DE SIGNES IDÉOGRAPHIQUES et de phrases faciles en chinois.

Cette liste comprend les caractères répondant aux mots du glossaire français-japonais du recueil des *Thèmes*, et en outre les signes les plus usités contenus dans les *Notions élémentaires de langue parlée et écrite*.

7º HISTOIRE ET GÉOGRAPHIE DU JAPON — Les candidats doivent répondre à toutes les questions traitées dans le recueil des conférences publiées par le professeur sous le titre de *La Civilisation Japonaise* (Un vol. in-12º, chez Ernest Leroux, éditeur).

COURS PRATIQUE

DE

LANGUE JAPONAISE

par LÉON DE ROSNY

PREMIÈRE ANNÉE

II

VERSIONS FACILES

EN LANGUE JAPONAISE

PARIS
ERNEST LEROUX, ÉDITEUR
28, RUE BONAPARTE, 28
—
1902

Prix : 2 fr. 50.

COURS DE JAPONAIS

Examens de première année

PROGRAMME DE L'EXAMEN ORAL

1° GRAMMAIRE ET CONVERSATION. — L'examen de Grammaire comprend les règles exposées dans la *Grammaire Japonaise de la langue vulgaire* du professeur.

La Conversation comprend les phrases renfermées dans le *Guide de la Conversation*.

2° VERSIONS. — Tout le recueil expliqué par le répétiteur.

3° THÈMES. — Tout le recueil expliqué par le répétiteur.

4° RÉCITATION d'une fable du recueil des *Textes faciles*. — La fable sera indiquée chaque année à l'avance par le professeur.

5° EXPLICATION de quelques morceaux du *Nippon Kata-kana bun*.

6° EXPLICATION DE SIGNES IDÉOGRAPHIQUES et de phrases faciles en chinois.

Cette liste comprend les caractères répondant aux mots du glossaire français-japonais du recueil des *Thèmes*, et en outre les signes les plus usités contenus dans les *Notions élémentaires de langue parlée et écrite*.

7° HISTOIRE ET GÉOGRAPHIE DU JAPON. — Les candidats doivent répondre à toutes les questions traitées dans le recueil des conférences publiées par le professeur sous le titre de *La Civilisation Japonaise* (Un vol. in-12°, chez Ernest Leroux, éditeur).

ANGERS, IMP. ORIENTALE DE A. BURDIN ET Cie, 4, RUE GARNIER.

COURS PRATIQUE

DE

LANGUE JAPONAISE

par LÉON DE ROSNY

PREMIÈRE ANNÉE

III

THÈMES FACILES

EN LANGUE JAPONAISE

PARIS

ERNEST LEROUX, ÉDITEUR

28, RUE BONAPARTE, 28

1902

COURS DE JAPONAIS

Examens de première année

PROGRAMME DE L'EXAMEN ORAL

1° GRAMMAIRE ET CONVERSATION. — L'examen de Grammaire comprend les règles exposées dans la *Grammaire Japonaise de la langue vulgaire* du professeur.

La Conversation comprend les phrases renfermées dans le *Guide de la Conversation*.

2° VERSIONS. — Tout le recueil expliqué par le répétiteur.

3° THÈMES. — Tout le recueil expliqué par le répétiteur.

4° RÉCITATION d'une fable du recueil des *Textes faciles*. — La fable sera indiquée chaque année à l'avance par le professeur.

5° EXPLICATION de quelques morceaux du *Nippon Kata-kana bun*.

6° EXPLICATION DE SIGNES IDÉOGRAPHIQUES et de phrases faciles en chinois.

Cette liste comprend les caractères répondant aux mots du glossaire français-japonais du recueil des *Thèmes*, et en outre les signes les plus usités contenus dans les *Notions élémentaires de langue parlée et écrite*.

7° HISTOIRE ET GÉOGRAPHIE DU JAPON. — Les candidats doivent répondre à toutes les questions traitées dans le recueil des conférences publiées par le professeur sous le titre de *La Civilisation Japonaise* (Un vol. in-12° chez Ernest Leroux, éditeur)

COURS PRATIQUE

DE

LANGUE JAPONAISE

par LÉON DE ROSNY

PREMIÈRE ANNÉE

IV

PREMIÈRES NOTIONS

DE LANGUE ÉCRITE

PARIS

ERNEST LEROUX, ÉDITEUR

28, RUE BONAPARTE, 28

1903

Prix 5 fr

ÉCOLE SPÉCIALE DES LANGUES ORIENTALES

COURS DE JAPONAIS

Examens de première année

PROGRAMME DE L'EXAMEN ORAL

1º GRAMMAIRE ET CONVERSATION. — L'examen de Grammaire comprend les règles exposées dans la *Grammaire Japonaise de la langue vulgaire* du professeur.

La Conversation comprend les phrases renfermées dans le *Guide de la Conversation*.

2º VERSIONS. — Tout le recueil expliqué par le répétiteur.

3º THÈMES. — Tout le recueil expliqué par le répétiteur.

4º RÉCITATION d'une fable du recueil des *Textes faciles* et de cinq pièces de poésie. — La fable et les poésies seront indiquées chaque année à l'avance par le professeur.

5º EXPLICATION de quelques morceaux du *Nippon Kata-kana bun* et des *Extraits des Historiens du Japon*.

6º EXPLICATION DE SIGNES IDÉOGRAPHIQUES et de phrases faciles en chinois.

7º HISTOIRE ET GÉOGRAPHIE DU JAPON. — Les candidats doivent répondre à toutes les questions traitées dans le recueil des conférences publiées par le professeur sous le titre de *La Civilisation Japonaise* (Un vol. in-12, chez Ernest Leroux, éditeur).

ANGERS, IMP. ORIENTALE DE A. BURDIN ET Cⁱᵉ, 4, RUE GARNIER.

COURS PRATIQUE

DE

LANGUE JAPONAISE

par LÉON DE ROSNY

PREMIÈRE ANNÉE

V

APERÇU

DES DIFFÉRENTS STYLES

USITÉS AU JAPON

PARIS

ERNEST LEROUX, ÉDITEUR

28, RUE BONAPARTE, 28

1903

Prix : 5 fr.

COURS DE JAPONAIS

Examens de première année

PROGRAMME DE L'EXAMEN ORAL

1° GRAMMAIRE ET CONVERSATION. — L'examen de Grammaire comprend les règles exposées dans la *Grammaire Japonaise de la langue vulgaire* du professeur.

La Conversation comprend les phrases renfermées dans le *Guide de la Conversation*.

2° VERSIONS. — Tout le recueil expliqué par le répétiteur.

3° THÈMES. — Tout le recueil expliqué par le répétiteur.

4° RÉCITATION d'une fable du recueil des *Textes faciles* et de cinq pièces de poésie. — La fable et les poésies seront indiquées chaque année à l'avance par le professeur.

5° EXPLICATION de quelques morceaux du *Nippon Kata-kana bun* et des *Extraits des Historiens du Japon*.

6° EXPLICATION DE SIGNES IDÉOGRAPHIQUES et de phrases faciles en chinois.

7° HISTOIRE ET GÉOGRAPHIE DU JAPON. — Les candidats doivent répondre à toutes les questions traitées dans le recueil des conférences publiées par le professeur sous le titre de *La Civilisation Japonaise* (Un vol. in-12, chez Ernest Leroux, éditeur).

ANGERS, IMP. ORIENTALE DE A. BURDIN ET Cie, 4, RUE GARNIER.